2021年版

宅建士

出るとこ 集中プログラム

吉野塾 **吉野哲慎** Tetsunori Yoshino

中央経済社

2021年版刊行にあたって

「もっと簡潔にわかりやすく！」をモットーに，宅建試験の超重要論点をコンパクトにまとめ，本試験で8割以上得点できるよう内容を構成しました。過去問を詳細に分析し，出るとこだけに絞りました。令和2年の10月と12月の試験両方を反映しています。

また，受験生の方が継続して学習しやすいように工夫しています。テキストは1項目当たり3頁〜6頁で構成しており，1日30分〜60分程度の学習を心がけることで，約1ヵ月で全範囲を学習できるようにしました。各項目の最後には超重要な過去問を掲載しているので，この1冊でインプット・アウトプットの両方を行うことができます。

合格のために必要なことは，学習を続けること。せっかく始めた学習を途中であきらめることがないよう，随所にモチベーションアップにつながるアドバイスや体験記も入れ，勉強意欲が継続できるようにしています。

宅建試験に合格して，人生を変えましょう!!

令和3年2月

吉野塾　吉野　哲慎

吉野塾のYouTube動画で効果倍増！
本書を使ったものもあります。
「宅建 吉野塾」で検索，
またはQRコードで！

本書の使い方

情報量のこだわり

　宅建試験は基本知識をしっかりインプットすれば8割以上の得点が可能です。その基本知識を得るために，本書は過去30年分の本試験問題を徹底分析し，出題頻度が高いもの・今後出題が予想されるものを掲載しています。一般的な学習本に比べ，情報量を半分以下としていますが，本書の内容をしっかり学べば合格十分な得点ができます。下記，本書を利用した場合に得点できると考えられる直近5年分のデータです。

- 平成28年度試験 ➡ **42**点得点できる （合格点） 35点
- 平成29年度試験 ➡ **41**点得点できる （合格点） 35点
- 平成30年度試験 ➡ **40**点得点できる （合格点） 37点
- 令和元年度試験 ➡ **41**点得点できる （合格点） 35点
- 令和2年度10月試験 ➡ **42**点得点できる （合格点） 38点

理解しやすい表現・内容

　法律はなじみにくく，言い回しや用語が難しいものが多いです。本書は，初めて法律を勉強される方にもわかりやすいような表現にしたり，図や表を多く取り入れたりしています。また，理解を深めるため随所に「なぜそうな

学習スケジュール（具体例）

人はやるべきことを明確にしないと行動しません。手帳やスマホのアプリ等を活用し，「いつ・どこで・何を勉強するのか？」という学習スケジュールを具体的に決めましょう。

平日 7/5	平日 7/6	平日 7/7	平日 7/8	平日 7/9	休日 7/10	休日 7/11
9:00-9:30	8:00-9:00	19:00-20:00	9:00-9:30	9:00-9:30	11:00-12:00	13:00-15:00
通勤電車	カフェ	自宅	通勤電車	通勤電車	自宅	カフェ
民法 導入・制限 行為能力者	民法 意思表示	民法 代理	民法 時効・条件・期限	民法 相隣関係・共有	民法 不動産物権変動	民法 6/1〜6/6の復習

るのか」という理由についても記載しています。丸暗記に頼ることのないテキストにしています。

最新の重要法改正に完全対応

　最新の重要法改正に対応していますので，安心して学習できます。また，宅建試験に関する情報等は，ブログ（吉野塾ブログ），Twitter（@te2yoshi），YouTube（吉野塾YouTubeチャンネル），Instagram（てつのり）にもアップします。

学習方法

　1日1〜2項目（セクション）を目安に学習しましょう！

1 テキスト内容を読み，1つ1つのルールの理解を深めて下さい。特に大事な部分には色をつけています。

2 テキスト内容のインプットが終わったら，厳選超重要過去問 ○×一問一答 でアウトプットをし，インプットした知識を定着させて下さい。問題を解く際には「なぜ正しいのか・誤っているのか」，理由付けをしながら解きましょう。「なんとなく・雰囲気で」解答しても知識は身につきません。

3 一問一答で間違えた点や曖昧な点は，テキストに戻り内容を再確認しましょう。しっかりと「理解」するためにもじっくり復習して下さい。

4 インプットやアウトプットは繰り返しする必要があるため，定期的に復習を心がけて下さい。

> 《過去問について》
> 本書は，「吉野塾　超重要過去問セレクト」とあわせて活用するとより効果的です。吉野塾　超重要過去問セレクトについては，下記のサイトにて購入することができます。
> 【吉野塾宅建ストアーズ】　https://yoshinojuku.stores.jp/

平日 7/12	平日 7/13	平日 7/14	平日 7/15	平日 7/16	休日 7/17	休日 7/18
8:00-9:00	9:00-9:30	8:00-9:00	9:00-9:30	9:00-9:30	11:00-12:00	13:00-15:00
カフェ	通勤電車	カフェ	通勤電車	通勤電車	自宅	カフェ
民法 抵当権	民法 根抵当権	民法 弁済・相殺	民法 債権譲渡	民法 債務不履行・危険負担	民法 連帯債務・保証	民法 6/8〜6/13 の復習

CHAPTER ① 権利関係

CHAPTER ④ 税金・価格評定

CHAPTER ⑤ 5問免除

CHAPTER

権利関係

出題数・目標点

例年14問出題されます。

目標点は，民法で6点，その他で3点の合計9点です。

- ●民法　　　　　　　　10問
- ●借地借家法　　　　　　2問
- ●区分所有法　　　　　　1問
- ●不動産登記法　　　　　1問

目標
9点

イントロダクション

✒ 学習方法

［1］ルールを理解すること

　丸暗記に頼る学習では，得点を取ることができません。しっかりと1つ1つのルールを理解するようにしましょう。

［2］特有の用語に慣れること（例：善意・悪意・法律行為・心裡留保など）

　普段聞きなれない言葉や用語が登場します。これをいかに自分のものにするかが権利関係を攻略する1つのコツです。用語を理解していない受験生がとても多いので，その点しっかり意識しましょう。

［3］図式化するクセをつけること

　A，B，C等の人物が問題文に登場します。問題を解くときには，必ず図式化してから内容を検討して下さい。

具体例

売主A　　　　売却　　　　買主B

［4］自分が当事者になったような気持ちで学習する

　民法では自分が当事者となった気持ちで学習すると，記憶に残りやすく理解しやすくなります。「もしこれが自分だったらどういう気持ちになるだろう…」，ドラマの主人公になったつもりで学んでいきましょう。

SECTION 1 制限行為能力者

▶▶▶ 民法では社会的弱者を手厚く保護

学習のポイント

制限行為能力者の**「取消し」制度**についてしっかり理解しましょう！
制限行為能力者（一般成人と比べ，判断能力が劣る人）とは，未成年者・成年被後見人・被保佐人・被補助人のことで，制限行為能力者を民法では保護し，特別に契約の取消しができます。

1 未成年者（20歳未満・婚姻していない）

未成年者は，原則として，法定代理人（保護者）の同意がないと，契約等をすることができません。法定代理人の同意なしで，勝手に単独で契約等をした場合，取り消すことができます。

例外 …取消しできない（未成年者が単独でできる）

❶ 単に権利を得，または義務を免れる行為（例：借金の返済を免れる）

❷ 法定代理人が処分を許した財産の処分（例：もらったお小遣いで買い物をする）

❸ 法定代理人から許可された営業行為（例：親から許可をもらい不動産業を営む）

2 成年被後見人（精神上の障害によって，判断能力がない人）

成年被後見人は，日常生活に関する行為を除いて，単独で契約等をすることができません。

成年被後見人が単独でした行為は，ほとんど取り消すことができますが，日用品の購入等は，取り消すことができません。

3 被保佐人（精神上の障害によって，判断能力が著しく不十分な人）

被保佐人は，原則として，単独で契約等をすることができますが，重要な財産上の行為は，保佐人（保護者）の同意が必要です。

被保佐人が単独でした重要な財産上の行為は，取消しすることができます。被保佐人は，成年被後見人と比べ，判断能力があるため，取消しできる項目も限定的です。

代表例 …重要な財産上の行為

1. 借財（借金）や保証をすること
2. 不動産その他重要な財産の取引をすること
3. 相続の承認，放棄または遺産分割をすること
4. 贈与の拒絶・遺贈の放棄，負担付の贈与や遺贈を受けること
5. 新築・増改築・大修繕をすること
6. 土地5年超・建物3年超の賃貸借をすること

4 被補助人（精神上の障害によって，判断能力が不十分な人）

被補助人は，補助人（保護者）の同意が必要とされた特定の法律行為以外は，単独で行うことができます。

このケースの被補助人は，ほとんどの行為が取消しできません。

特定の法律行為とは，上記，重要な財産上の行為の中から一部を選んだものです。

(!) 被補助人は，かなり判断能力があるため，ほぼ1人で行動できます。

5 保護者

家庭裁判所がプロの目で保護者を選任します。

保護者の人数は，特に制限はなく，また法人が保護者に選任されることもあります。

まとめ …法定代理人・成年後見人・保佐人・補助人の権利

	法定代理人※2 (未成年者の保護者)	成年後見人 (成年被後見人の保護者)	保佐人 (被保佐人の保護者)	補助人※5 (被補助人の保護者)
取消権	あり	あり	あり	※6
同意権	あり	なし※3	あり	
追認権※1	あり	あり	あり	
代理権	あり	あり	※4	

※1 追認権とは，制限行為能力者が勝手にした契約等をあとから認めることができる権利です。一度追認すると，取り消すことはできなくなります。

※2 親権者または未成年後見人（親権者がいないときの親代わり）のことを指します。

※3 仮に，成年被後見人が成年後見人の同意を得て契約しても，取消しができます。成年被後見人は，判断能力がないため，その同意通りに行動ができる保証がないからです。

※4 保佐人は，最初から代理権はもっていません。欲しければオプションで付けてもらえます。その場合，被保佐人の同意が必要です。

※5 本人以外が補助開始の審判を請求するには，本人の同意が必要です（このルールは補助開始の審判のみです）。

※6 補助人は，家庭裁判所の審判によって，同意権か代理権のどちらか，または両方を与えられます。必ずしも同意権・代理権が与えられるわけではありません。また，同意権を与えられた補助人は，取消権・追認権がセットで付いてきます。

　　たとえば，補助人に代理権のみ与えられた場合，同意権はないため，被補助人の行為の取消しはできません。その場合，被補助人も取消権はないため，補助人の同意なくして，単独で取引等をすることもできますが，その行為の取消しはできないことになります。

6 ▶ 家庭裁判所の許可

　成年後見人が成年被後見人の居住用財産を処分（例：売却，担当権の設定，賃貸）する場合，家庭裁判所の許可が必要です。

　勝手に売却されたりすると，成年被後見人の精神上の障害が悪化する可能性があるからです。

7 ▶ 制限行為能力者の詐術

　制限行為能力者が，行為能力者であると信じさせるために，相手方に対して詐術を用いたときは，その行為を取り消すことはできません。

　たとえば，未成年者が，「私は20歳です！」とウソをついて契約した場合は，取消しができません。

厳選超重要過去問 ○✕一問一答

問題	解答
Q1 未成年者は，婚姻をしているときであっても，その法定代理人の同意を得ずに行った法律行為は，取り消すことができる。ただし，単に権利を得，又は義務を免れる法律行為については，この限りでない。(H20)	結婚すると「大人扱い」。取消しはできない。 （ ✕ ）
Q2 精神上の障害により事理を弁識する能力が不十分である者につき，4親等内の親族から補助開始の審判の請求があった場合，家庭裁判所はその事実が認められるときは，本人の同意がないときであっても同審判をすることができる。(H20)	「本人の同意」が必要。 （ ✕ ）
Q3 成年後見人が，成年被後見人に代わって，成年被後見人が居住している建物を売却するためには，家庭裁判所の許可が必要である。(H22)	（ ○ ）
Q4 被補助人が，補助人の同意を得なければならない行為について，同意を得ていないにもかかわらず，詐術を用いて相手方に補助人の同意を得たと信じさせていたときは，被補助人は当該行為を取り消すことができない。(H28)	（ ○ ）

 **吉野先生のワンポイントアドバイス**

民法は特に「理解」が必要です。丸暗記一辺倒の勉強では，つまらなく苦痛になります…
民法は，我々の身近にある法律で，とっても面白いです♪
たとえば，未成年者がスマホを一人で購入する場合には，親の同意書が必要となることが多いです。これは，携帯会社からしてみれば，あとで取消しされたら面倒だからですね。だから，企業として親の同意書を求めているわけです。
具体例で「理解」を深めるように意識し，一緒に楽しく勉強しましょう (^^♪

意思表示

▶▶▶ 契約の無効・取消しとなるケースとは？

学習のポイント

心裡留保・錯誤では，**「原則」**と**「例外」**を，虚偽表示・詐欺・強迫では，**「第三者」**が登場したパターンを意識した上で学習しましょう！

1 重要用語

法律行為とは，権利や義務が発生したり，消滅したりする行為のことです。「契約」が典型例です。

善意とは，ある事実について知らないことです。

悪意とは，ある事実について知っていることです。

たとえば，「吉野は宅建の講師だ」という事実に対して，知らない人は善意，知っている人は悪意です。「良い人」・「悪い人」で判断するわけではありません。

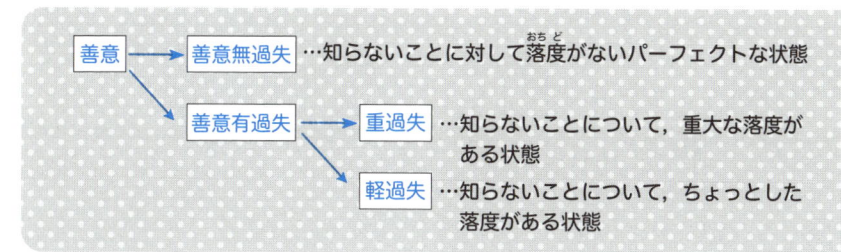

2 心裡留保（ジョーダンを言ったり，ウソをついたりすること）

原則として，当事者間においては，心裡留保は有効となります。たとえば，「1,000万円する高級時計を1万円で売るよ！」とジョーダンで契約をしたら，原則として有効です。これは，ジョーダンを言った本人が悪いからです。ただし，相手方が悪意または善意有過失だった場合は，無効となります（例外）。ジョーダンだとわかっていたり，落度があって知らなかった相手方は保護さ

れません。

　なお，心裡留保による無効は，善意の第三者には対抗できません。

3 ▶ 錯誤（勘違いすること）

1 原　則

　下記①または②による錯誤で，法律行為の目的および取引上の社会通念に照らして重要なもの（要素）であるときは，表意者（勘違いした本人）は，取り消すことができます。人間だれしも完璧ではないので，勘違いした本人を保護します。なお，要素とは，「購入する物」や「金額」のように契約の核となる重要な部分のことです。

① 意思表示に対応する意思を欠く錯誤

　たとえば，「甲土地」を購入しようと考えていたら（意思），間違えて「乙土地が欲しい！」と伝え（表示），乙土地を購入してしまった場合，原則としてその契約を取り消すことができます。

② 表意者が法律行為の基礎とした事情についてその認識が真実に反する錯誤（動機の錯誤）

　たとえば，甲土地を譲渡しても自分に税金がかからないと思って（動機），甲土地を譲渡したけど，それは勘違いで，実際には課税されてしまったというケースです。動機の錯誤は，錯誤があったかどうかが他人からはわかりづらいため，その事情が法律行為の基礎とされていることが表示されていないと，錯誤による取消しはできません。

2 例　外

　表意者に重大な過失があった（勘違いした本人が悪い）場合には，下記❶または❷の場合を除き，錯誤による取消しはできません。

> ❶ 相手方が表意者に錯誤があることを知り，または重大な過失によって知らなかったとき
>
> ❷ 相手方が表意者と同一の錯誤に陥っていたとき
>
> ※❶または❷の場合，相手方を配慮して保護する必要性が低いため，表意者は，重大な過失があっても取り消すことができます。

3 第三者との関係

　錯誤による意思表示の取消しは，善意無過失の第三者には対抗することができません。

4 ▶ 虚偽表示（契約当事者お互いがウソをつくこと）

　虚偽表示は無効となります。

　たとえば，借金をした債務者が，債権者の差押えから逃れようとして，ウソの不動産売買契約を他の者とした場合，その契約は無効となります。

1 第三者の登場

　第三者が善意であれば，その第三者に対しては無効を主張することができません。

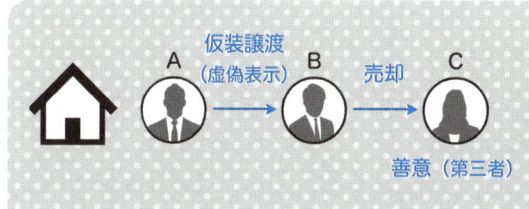

善意のCは保護され，Aは，虚偽表示による無効を第三者のCに主張することはできません。なお，第三者は善意であればよく，無過失である必要や，登記まで備えている必要はありません。

2 転得者の登場

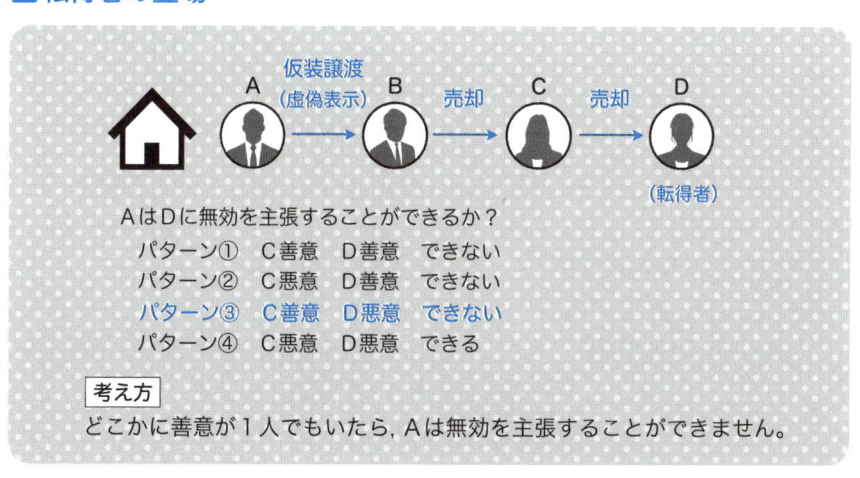

AはDに無効を主張することができるか？
パターン①　C善意　D善意　できない
パターン②　C悪意　D善意　できない
パターン③　C善意　D悪意　できない
パターン④　C悪意　D悪意　できる

考え方
どこかに善意が1人でもいたら，Aは無効を主張することができません。

9

5 ▶ 公序良俗に反する行為・意思無能力者の行為

　公序良俗に反する法律行為（例：人身売買等，社会・道徳的にマズイ契約）は，無効です。また，この無効は善意の第三者にも対抗できます。意思無能力者（例：泥酔者）がした法律行為も無効です。

6 ▶ 詐欺・強迫（騙される・おどされる）

　騙されたり，おどされたりした者は，取消しができます。たとえば，詐欺者や強迫者と不動産売買契約をした場合，その契約を取り消すことができます。取消しがされると，さかのぼってその契約は無効となります。

1 第三者との関係

　ケース1　詐欺にあった者は，契約の取消しを，善意無過失の第三者に対抗することができません。

　ケース2　強迫にあった者は，契約の取消しを，第三者（善意・悪意問わず）に対抗することができます。

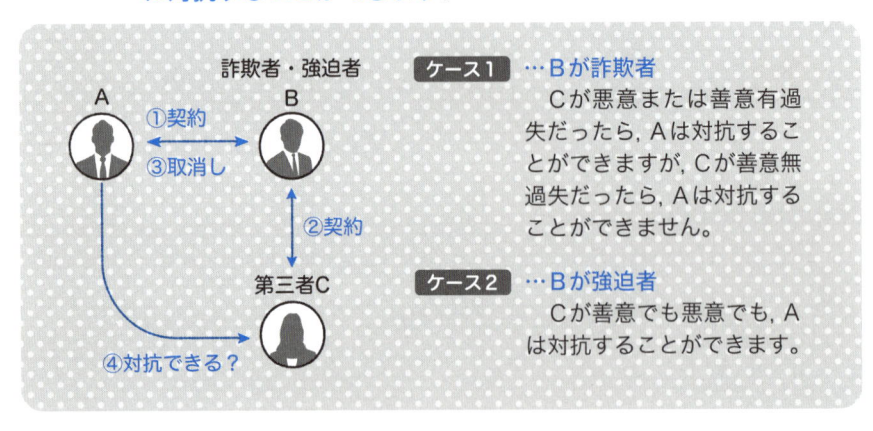

ケース1　…Bが詐欺者
　Cが悪意または善意有過失だったら，Aは対抗することができますが，Cが善意無過失だったら，Aは対抗することができません。

ケース2　…Bが強迫者
　Cが善意でも悪意でも，Aは対抗することができます。

2 第三者詐欺・強迫

ケース1 詐欺によって、詐欺者以外の者と契約した場合、相手方が善意無過失だと取消しができません。

ケース2 強迫によって、強迫者以外の者と契約した場合、取消しができます（相手方の善意・悪意問わず）。

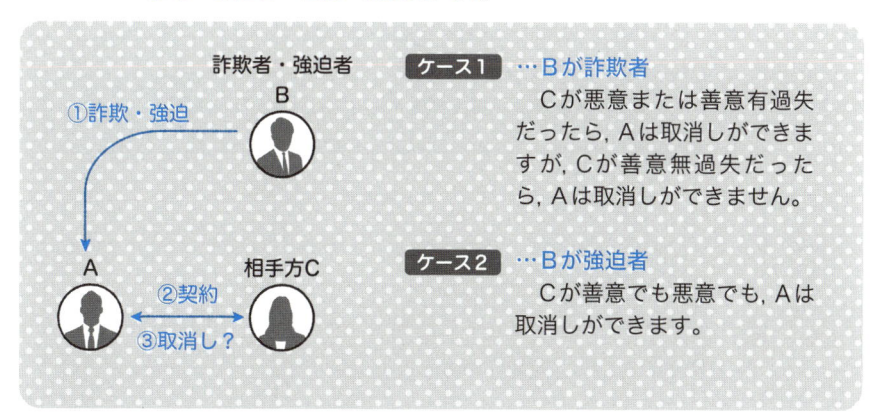

詐欺者・強迫者
B

①詐欺・強迫

A　相手方C
②契約
③取消し？

ケース1 …Bが詐欺者
　Cが悪意または善意有過失だったら、Aは取消しができますが、Cが善意無過失だったら、Aは取消しができません。

ケース2 …Bが強迫者
　Cが善意でも悪意でも、Aは取消しができます。

7　無効と取消し

無効とは、契約自体が、初めから効力を生じていないことです。

取消しとは、有効である契約を、後からなかったこと（無効）にすることです。なお、取消権は、次の❶または❷に該当すると消滅して行使できなくなります。

---

❶　**追認できる時**から**5年間**行使しない

　※「追認できる時」とは、たとえば、制限行為能力者が行為能力者になった時、錯誤した者が、錯誤に気付いた時です。

❷　**行為の時**から**20年間**行使しない

厳選超重要過去問 ○×一問一答

問題	解答
Q1 Aは，その所有する甲土地を譲渡する意思がないのに，Bと通謀して，Aを売主，Bを買主とする甲土地の仮装の売買契約を締結した。善意のCがBから甲土地を買い受けた場合，Cがいまだ登記を備えていなくても，AはAB間の売買契約の無効をCに主張することができない。(H27)	第三者（C）は善意であればよく，登記は不要。 （ ○ ）
Q2 AがBに甲土地を売却した場合に関して，Aが第三者の詐欺によってBに甲土地を売却し，その後BがDに甲土地を転売した場合，Bが第三者の詐欺の事実を知らなかったことにつき過失がなかったとしても，Dが第三者の詐欺の事実を知っていれば，Aは詐欺を理由にAB間の売買契約を取り消すことができる。(H30改)	第三者詐欺。相手方（B）が善意無過失のため，取消しできない。 （ × ）
 **Q3** Aは，自己所有の時価100万円の名匠の絵画を贋作だと思い込み，Bに対し「贋作であるので，10万円で売却する」と言ったところ，Bも同様に贋作だと思い込み「贋作なら10万円で購入する」と言って，AB間に売買契約が成立した。この場合，Aは，Bに対し，錯誤による取消しができる。(R2)	動機の錯誤。Aは，事情をBに表示している。また，相手方も錯誤に陥っている（同一の錯誤）ため，取消しできる。 （ ○ ）

 吉野先生のワンポイントアドバイス

民法の問題を解くコツの1つとして，「図式化」すること。面倒くさがらず，A・B・C等と登場した人物を図式化するように心がけましょう！このクセがつくと，民法の問題が解きやすくなります。また，普段の学習でも整理整頓できるようになり，理解が深まります（^^♪

SECTION 3 代 理

▶▶▶ **本人の代わりとなる代理人。
とっても便利な制度**

学習のポイント

本人と代理人とは信頼関係で成り立っているため，信頼関係が崩壊するようなことは禁止されています。このことを頭の片隅に置きながら学んで下さい。また，代理には任意代理（本人の意思によって代理権が発生するもの）と法定代理（本人の意思関係なく，法律の規定により代理権が発生するもの）という２種類の代理制度がありますが，任意代理が試験の出題の中心です。

1 代理制度の概要

なんでもかんでも本人が契約等を行うとなったら，大変です。なので，裁判になったときには弁護士に，不動産登記・会社登記を司法書士に，税金問題を税理士に依頼するなど，それぞれプロに代理の依頼をした方が本人のためにもなります。

そして，代理人が本人の代わりに契約等をした場合，その代理人が行った行為の効果は本人に帰属します。

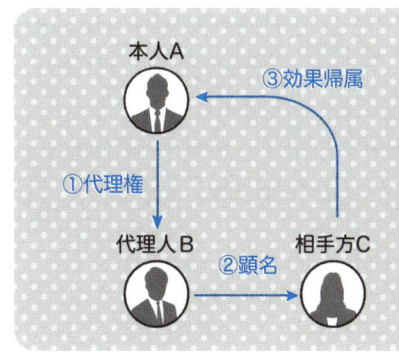

代理行為が有効となり，本人に効果が帰属するためには，①代理権（委任状）と②顕名（「私は代理人です」と代理人であることをアピールすること）が必要です。

2 代理行為の要件の問題点

■1 代理人が顕名をしなかった場合

　顕名をしなかった場合，原則として代理人自身のために契約したものとみなされます。

> (!) これは，自身が代理人であることを伝えていないため，相手方が「この人は本人だ」と誤解してしまうからです。

　ただし，相手方が，代理人であることを知っていた（悪意）場合や，不注意で知らなかった（有過失）場合には，本人に効果が帰属します。

■2 代理行為の瑕疵

　代理人が詐欺・強迫等にあった場合，その事実は代理人を基準に判断します。たとえば，代理人が詐欺にあった場合は，詐欺の事実の有無については，代理人を基準に判断します。

　なお，取消しするか否かは本人が決めることになります。

■3 行為能力

　本人は，誰を代理人に選任しても問題ありません。制限行為能力者を選任することもできます。ただし，本人は，代理人の制限行為能力を理由に，代理人がした行為を取り消すことはできません（制限行為能力者が他の制限行為能力者の法定代理人としてした行為を除く）。

3 復代理（代理人がさらに代理人を選ぶこと）

　復代理人の代理権の範囲は，代理人と同じです。つまり，できる仕事は代理人と変わりません。復代理人は，本人に対して代理人と同一の権利義務を有することになります。また，代理人の代理権が消滅すると，復代理人の復代理権も消滅します。

■ 復代理人の選任等（任意代理）

　代理人は本人の許諾があるときまたは，やむを得ない事由があるときに，復代理人を選任できますが，好き勝手には選べません。なお，復代理人がヘマをした場合，復代理人を選任した代理人は，債務不履行の一般原則に基づいて本人に対し責任を負うことがあります（債務不履行についてはP61参照）。

4 自己契約・双方代理

　自己契約・双方代理は，原則として禁止されます（無権代理とみなされる）。ただし，債務の履行（例：契約締結後の所有権移転登記）または本人の許諾がある行為は禁止されません。

① 自己契約

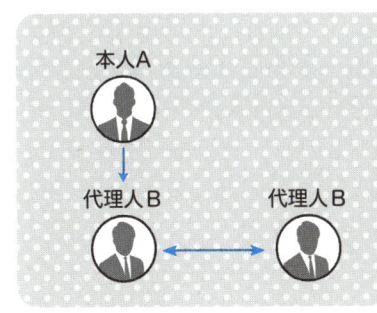

本人A
代理人B　　代理人B

代理人自身が契約の相手方になることを自己契約といいます。
　この場合，代理人は契約内容をある程度自由に決めることができる立場にあるため，本人にとって不当な値段設定をされてしまうキケンがあります。

② 双方代理

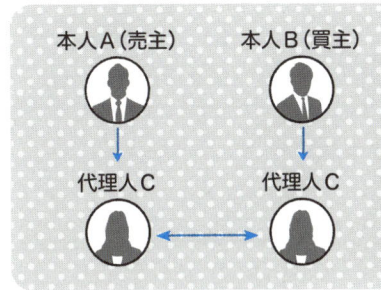

本人A（売主）　　本人B（買主）
代理人C　　代理人C

売主・買主双方の代理人になることを双方代理といいます。
　この場合，売主の利益を優先すると，買主が不利益を受け，逆に買主の利益を優先すると，売主が不利益を受けてしまいます。本人のどちらかが不利益を受けるキケンがあります。

5 代理権の濫用

　代理権の濫用とは，代理人が本人の利益ではなく，自己（代理人自身）または第三者の利益を図る目的で代理権の範囲内の行為をすることをいいます（例：本人から依頼された不動産の売買契約を，代理人が売買代金を着服する目的で行う）。当該行為であっても，原則として有効ですが，相手方が代理人の目的を知り（悪意），または知ることができたとき（善意有過失）は，無権代理とみなされます。

6 代理権の消滅（任意代理）

下記に該当すると，代理人の代理権は消滅してしまいます。

本人側の事情	・本人の死亡 ・本人の破産
代理人側の事情	・代理人の死亡 ・代理人の破産 ・代理人の後見開始の審判（代理人が成年被後見人になること）

7 無権代理

AがBに委任状を渡していない（代理権なし）のに，Bが勝手に代理人と偽ってCと契約をしたケースが無権代理です。他にも，AはBに「抵当権設定」の代理権を与えたのに，BがAの不動産を「売買」してしまったケースも無権代理です（権限外の行為）。

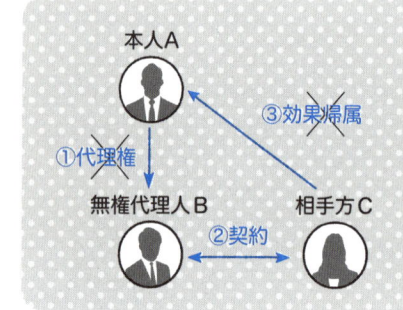

無権代理行為は本人に効果が帰属しません。有効になってしまうと，本人としても迷惑だからです。ただし，本人が追認をすれば，無権代理行為の効果は，契約時にさかのぼって有効となります。

1 無権代理と相続
① 無権代理人が死亡し，本人が相続した場合

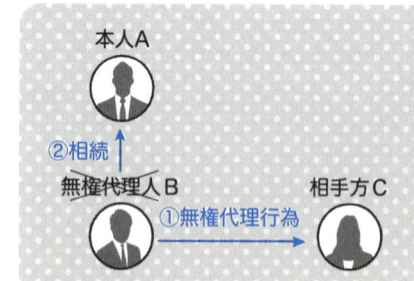

無権代理人が死亡し，本人が無権代理人を相続した場合，無権代理行為は当然に有効とならず，本人は追認を拒絶することができます。

② 本人が死亡し，無権代理人が単独で相続した場合

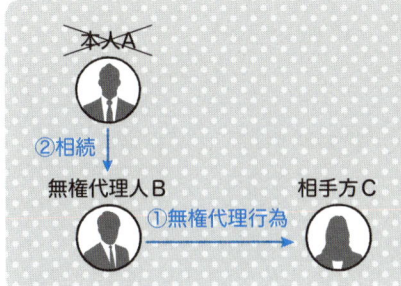

本人が死亡し，無権代理人が本人を単独（1人）で相続した場合，無権代理人は追認を拒絶できず，無権代理行為は当然に有効となります。

2 無権代理人と取引をした相手方の手段

　無権代理人と取引をしてしまった相手方は，契約がどうなるのかわからない不安定な立場にいます。そこで，被害者的な立場である相手方を保護するために，一定の権利（下表①～④）を相手方に認めています。

　この権利は，相手方の状態（無権代理行為について，悪意か善意か善意無過失か）によって，行使できるか否かが決まります。

	①催告権	②取消権	③責任追及権	④表見代理の主張
主な要件	相手方の善意・悪意は問わない	①相手方が善意 ②本人が追認していないこと	①相手方が善意無過失※ ②無権代理人が制限行為能力者でないこと	①相手方が善意無過失 ②表見代理3類型のどれかに該当
効果	相手方は本人に催告できる（期間内に返答がない場合は追認拒絶とみなす）	無権代理の効果は本人に帰属しない	無権代理人は，相手方の選択に従い，「履行責任」または「損害賠償責任」を負う	相手方は，本人に無権代理行為が有効であることを主張できる

※無権代理人が自分に代理権がないことを知っていたとき（悪意）は，相手方は善意有過失でも構いません。

無権代理人と取引した相手方の手段

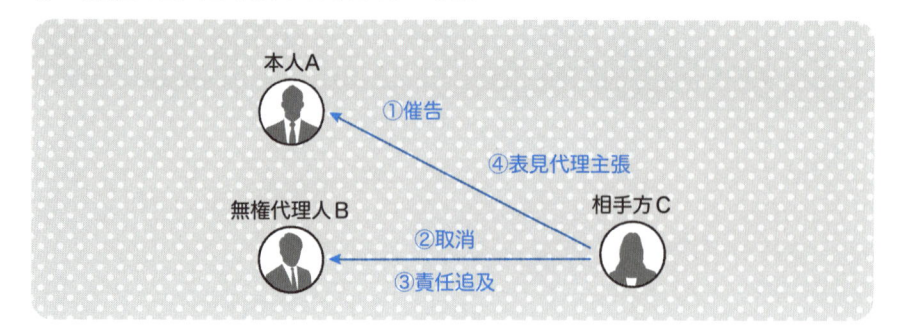

8 ▶ 表見代理

　表見代理は，相手方を保護する強力な制度だと考えて下さい。

　通常，無権代理行為は，本人が追認しないと有効にはなりませんが，下表の表見代理3類型のいずれかに該当（相手方は善意無過失が前提）すると，相手方は無権代理行為が有効であることを主張できます。

まとめ …表見代理3類型の要件と効果

	代理権授与表示の表見代理※1	権限外の行為の表見代理※2	代理権消滅後の表見代理※3
主な要件	①相手方が善意無過失 ②本人がある者に代理権授与した旨を相手方に表示したが，代理権を授与していなかった	①相手方が善意無過失 ②代理人が代理権の範囲外の行為をした	①相手方が善意無過失 ②代理人の代理権が消滅した後，権限内の行為をした
効果	相手方は，本人に無権代理行為が有効であることを主張できる		

※1　代理権授与表示の表見代理具体例
　　　本人が相手方に対して，あたかも委任状を用意して代理人がいるように伝えたが，実際には代理権を与えてなかった。

※2　権限外の行為の表見代理具体例
　　　本人は代理人に抵当権設定の代理権を与えたが，代理人は売買契約を締結した。

※3　代理権消滅後の表見代理具体例
　　　代理人が破産し，代理権は消滅したが，その者が代理人として契約を締結した。

厳選超重要過去問 ○×一問一答

問題	解答
Q1 AがA所有の土地の売却に関する代理権をBに与えた場合において，Bが自らを「売主Aの代理人B」と表示して買主Dとの間で締結した売買契約について，Bが未成年者であったとしても，AはBが未成年者であることを理由に取り消すことはできない。(H21)	代理人が未成年者であることを理由に取消しはできない。 (○)
Q2 AがBに対して，A所有の甲土地を売却する代理権を授与した場合に関して，Bが自己又は第三者の利益を図る目的で，Aの代理人として甲土地をDに売却したとき，Dがその目的を知り，又は知ることができたときは，Bの代理行為は無権代理とみなされる。(R2)	代理権の濫用がテーマ (○)
Q3 AはBの代理人として，B所有の甲土地をCに売り渡す売買契約をCと締結した。しかし，Aは甲土地を売り渡す具体的な代理権は有していなかった（ケース1）。Bが本件売買契約を追認しない間は，Cはこの契約を取り消すことができる。ただし，Cが契約の時において，Aに甲土地を売り渡す具体的な代理権がないことを知っていた場合は取り消せない。(H18)	無権代理人と取引をした相手方は，善意のときしか取消しはできない。 (○)
Q4 ケース1において，BがCに対し，Aは甲土地の売却に関する代理人であると表示していた場合，Aに甲土地を売り渡す具体的な代理権はないことをCが過失により知らなかったときは，BC間の本件契約は有効となる。(H18)	代理権授与表示の表見代理。相手方（C）が善意無過失でないため，有効とはならない（表見代理不成立） (×)

時効・条件・期限

▶▶▶ 他人のモノが自分のモノに？

学習のポイント

時効とは，時の経過によって，一定の権利を取得（取得時効）できたり，一定の権利が消滅（消滅時効）してしまう制度です。**取得時効の成立要件**を中心に学び，取得時効・消滅時効に共通する**「時効の完成猶予」**と**「時効の更新」**について理解を深めましょう。条件・期限は，出題頻度はあまり高くないため，深追いしないようにしましょう。

1 取得時効

　他人の物を一定期間占有している者は，その他人の物を自分のモノにすることができます。取得できる権利は，所有権・地上権・地役権・不動産賃借権など様々ですが，所有権が主流です。

1 所有権の取得時効

> ❶ 占有の開始時に善意無過失であるときは，10年間，所有の意思をもって，平穏公然と他人の物を占有すれば，その所有権を取得する
>
> ⚠️ 占有開始時に善意無過失であれば，途中で悪意となっても，占有開始時から10年経過すれば取得時効は完成します。
>
> ❷ 占有の開始時に悪意または善意有過失（善意無過失以外）であるときは，20年間，所有の意思をもって，平穏公然と他人の物を占有すれば，その所有権を取得する

2 所有の意思

　占有には，所有の意思のある占有（自主占有）と，所有の意思のない占有（他主占有）とがあります。「これは私のモノだ」という意思が所有の意思だと考えて下さい。一般的に不動産の買主の占有は，所有の意思があるとされます。

　一方，他主占有という状態は，所有の意思はありません。たとえば，ア

パートを借りている人は,「借りている」という意思のもと占有しているのが通常ですから,アパートの借主には所有の意思はなく,いくら継続して占有していても,所有権を時効により取得することはできません。

3 占 有

占有は,自分自身で占有するタイプ（自己占有）と,自分の代わりに他人に占有させるタイプ（代理占有）とがあります。どちらのタイプであっても,時効による取得が認められます。たとえば,A所有の土地を,Bが善意無過失で8年占有し,その後,Cにこの土地を2年賃貸した場合,Bは,自分自身の占有8年と,Cに占有させた2年をあわせて10年の占有継続により,当該土地の所有権を時効取得することができます。

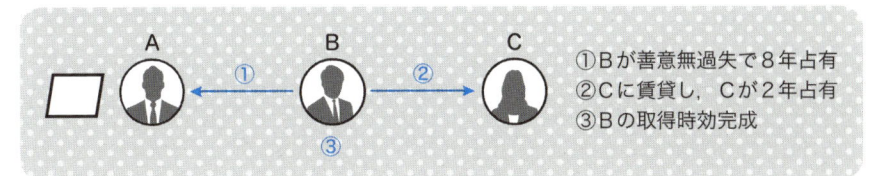

①Bが善意無過失で8年占有
②Cに賃貸し,Cが2年占有
③Bの取得時効完成

●占有の承継

占有は,相続や売買等によっても承継されます。前の占有者の状態をそのまま引き継ぐことも可能です。たとえば,AがBの土地を善意無過失で8年占有した後,その土地を悪意のCに売却した場合,Cは,Aの8年の占有期間や善意無過失を引き継ぐことができるため,あと2年占有すれば,時効により取得できます。

2 消滅時効

一定期間,行使できる債権をそのまま放置してしまうと,その債権は時効によって消滅し,以後行使できなくなってしまいます。

下記❶または❷に該当すると,時効により消滅します。

> ❶ 債権者が権利を行使することができることを知った時から**5年間**行使しないとき
>
> ❷ 権利を行使することができる時から**10年間**（人の生命・身体の侵害による損害賠償請求権は20年間）行使しないとき

●債権以外の財産権

　債権以外の財産権（例：地上権・地役権等）は，権利を行使できる時から20年間行使しないと，時効により消滅します。なお，所有権は時効によって消滅することはありません。

3　時効の完成猶予・時効の更新等

1 時効の完成猶予・時効の更新とは

　時効の完成猶予とは，時効期間の満了時期を過ぎても，一定の期間が経過するまで時効が完成しないことをいいます（時効完成を一時的にストップさせる）。

　時効の更新とは，今まで進んでいた時効期間がリセットされ，時効が新たに進行することをいいます。たとえば，Aが行使できる100万円の債権を，4年間放置していた場合にて，時効が更新されると，4年の時効期間はリセットされ，またゼロから時効期間がスタートします。

2 時効の完成猶予・時効の更新事由

①　**裁判上の請求・支払督促**（債権者のアクション）

　裁判上の請求（訴えを提起する）や支払督促（裁判所書記官が行う書類審査のみの簡単な手続き）等がある場合，その事由が終了するまでの間は時効の完成が猶予されます。そして，確定判決または確定判決と同一の効力を有するものによって権利が確定したときは，時効が更新されます。

②　**承認**（債務者のアクション）

　権利の承認があると，時効が更新されます。たとえば，債務者が借金の一部を債権者に弁済すると，時効が更新されます。

③　**催告**（裁判外の請求）

　催告した時から6ヵ月を経過するまでの間は，時効の完成は猶予されます。たとえば，裁判によらず，内容証明郵便等で債権者が債務者に「借金返せ！」と請求した場合，6ヵ月間の猶予が与えられるため，その期間内は時効は完成しません。

3 時効の効力

　時効は，その起算日にさかのぼって，効力が生じます。

　たとえば，AがBの土地を20年占有し，取得時効が完成した場合，Aは，

その土地の占有開始時（20年前）から，その土地の所有者であったことになります。

4 時効の利益の放棄等

時効の利益は，時効完成前にあらかじめ放棄（ほうき）することはできません。

たとえば，100万円の借金契約の際，「時効が完成しても100万円はちゃんと返してもらいます」という特約をつけることはできません。これが可能となれば，債権者の立場がとても強くなりますし，そもそも時効制度が否定され，意味のないものとなるからです。

また，債務者が消滅時効完成後，時効完成に気づかず，借金を返済し権利の承認をした場合，以後その完成した消滅時効の援用をすること（えんよう）（使うこと）はできません。

4 条件・期限

1 条　件

条件とは，契約の効力を発生させたり消滅させたりする制限を付けるものです（不確実なもの）。条件には，停止条件（条件が成就（じょうじゅ）することで効力が発生するもの）と解除条件（条件が成就することで効力が消滅するもの）があります。試験対策としては，停止条件を中心に学びましょう。

●停止条件の具体例

「宅建試験に合格したら別荘を贈与するという停止条件付贈与契約」

⇨この場合，宅建試験に合格したら別荘をもらえます。

ポイント …条件

❶ 停止条件付契約の場合，効力が発生していなくとも，当事者は期待権を有しています。この権利は，民法上保護され，侵害（しんがい）された場合には，損害賠償請求等（そんがいばいしょうせいきゅう）が可能となります。

❷ 条件付権利（期待権）であっても，処分できたり，相続（そうぞく）の対象となります。

❸ 条件の成就により不利益を受ける当事者が，故意にその条件の成就を妨げた（こい）ときは，相手方は，条件を成就したものとみなすことができます。

❹ 停止条件付契約は，停止条件が成就した時からその効力を生じます。

2 期　限

期限（きげん）とは，契約の効力の発生等が将来到来することが決まっている制限を

付けるものです（確実なもの）。

　期限には，到来する時期が確定している確定期限（例：○年○月○日）と，到来する時期が確定していない不確定期限（例：父が死亡したとき）があります。

問題	解答
Q1 A所有の甲土地を占有しているBは，父から甲土地についての賃借権を相続により承継して賃料を払い続けている場合であっても，相続から20年間甲土地を占有したときは，Bは，時効によって甲土地の所有権を取得することができる。(H27)	Bの占有は他主占有のため，所有権を取得することはできない。 （×）
Q2 Bの父が11年間所有の意思をもって平穏かつ公然にA所有の甲土地を占有した後，Bが相続によりその占有を承継し，引き続き9年間所有の意思をもって平穏かつ公然に占有していても，Bは，時効によって甲土地の所有権を取得することはできない。(H27)	占有は承継できる。 （×）
Q3 Aは，Bに対し建物を賃貸し，月額10万円の賃料債権を有している。Bが，賃料債権の消滅時効が完成した後にその賃料債権を承認したときは，消滅時効の完成を知らなかったときでも，その完成した消滅時効の援用をすることは許されない。(H21)	（○）
Q4 AとBとの間で，5ヵ月後に実施される試験にBが合格したときにはA所有の甲建物をBに贈与する旨を書面で約した。本件約定の後，Aの放火により甲建物が滅失し，その後にBが本件試験に合格した場合，AはBに対して損害賠償責任を負う。(H30)	（○）

相隣関係

▶▶▶ お隣さんとのトラブルを防ぐルール

学習のポイント

相隣関係では、「お隣さんと揉めないように」と、ルールが定められています。難しい項目ではないので時間をかけずに通過しましょう。この中では、**隣地通行権**が特に大切です。

1 隣地（囲繞地）通行権

1 概　要

　他の土地に囲まれて公道に通じない土地（袋地）の所有者は、公道に至るため、その土地を囲んでいる他の土地（囲繞地）を通行することができます。この場合、通行の場所および方法は、通行権を有する者のために必要であり、かつ、他の土地のために損害が最も少ないものを選ばなければなりません。

公道		
隣地 （囲繞地） A所有	隣地 （囲繞地） B所有	隣地 （囲繞地） D所有
	袋地 C所有	

！ 上図の場合、Cは、公道に出るため囲繞地（A・B・D）を通行することはできますが、必要性が高く、損害が最も少ない場所を選んで通行することになります。

❷共有物の分割・一部譲渡によって袋地が生じたケース

共有物の分割や一部譲渡によって袋地が生じた場合，袋地の所有者は他の分割者の土地または譲渡人の土地のみを通行することができます。この場合には，袋地の所有者は償金を支払う必要はありません。これは，当事者が袋地が生じることを想定した上で分割や一部譲渡を行っているからです。

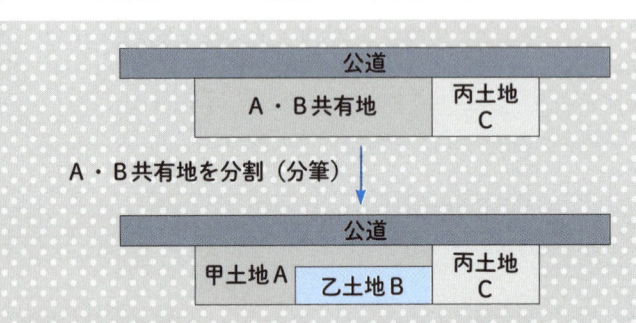

ⓘ 上記のケースでは，Bが囲繞地通行権を行使できるのは甲土地のみとなります。この場合，Bは，Aに対して償金を支払う必要はありません。なお，この後，Aが甲土地をD（特定承継人）に譲渡した場合でも，Bは，Dに対して償金を支払うことなく，囲繞地通行権を行使することができます。

2 ▶ 境界標の設置および費用

土地の所有者は，隣地の所有者と共同の費用で境界標（きょうかいひょう）を設けることができます。この場合，境界標の設置および保存の費用は相隣者が等しい割合で負担しますが，測量（そくりょう）の費用は，その土地の広狭に応じて分担します。

3 ▶ 竹木の枝および根の越境

隣地の竹木の枝が境界線を越えるときは，その竹木の所有者に，その枝を切除させることができます。

また，隣地の竹木の根が境界線を越えるときは，その根を切り取ることができます。

ⓘ 枝は勝手に切ることはできませんが，根っこは切ることができます。

厳選超重要過去問 ○×一問一答

問題	解答
Q1 複数の筆の他の土地に囲まれて公道に通じない土地の所有者は，公道に至るため，その土地を囲んでいる他の土地を自由に選んで通行することができる。(H21)	「自由に選んで」が誤り。 (**×**)
Q2 Aが購入した甲土地が他の土地に囲まれて公道に通じない土地であった場合に関して，甲土地が共有物の分割によって公道に通じない土地となっていたときには，Aは公道に至るために他の分割者の所有地を，償金を支払うことなく通行することができる。(R2)	共有物の分割によって袋地が生じたケース。 (**○**)
Q3 Aの隣地の竹木の枝が境界線を越えてもAは竹木所有者の承諾なくその枝を切ることはできないが，隣地の竹木の根が境界線を越えるときは，Aはその根を切り取ることができる。(H21)	(**○**)

SECTION 6 共　有

▶▶▶ 民法が大きらいな制度

学習のポイント

民法は共有がキライです。1つのモノを2人以上で所有することになり，トラブルが起こりやすいからです。このことを頭の片隅に置きながら学習しましょう。また，共有では，「持分」の理解がとても重要ですので，意識して学んで下さい。

1　持　分

　持分とは，各共有者の所有権割合です。簡単にいうと，「共有者一人一人の所有権」です。持分の割合は，特に定め等がなければ，平等となります（共有者が3人いれば，持分は3分の1ずつ）。

　通常は，出資額に応じて持分が決まります（お金をたくさん出した人ほど，持分割合が大きい）。

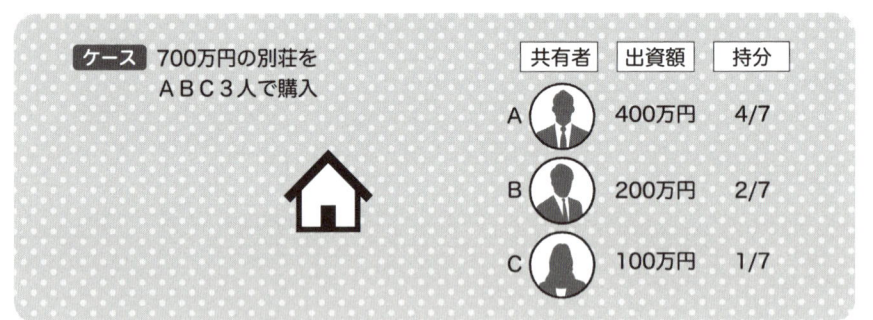

ケース	700万円の別荘をABC3人で購入		
共有者		出資額	持分
A		400万円	4/7
B		200万円	2/7
C		100万円	1/7

■ 持分の譲渡・放棄

　持分は自分の所有権ですから，他の共有者の同意なくして自由に処分（例：譲渡，放棄，抵当権設定）することができます。

■ 他の共有者への帰属

　下記❶または❷に該当すると，共有者の持分は他の共有者に帰属します。

> ❶　共有者の1人が持分を放棄した
> ❷　共有者の1人が死亡して身寄り（相続人・特別縁故者）がいない

2 共有物の使用方法

　各共有者は，共有物全体につき，その持分に応じた使用をすることができます。上記の別荘の例でいうと，たとえ持分が少ないCさんでも，別荘全部を使用できます。

　この場合，持分に応じた使用ができるため，たとえば1週間のうち，「Aが4日，Bが2日，Cが1日使用できる」といった具合になります。

3 共有物の管理費等

　各共有者は，その持分に応じて，管理費等（例：固定資産税，修繕費）を負担することになります。

4 共有物に関する共有者の権利

	概要	要件	具体例
保存行為	共有物の現状を維持するための行為	共有者が単独で可能	・目的物の修繕行為 ・第三者に対する妨害排除請求 ・持分権に基づく損害賠償請求（自己の持分の割合に応じた請求しかできない）
管理行為	共有物の変更にあたらない程度の利用をする行為	共有者の持分の過半数で決める※	・共有物の賃貸借契約およびその解除
変更行為	共有物の主要な部分・用途等を変更する行為や，売却等の他の共有者に重大な影響を及ぼす行為	共有者全員の同意が必要	・農地を宅地に変更 ・共有物全体の処分（売却・抵当権設定等） ・共有物の増築，改築，取壊し

※たとえば，共有物を賃貸する行為は，管理行為に該当しますが，共有者の持分の過半数の同意が必要となります（賛成・反対は頭数でカウントするわけではありません）。上述の別荘の例でいえば，その賃貸にB・Cが賛成しても，Aが反対すると賃貸はできないことになります。

5 共有物の分割

　分割とは，共有状態を解消する（やめる）ことです。つまり，「もう共有やめようよ！」ということです。各共有者は，いつでも分割の請求をすること

ができますが，全員の合意によって最長で5年間分割しない旨の契約（特約）をすることができます。なお，分割は下記①〜③の方法があります。

①現物分割	共有物自体を分ける方法 例：土地をみんなで分ける。
②代金分割	共有物を売り払って，その代金を分ける方法 例：別荘を売って，そのお金を分配する。
③価格賠償	共有者の1人または数人が他の共有者の持分を取得し，その持分価格を賠償する方法 例：別荘を1人が所有し，残りの共有者には，お金を払う代わりに出ていってもらう。

　上記分割については，共有者全員の合意によって決めますが，協議が整わないときは，裁判所に分割を請求することもできます。

　なお，裁判所は，現物分割の請求がなされた場合でも，一定の場合には，共有物の競売を命じることができます（代金分割）。また，特段の事情がなければ，価格賠償の方法によって分割をさせることはできません。

厳選超重要過去問 ○×一問一答

問題	解答
Q1 A，B及びCが，持分を各3分の1として甲土地を共有している場合に関して，甲土地全体がEによって不法に占有されているときは，Aは単独でEに対して，Eの不法占有によってA，B及びCに生じた損害全額の賠償を請求できる。(H18)	Aは自己の持分に応じた損害賠償請求しかできない。（ × ）
Q2 共有者の1人が死亡して相続人がいないときは，その持分は国庫に帰属する。(R2)	国庫ではなく，他の共有者に帰属。（ × ）
Q3 各共有者は，いつでも共有物の分割を請求することができるが，5年を超えない期間内であれば，分割をしない旨の契約をすることができる。(H23)	（ ○ ）

不動産物権変動

SECTION 7

▶▶▶ **戦うためには登記という武器が必要**

学習のポイント

登場人物をしっかり図式化することが大切です。少し難しく感じる分野なので，じっくり時間をかけて学習しましょう。「何が起きたのか」という権利関係を把握するのと，「何が先で，何が後なのか」という時系列を意識するのが攻略のコツです。

---

1 不動産物権変動の概要

不動産物権変動とは，所有権等の権利（物権）が発生・変更・消滅することをいいます。**物権変動は，当事者の意思表示のみ（口約束）で生じますが，当事者以外の第三者に物権変動を主張するためには，対抗要件（第三者と争うときの武器）が必要**となります。

2 当事者と第三者の関係

1 不動産の二重譲渡

たとえば，Aの土地をAがBに売った後，さらにCに二重に売却した場合，第三者であるBとCは，どちらがこの土地の所有者になれるのでしょうか。

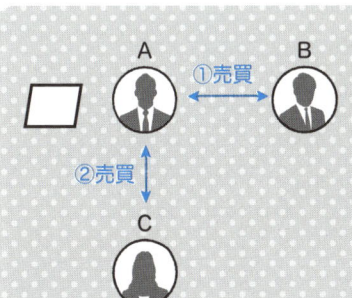

BとCは，先に登記をした方が所有権を主張できます。後から登場したCが悪意だったとしても，Cが先に登記をすればCの勝ちとなります。この関係（B対C）を対抗関係といいます。

BもCも，大元の売主Aに対しては，登記がなくても当然に，「これは私の土地だ！」と主張できます。この関係（A対B，A対C）を当事者の関係といいます。

② 相 続

たとえば，Aの土地をAがBに売った後，Aが死亡しCが相続した場合，Bは所有権を主張できるのでしょうか。

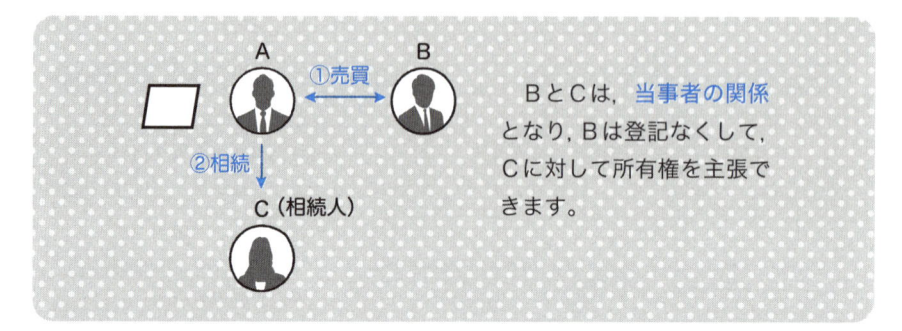

BとCは，当事者の関係となり，Bは登記なくして，Cに対して所有権を主張できます。

3 第三者に該当しない（対抗関係ではない）パターン

① 不法占拠者（勝手に不動産に住みついている人）
ふ ほうせんきょしゃ
不法占拠者に対しては，登記なくして所有権を主張できます。

② 背信的悪意者（悪だくみを考えている悪者です）
はいしんてきあく い しゃ
背信的悪意者に対しては，登記なくして所有権を主張できます。

●背信的悪意者からの転得者
てんとくしゃ
背信的悪意者からの転得者に対しては，その者自身が背信的悪意者に該当しなければ，登記を先にすれば所有権を主張できます。

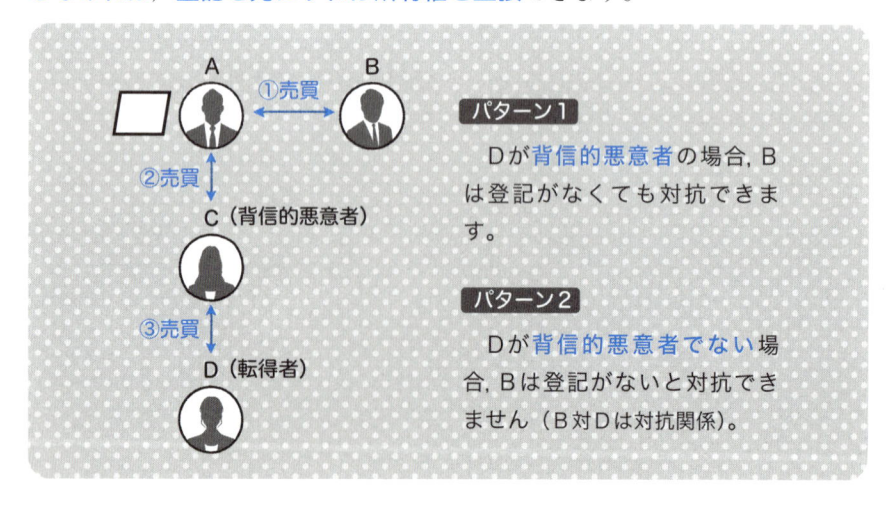

パターン1

Dが背信的悪意者の場合，Bは登記がなくても対抗できます。

パターン2

Dが背信的悪意者でない場合，Bは登記がないと対抗できません（B対Dは対抗関係）。

❸ 無権利者（権利が全くない人）

無権利者に対しては，登記なくして所有権を主張することができます。

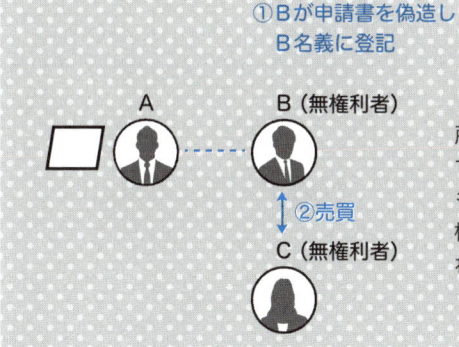

①Bが申請書を偽造し
　B名義に登記

A　　　B（無権利者）

②売買

C（無権利者）

Aは登記なくして，Cに対して所有権を主張することができます。無権利者Bから手に入れたCもまた無権利者です（原則として，権利が無いところから，権利は生まれません）。

4 様々なパターン

	～「前」の第三者との関係	～「後」の第三者との関係
取消（錯誤）	善意無過失の第三者には対抗できない。	対抗関係
取消（詐欺）	善意無過失の第三者には対抗できない。	対抗関係
取消（強迫）	第三者（善意悪意問わず）に対抗できる。	対抗関係
時効	当事者の関係	対抗関係
解除	登記を備えた第三者には対抗できない。	対抗関係

① 取消し「前」の第三者の場合

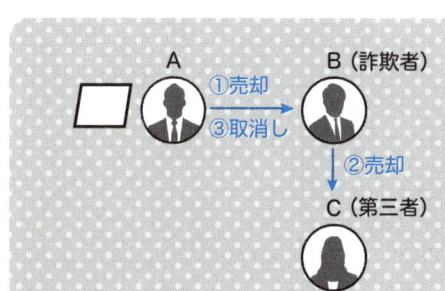

A　　　B（詐欺者）

①売却
③取消し

②売却

C（第三者）

取消し前の場合，CがBの詐欺について善意無過失のときは，Aは，Cに対抗することができません。Cが悪意または善意有過失の場合には，Aは対抗できます（P10❶参照）。

② 取消し「後」の第三者の場合

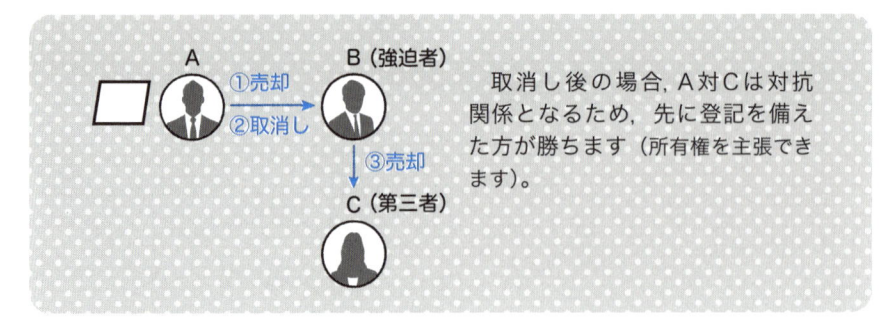

取消し後の場合，A対Cは対抗関係となるため，先に登記を備えた方が勝ちます（所有権を主張できます）。

③ 時効完成「前」の第三者の場合

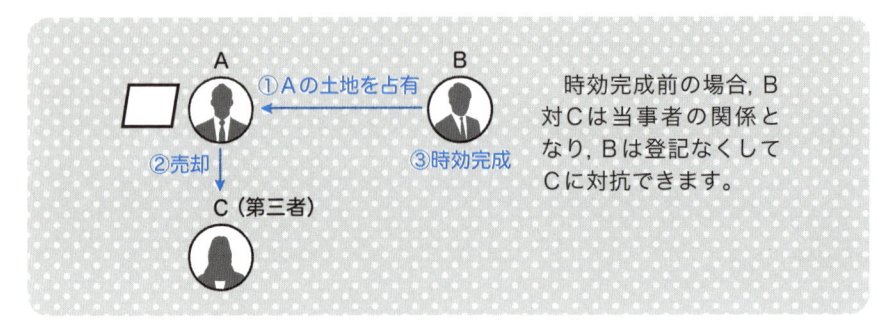

時効完成前の場合，B対Cは当事者の関係となり，Bは登記なくしてCに対抗できます。

④ 時効完成「後」の第三者の場合

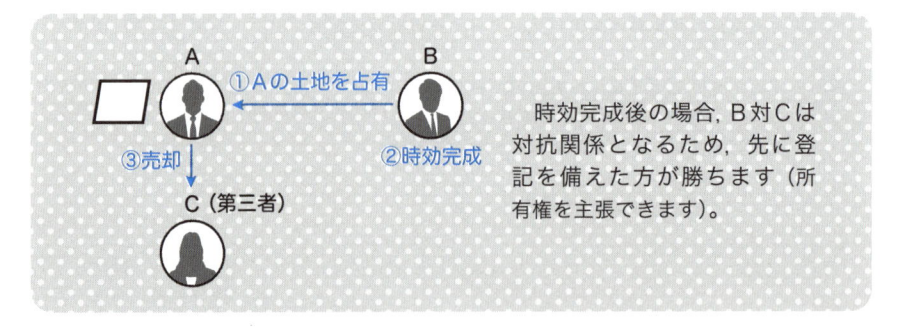

時効完成後の場合，B対Cは対抗関係となるため，先に登記を備えた方が勝ちます（所有権を主張できます）。

⑤ 解除「前」の第三者の場合

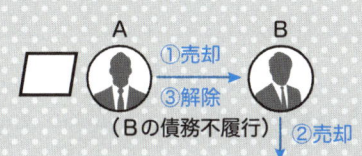

解除前の場合, Cが登記を備えたときは, Aは, Cに対抗することができません。

⑥ 解除「後」の第三者の場合

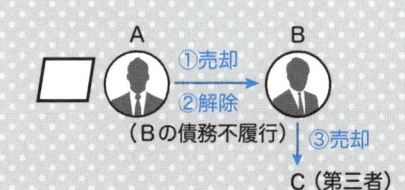

解除後の場合, A対Cは対抗関係となるため, 先に登記を備えた方が勝ちます（所有権を主張できます）。

厳選超重要過去問 ○×一問一答

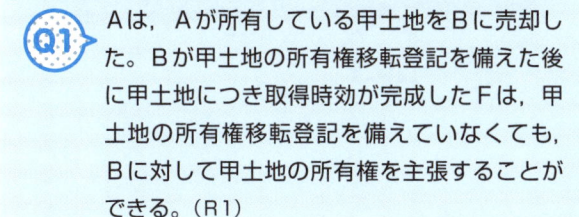

問題	解答
Q1 Aは, Aが所有している甲土地をBに売却した。Bが甲土地の所有権移転登記を備えた後に甲土地につき取得時効が完成したFは, 甲土地の所有権移転登記を備えていなくても, Bに対して甲土地の所有権を主張することができる。（R1）	時効完成前の第三者（B）と取得者（F）は,「当事者の関係」となるため, Fは登記なくしてBに対して所有権を主張できる。（ ○ ）
Q2 不動産売買契約に基づく所有権移転登記がなされた後に, 売主が当該契約を適法に解除した場合, 売主は, その旨の登記をしなければ, 当該契約の解除後に当該不動産を買主から取得して所有権移転登記を経た第三者に所有権を対抗できない。（H19）	解除後の第三者に対抗するには, 登記が必要（対抗関係）。（ ○ ）

SECTION 8　抵当権 I

▶▶▶ 抵当権って何だろう？

学習のポイント

学習範囲が広く，難度も高い項目です。しかし，本試験では例年 1 〜 2 問出題されるため，合格するために基本論点は押さえておく必要があります。**抵当権 I** では，用語や基本的な仕組みを理解するようにしましょう。

1　抵当権の概要

抵当権は，債権者が債権を回収するために利用する制度の 1 つです。
債権を回収しやすくするためのいわば債権者の武器と考えて下さい。
抵当権者は，他の債権者（例：無担保債権者）に先立って優先的に債権の回収ができます。これは抵当権者の大きなメリットです。

抵当権者A
A債権3,000万円 → 債務者B

無担保債権者C
C債権3,000万円 →
評価額 3,000万円

無担保債権者D
D債権3,000万円 →

Aが抵当権を実行（競売）した場合，AはC・Dに優先してお金（債権3,000万円）を回収できます。

2　重要用語

債権者と債務者で取り交わす借金契約を金銭消費貸借契約と呼びます。
抵当権を設定する場合，金銭消費貸借契約とは別に抵当権設定契約を締結します。そして，抵当権によって担保される債権を被担保債権と呼びます（債権者からすると貸金，債務者からすると借金のことです）。

抵当権を有する者を抵当権者，抵当権を設定されてしまった者を抵当権設定者と呼びます。

抵当権設定者は，必ずしも債務者とは限りません。債務者以外の第三者の不動産に抵当権を設定することもできます。この場合，当該第三者のことを物上保証人と呼びます（他人の借金のために自分の不動産を差し出すお人好し）。

債権者A　　　　　金銭消費貸借契約　　　　　債務者B
　　　　　　　3,000万円（被担保債権）

（抵当権者）　←──────────────→　（抵当権設定者）
　　　　　　　　　　抵当権設定契約

3 設定者側のルール

抵当権設定者は，債務者が債務不履行にならない限り，抵当権者の同意なくして抵当不動産を使用・収益・処分をすることができます（1つの不動産に2つ以上の抵当権を設定することもできます）。

また，抵当不動産の占有を抵当権者に移す必要もありません。ただし，不動産の担保価値を下げる等の行為がある場合は，抵当権者は，妨害排除請求権を行使できます。

4 抵当権の対抗要件・目的物

抵当権は，お互いの意思表示の合致のみで発生します。ただし，登記をしない限り，第三者に対抗することができません。抵当権は，地上権・永小作権にも設定することができます。また，抵当権自体に抵当権を設定することもでき，これを転抵当と呼びます。

5 抵当権の効力の及ぶ範囲

　抵当権が実行された場合，抵当不動産はどこまで競売にかけられてしまうかという問題です。たとえば，雨戸や畳まで対象なのか？ということです。

1 付合物（独立性がないもの）

　原則として抵当権の効力は付合物（ふごうぶつ）にも及びます（例：雨戸・立木・庭石）。

2 従物（独立性があるもの）

　原則として抵当権の効力は従物（じゅうぶつ）にも及びます（例：畳，地下タンク・洗車機）。

3 従たる権利

　原則として，抵当権の効力は従たる権利にも及びます（例：敷地賃借権（しきちちんしゃくけん）（借地権（しゃくちけん）））。

4 土地・建物

　抵当権が土地（または建物）のみに設定された場合，建物（または土地）に抵当権の効力は及びません（土地と建物は別個独立のもの）。

6 被担保債権の範囲

　抵当権によって担保される債権（被担保債権）の範囲には，当然元本は含まれますが，利息・損害金等については，満期となった最後の2年分についてのみとなります。これは，後順位抵当権者（こうじゅんいていとうけんしゃ）等の保護が目的です。したがって，後順位抵当権者等がいないときは，2年分に制限されません。

7 抵当権の性質

1 付従性（ふじゅうせい）

　債権（被担保債権）と抵当権の関係は，「債権が主人公・抵当権は付き人」と考えて下さい。

> ❶　債権が成立しなければ，抵当権も成立しない
> ❷　債権が消滅すれば，抵当権も消滅する

2 随伴性

抵当権は債権（被担保債権）にくっついているため，債権が譲渡されれば，それに伴い抵当権も移転します。抵当権付きの債権を譲り受けた譲受人は，債権とともに抵当権も取得します。

3 物上代位性

抵当不動産の減失等によって，保険金等が生じた場合には，その保険金等にも抵当権の効力が及びます。

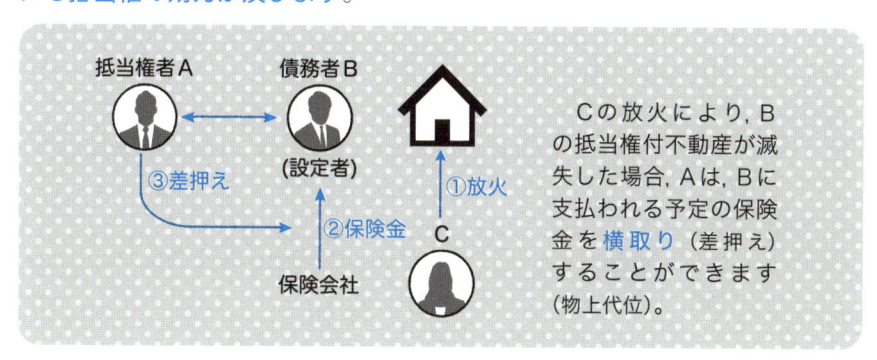

Cの放火により，Bの抵当権付不動産が減失した場合，Aは，Bに支払われる予定の保険金を横取り（差押え）することができます（物上代位）。

抵当権者は，保険金が債務者に払い渡される前に差押えをする必要があります。これは，一度債務者の懐（おサイフ）に金銭が混入すると，どの金銭が物上代位の対象となる保険金なのか，わからなくなってしまうからです。なお，物上代位が可能なものとして，売買代金，損害賠償請求権，保険金請求権，賃料等があります。

物上代位に関する判例　※発展テーマ

> ❶　債権について一般債権者による差押えと抵当権者の物上代位権による差押えが競合（バッティング）したときは，前者の差押命令の第三債務者への送達と後者の抵当権設定登記の先後によって優劣を決める
>
> ❷　抵当権者は，抵当不動産の賃借人を所有者と同視することを相当とする場合を除き，その賃借人が取得する転貸賃料債権について物上代位権を行使することができない

8 抵当権の順位

　同一の不動産に数個の抵当権が設定された場合，これらの抵当権の順位は，登記の前後で決定され，競売による代金の配当(はいとう)もこの順番に従います。

　なお，先順位の抵当権が弁済(べんさい)等により消滅した場合，後順位の抵当権の順位が自動的に上昇します。

1番抵当権者A　　A債権2,000万円　　債務者B

2番抵当権者C　　C債権3,000万円　　評価額 4,000万円

無担保債権者D　　D債権3,000万円

たとえばBの弁済によりAの抵当権が消滅した場合，Cの抵当権が１番になります。

■ 順位の変更

　登記されている抵当権の順位を変更することもできます。たとえば，上記のAとCの順番を入れ替えたりすることができます。

　順位の変更をするには，各抵当権者の合意＋利害関係人の承諾＋変更の登記が必要です。抵当権設定者の承諾は不要です。

厳選超重要過去問 ○×一問一答

問題	解答
Q1 対象不動産について第三者が不法に占有している場合，抵当権は，抵当権設定者から抵当権者に対して占有を移転させるものではないので，事情にかかわらず抵当権者が当該占有者に対して妨害排除請求をすることはできない。(H25)	一定の場合，抵当権者は妨害排除請求ができる。 （ × ）
Q2 Aの抵当権設定登記があるB所有の建物が火災によって焼失してしまった場合，Aは，当該建物に掛けられた火災保険契約に基づく損害保険金請求権に物上代位することができる。(H24)	（ ○ ）
Q3 賃借地上の建物が抵当権の目的となっているときは，一定の場合を除き，敷地の賃借権にも抵当権の効力が及ぶ。(H27)	（ ○ ）
Q4 抵当権について登記がされた後は，抵当権の順位を変更することはできない。(H25)	各抵当権者の合意等があれば順位変更可能。 （ × ）

吉野先生のワンポイントアドバイス

抵当権はみんなが苦手としている分野です。しかし，合格者はこの道を逃げずに通っています。抵当権は通過点に過ぎません。このテキストを手に取って学習されている方は，必ずクリアできます (^^♪

▶▶▶ 抵当権の様々なルールを学ぼう！

学習のポイント

今回も難度が高い項目が多いため，本書に掲載されていない細かいテーマはあまり深追いしないようにしましょう。**法定地上権**と**一括競売**は，成立要件をしっかり押さえるようにして下さい。

1 第三取得者の保護

抵当不動産を買い受けた買主を，第三取得者と呼びます。

第三取得者は，債務者が債務不履行に陥ると，自身がせっかく購入した不動産が競売にかけられてしまう可能性があります。このような不安定な立場にある第三取得者を保護するために，民法は代価弁済と抵当権消滅請求という2つの制度を設けました。

1 代価弁済

代価弁済とは，第三取得者が，抵当権者の請求に応じて，代価を弁済したときに抵当権が消滅するという制度です。

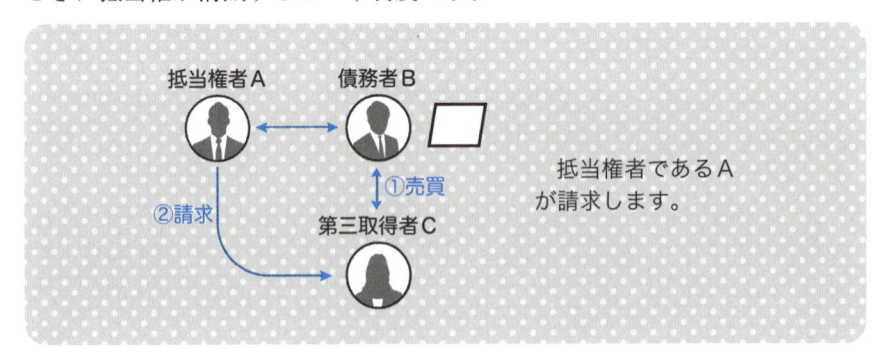

抵当権者A　債務者B

①売買

②請求

第三取得者C

抵当権者であるA
が請求します。

❷ 抵当権消滅請求

　抵当権消滅請求とは，第三取得者が，抵当権者（複数いる場合は全員）に対して適当と思う金額を提示して抵当権の消滅を請求する制度です。抵当権消滅請求は，抵当権の実行としての競売による差押えの効力が発生する前に請求する必要があります。なお，主たる債務者・保証人はこの制度を使えません。

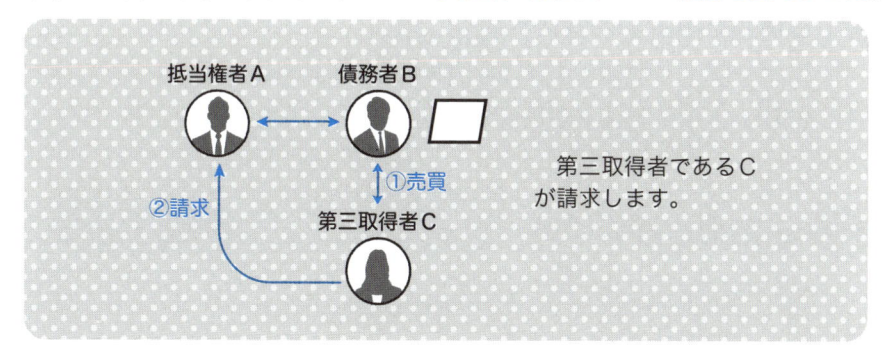

第三取得者であるＣが請求します。

2　抵当不動産の賃貸借

　抵当権設定登記後，その不動産が賃貸された場合，借主は，抵当権実行による競売にて買い受けた買受人に対して，賃借権を対抗することができるのでしょうか。

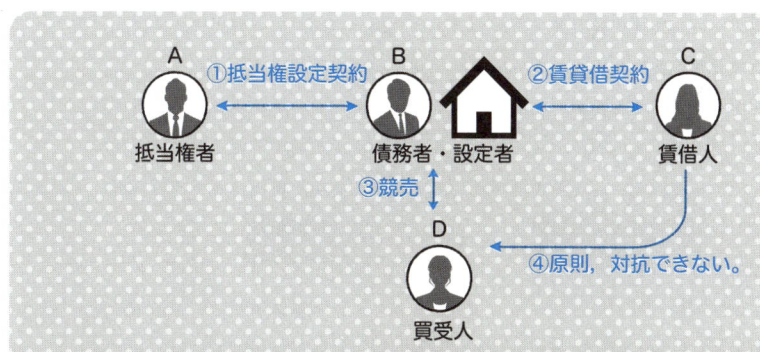

　この場合，原則として先に登場した抵当権が優先するため，賃借人Ｃは立ち退かなければいけません。

　しかし，これでは，抵当不動産を賃貸することが困難になってしまい，賃貸用物件の価値を下げてしまうことにもなりかねません。そこで，民法は，下記，借主を保護する規定を設けました。

1 抵当権者の同意を登記した賃貸借の対抗力

賃借権を登記し，その登記前に抵当権の登記をした抵当権者すべての同意を得て，なおかつ，その同意の登記があるときは，賃借人は対抗することができます。また，同意の登記について利害関係人がいる場合，その者の承諾も必要となります。

2 抵当建物使用者の引渡しの猶予

建物の賃借人は，買受人の買受けの時より6ヵ月を経過するまでは，その建物を買受人に引き渡す必要はありません。

3 法定地上権

土地と建物は別個独立している物であるため，土地と建物の所有者が同一でも，別々に抵当権を設定できます。しかし，土地と建物の所有者が，土地または建物に抵当権を設定し，競売されてしまうと，土地の所有者と建物の所有者がバラバラとなり，建物は土地の上に存続できません。

これでは，建物を取り壊すことになり，社会経済上，不利益（もったいない）となるため，民法では，建物のために法律上当然（自動的に）に地上権を発生させることとしました。

なお，地上権とは，他人の土地を利用できる権利です。地上権は，通常，地主（設定者）と土地利用者（地上権者）の契約によって発生します。

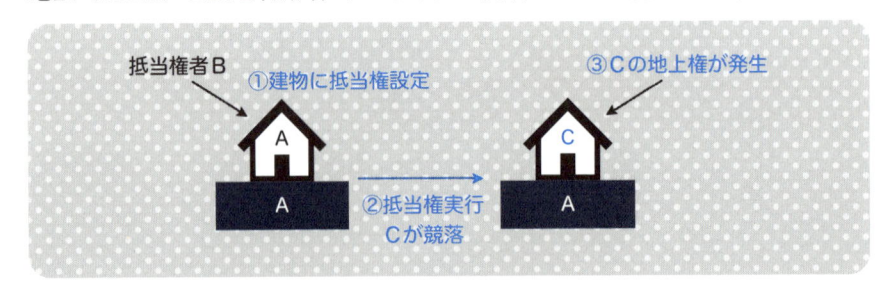

1 法定地上権の成立要件

> ❶ 1番抵当権設定当時，土地の上に建物が存在すること
>
> ❷ 1番抵当権設定当時，同一人がその土地と建物を所有していたこと
>
> ❸ 競売の結果，土地と建物の所有者が異なるに至ったこと

2 法定地上権の成否ケース

下記のケースにおいて上記成立要件の❶❷を当てはめて考えてみましょう。

ケース	成否
更地に抵当権を設定した後に，抵当権者があらかじめ築造につき承認し，建物が築造された場合	×
更地に抵当権が設定された後，建物が築造され，その後，土地につき2番抵当権が設定された場合	×
抵当権設定当時，土地と建物の所有者は実体上同一人であったが，建物について所有権移転登記がなされていなかった場合	○
抵当権設定当時は，土地と建物が別人に帰属していたが，その後，同一人に帰属するに至った場合	×
土地に1番抵当権が設定された当時は，土地と建物の所有者が異なっていたが，それらを同一人が所有するに至った後に，土地に2番抵当権が設定された場合	×

4 一括競売

更地に抵当権設定後，その土地に建物が築造された場合，法定地上権は成立しません。したがって，抵当権の実行により土地が競売されると，建物は収去せざるを得なくなります。そこで，このような社会経済上，不利益になるような事態を避けるため，抵当権者は，土地と建物を一緒に競売することができることとしました。

1 要 件

> ❶ 抵当権設定当時，土地上に建物がないこと（更地）
>
> ❷ 抵当権設定後に，土地上に新たに建物を築造すること

2 効 果

抵当権者は一括して土地・建物を競売することができますが，競売代金について優先的に弁済を受けられるのは，土地についてのみであり，建物の競売代金については優先的に弁済を受けることはできません。

厳選超重要過去問 ○×一問一答

問題	解答
Q1 抵当不動産の被担保債権の主債務者は，抵当権消滅請求をすることはできないが，その債務について連帯保証をした者は，抵当権消滅請求をすることができる。(H27)	主債務者も連帯保証人もできない。 （ ✕ ）
Q2 土地に1番抵当権が設定された当時，土地と地上建物の所有者が異なっていたとしても，2番抵当権設定時に土地と地上建物の所有者が同一人となれば，土地の抵当権の実行により土地と地上建物の所有者が異なるに至ったときは，地上建物について法定地上権が成立する。(H21)	1番抵当権設定時に土地と建物の所有者が異なっているため法定地上権は成立しない。 （ ✕ ）
Q3 土地に抵当権が設定された後に抵当地に建物が築造されたときは，一定の場合を除き，抵当権者は土地とともに建物を競売することができるが，その優先権は土地の代価についてのみ行使することができる。(H27)	一括競売について，抵当権者が優先弁済を受けられるのは土地の代価のみ。 （ ○ ）

吉野先生のワンポイントアドバイス

宅建試験に合格するためには，勉強を習慣化することが大切です。
まずは，30分でも良いので，勉強することを始め，それを3週間継続しましょう。勉強のクセがついてきたら，徐々に勉強時間を増やしていきます。勉強しないと不安になる…というくらい習慣化できたら合格は近いです（^^♪

SECTION 10 根抵当権

▶▶▶ 抵当権の亜流を知ろう！

学習のポイント

抵当権と同じく難度が高いため，深追いせず，過去問が解けるレベルにまで知識が習得できれば問題ありません。**根抵当権**では，抵当権で学習した付従性・随伴性の理解が大切です。

1 根抵当権の概要

　根抵当権とは，ある一定範囲の不特定多数の債権につき，極度額を限度として担保する権利のことをいいます。大きな特徴としては，抵当権に存在する付従性や随伴性が否定されています。そして，元本の確定によって根抵当権の性質が変化します。

> **具体例** 反復継続して金融取引が行われる一般企業と銀行間では，債権債務関係が日々変動し，債権債務の発生や消滅が繰り返されます。

銀行A　　継続的金融取引　　一般企業B

　仮に，上記のケースで金銭を借り入れるときに担保として抵当権を設定した場合，Bが返済すると付従性により抵当権は消滅し，抵当権を抹消する登記を申請しなければなりません。

　そして，Bが再度金銭を借り入れるときに新たに抵当権を設定する登記を申請することになります。

　つまり，このような継続的に取引する間柄で抵当権を設定すると，設定登記と抹消登記を繰り返すことになり，登記に要する時間やお金（司法書士への報酬や登録免許税）が，かさんでしまいます。

　この場合に，根抵当権を設定することで上記の不都合を解消することができます。根抵当権は，元本の確定という事象が生ずるまでは，付従性がない

ため債務の弁済によって根抵当権は消滅しません。

2 根抵当権の性質

1 確定「前」の根抵当権

　根抵当権は付従性および随伴性が否定されているため，債務の弁済があっても根抵当権は消滅せず，また，根抵当権者が債権譲渡をしても根抵当権は移転しません（譲受人は無担保の債権を譲り受けることになります）。

2 確定「後」の根抵当権

　当事者で定めた期日（確定期日）が到来したり，特定の事実が起こると，根抵当権の元本が確定します。確定が生じると，その時に存在する債権だけが担保され，その後に生じた債権は担保されません。

　付従性および随伴性が生じ，根抵当権は普通抵当権とほとんど性質が変わらないものとなります。なお，確定期日の定めがないときは，一定の条件の下，根抵当権者や根抵当権設定者からの請求によって元本を確定させることも可能です。

3 根抵当権の設定

　根抵当権設定時には，①被担保債権の範囲，②債務者，③極度額を必ず定めなければなりません。

4 根抵当権の内容

1 被担保債権の範囲

　被担保債権の範囲とは，どういった取引の債権を根抵当権でカバー（担保）するのかというものです。不特定の債権を担保する根抵当権特有のものです。

具体例 …被担保債権の範囲

銀行取引，小切手債権，手形債権，当座貸越契約，売買取引等

⚠ 「当事者間において発生する一切の債権を担保する」という包括根抵当権は認められていません。

比較 …普通抵当権

普通抵当権のケースでは，たとえば，債務者が2,000万円の借金をし，それを被担保債権とした場合，債権が2,000万円と特定されているため，被担保債権の範囲を決める必要はありません。

2 極度額

極度額とは，根抵当権者が優先弁済を受けることのできる上限額です。

元本，利息，遅延利息等すべてが極度額の限度で担保されます。

⚠ 普通抵当権と異なり，極度額の限度であれば，利息等は何年分でも担保されます。

3 確定期日

根抵当権設定当事者の合意により，元本が確定する期日を定めることができます（任意）。

例 …元本確定期日　令和3年4月1日

⚠ 確定期日は，当該期日を定めた日から5年以内でなければなりません。

5 根抵当権の変更

	債権の範囲	債務者	極度額 ※	確定期日
確定前の変更	できる	できる	できる	できる
確定後の変更	できない	できない	できる	できない
利害関係人の承諾	不要	不要	必要	不要

※元本確定後においては，根抵当権設定者からの請求によって，極度額を減額させることが可能です。

厳選超重要過去問 ○×一問一答

問題	解答
AがBとの間で，CのBに対する債務を担保するためにA所有の甲土地に抵当権を設定する場合には，被担保債権を特定しなければならないが，根抵当権を設定する場合には，BC間のあらゆる範囲の不特定の債権を極度額の限度で被担保債権とすることができる。(H26)	包括根抵当権は認められていない。 （×）
元本の確定前に，被担保債権の範囲を変更するには，後順位の抵当権者がいる場合は，その者の承諾を得なければならない。(H19)	被担保債権の変更にあたり，後順位抵当権者等の承諾は不要。 （×）
根抵当権者は，総額が極度額の範囲内であっても，被担保債権の範囲に属する利息の請求権については，その満期となった最後の2年分についてのみ，その根抵当権を行使することができる。(H23)	根抵当権では，普通抵当権と異なり利息等は最後の2年分に制限されない。 （×）
元本の確定前に根抵当権者から被担保債権の範囲に属する債権を取得した者は，その債権について根抵当権を行使することはできない。(H23)	確定前の根抵当権では被担保債権とともに根抵当権は移転しないため，被担保債権を譲り受けた者は根抵当権を行使できない。 （○）
Q5 根抵当権設定者は，元本の確定後であっても，その根抵当権の極度額を，減額することを請求することはできない。(H23)	確定後においては，根抵当権設定者は極度額の減額を請求することができる。 （×）

弁済・相殺

SECTION 11

▶▶▶ 債権ってどうすれば消えるんだろう？

学習のポイント

弁済では**「第三者の弁済」**に力を入れて学習して下さい。相殺は理解に時間がかかりますが，事例等をうまく活用して乗り切りましょう。深追いはキケンです。また，重要用語として**「同時履行の抗弁権」**は，しっかり理解して下さい。

1 同時履行の抗弁権

同時履行の抗弁権とは，契約した相手方が債務の履行を提供するまでは，自分の債務の履行を拒むことができる権利です。要するに，「あなたがしないなら，私もしませんよ！」とつっぱねることができるものです。

売主A 　代金支払請求権 　買主B
　　　　土地引渡請求権

たとえば，AとBで売買契約がなされ，Aの土地の引渡とBの代金支払の期日はともに10月21日とされていたとしましょう。しかし，期日を過ぎてもお互いやるべきことをしていません。この場合，AがBに対して「金払え！」と求めてきても，Bは「あなただって，早く土地を引き渡して下さいよ！」と，拒むことができます。これが同時履行の抗弁権です。

具体例 …同時履行の関係となる場合

・弁済と受取証書（領収書）の交付
・詐欺取消し後のお互いの返還義務
・契約解除後のお互いの原状回復義務
・売買代金支払債務と所有権移転登記協力債務
・建物買取請求権行使後の土地明渡債務と代金支払債務

2 弁 済

弁済とは，債務を消す方法の１つです。債務者が債務の履行をして，債権を消滅させます。たとえば，売買契約における買主の弁済は，代金の支払い（債務の履行）です。また，売主の弁済は，物の引渡し（債務の履行）です。

1 弁済方法

① 代物弁済

代物弁済とは，弁済者（第三者含む）本来の給付に代えて他の給付をすることです。たとえば，1,000万円の金銭での弁済に代えて，1,000万円相当の高級自動車で弁済する場合等です。代物弁済は，当事者の契約に基づいて行われます（代物弁済契約）。

② 弁済供託

弁済供託とは，法務局等に弁済する物を預けることです。供託すると，弁済と同様の効果が生じ，債務が消滅します。

下記❶〜❸のいずれかに該当すれば，供託することができます。

> ❶ 債権者の受領拒否（弁済の提供をしたが，債権者が受け取ってくれない）
>
> ❷ 債権者の受領不能（債権者の行方がわからない）
>
> ❸ 債権者の不確知（偽の債権者がいて，真の債権者が誰かわからない）

2 第三者の弁済

弁済を受ける債権者にとって不利益にはならないため，債務者以外の第三者も弁済することが可能です。ただし，下記に注意して下さい。

	正当な利益を有しない者の弁済※1	正当な利益を有する者の弁済※2
主な要件	①債務者の意思に反していないこと ②債権者の意思に反していないこと	
	当事者が第三者の弁済を禁止したり，制限する旨の意思表示をしていないこと	

※1　具体例：単なる友人，知人
※2　具体例：保証人，物上保証人，借地上の建物賃借人

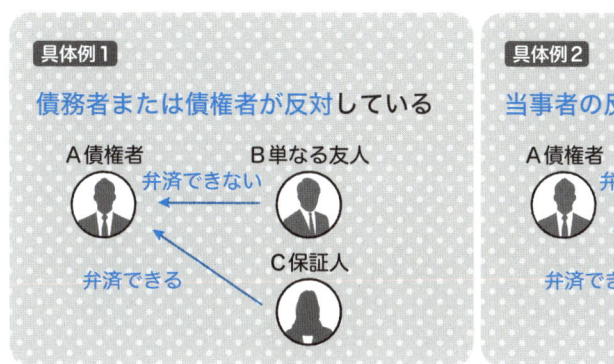

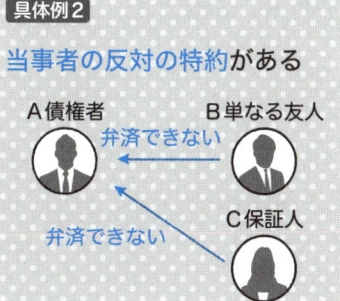

3 弁済による代位

「第三者の弁済」の後続論点と考えて下さい。第三者が弁済した場合，その後の法律関係は，正当な利益を有しない者か有する者かでルールが異なります。なお，代位とは，債権者の立場を引き継ぐことです。弁済した者は債権者の権利を引き継ぐことができ，債務者に対しその権利を行使できます。

	正当な利益を有しない者の弁済※1	正当な利益を有する者の弁済※2
要件	債務者に対抗するためには対抗要件（通知または承諾）が必要	

※1　具体例：単なる友人，知人
※2　具体例：物上保証人，保証人，連帯債務者，第三取得者

4 受領権を有しない者への弁済

通常，受領権者以外の者（債権者を装ったニセ者）へ弁済した場合，原則として無効となります。しかし，受領権者以外の者であって，取引上の社会通念に照らして受領権者としての外観を有するもの（例：債権者の代理人と称して債権を行使する者，受取証書の持参人）に善意無過失で弁済した場合，その弁済は有効となります。これは債務者の二重弁済を防ぐためです。

3 相　殺

そうさい
相殺とは，お互いの債務を対等に消滅させること（チャラにする）です。

■1 概　要

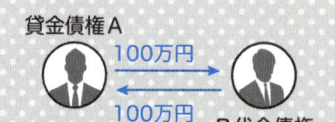

貸金債権A
100万円
100万円
B代金債権

AとBは，お互いに同種類の金銭債務を負担しています。この状態でAが「相殺する！」と主張した場合，お互いの債務が消滅します。

先に「相殺する！」と言い出した方の債権を「自働債権」，言われた方の債権を「受働債権」と呼びます。たとえば，Aが「相殺する！」と言い出したら，Aの貸金債権が自働債権，Bの代金債権が受働債権となります。

■2 相殺の方法

相殺するには，相殺適状（相殺できる状態）である必要があります。双方の債権が「同種類であること」，「弁済期が到来していること」等を満たすと相殺適状となります。そして，相殺適状になった場合，当事者の一方からの意思表示で相殺することができます（相手方の承諾不要）。

なお，債務の履行地が異なっていても相殺は可能です。

■3 相殺できないケース

① 不法行為等により生じた債権

悪意（積極的に損害を与える意図）による不法行為に基づく損害賠償債務，人の生命または身体の侵害による損害賠償債務の債務者は，相殺することができません。

貸主Ａ
加害者

貸金債権 →
← 不法行為による
損害賠償債権

借主Ｂ
被害者

たとえば，ＡがＢにお金を貸していて，貸金債権を有しています。その後，ＢがＡの自動車事故によって身体の被害を受け，Ａに対して不法行為に基づく損害賠償債権を取得しました。

この場合，加害者であるＡから相殺の主張はできません（Ａの貸金債権を自働債権とし，Ｂの不法行為による損害賠償債権を受働債権とする相殺は不可）。もし，相殺されてしまった場合，被害者であるＢが救済されないおそれがあるからです。

ただし，被害者であるＢから相殺を主張することはできます。

② 差押え後に取得した債権

差押えを受けた債権の第三債務者は，その後に取得した債権による相殺をもって，差押債権者に対抗することができません。

なお，債権の差押えがあると，本来の債権者に弁済することが禁止され，第三債務者は，差押債権者に弁済することになります。

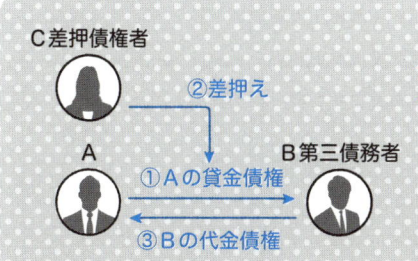

Ａの債権をＣが差し押さえた後，ＢがＡに対する代金債権を取得した場合，Ｂは，その取得した代金債権による相殺をもって，Ｃからの請求を拒むことはできません（差押債権者Ｃに対抗できない）。もし，このケースでＢの相殺を認めてしまうと，Ｃに支払がされず，差押えをした意味がなくなってしまうからです。

比較

Ｂが，代金債権をＣの差押え前に取得していた場合（左図において，「②Ｂの代金債権・③差押え」だった場合）は，ＢはＣに相殺をもって対抗することができます。

問題	解答

 Q1 Aは，土地所有者Bから土地を賃借し，その土地上に建物を所有してCに賃貸している。AのBに対する借賃の支払債務に関して（ケース1），Cは，正当な利益を有しないので，Aの意思に反して，債務を弁済することはできない。(H17改)

Cは借地上の建物賃借人（正当な利益を有する者）。
（ × ）

 Q2 ケース1において，Aが，Bの代理人と称して借賃の請求をしてきた無権限者に対し債務を弁済した場合，その者に弁済受領権限があるかのような外観があり，Aがその権限があることについて善意，かつ，無過失であるときは，その弁済は有効である。(H17改)

受領権者以外の者に，善意無過失で弁済した場合，その弁済は有効。
（ ○ ）

 Q3 Aは，平成30年10月1日，A所有の甲土地につき，Bとの間で，代金1,000万円，支払期日を同年12月1日とする売買契約を締結した（ケース2）。同年10月10日，BがAの自動車事故によって身体の被害を受け，Aに対して不法行為に基づく損害賠償債権を取得した場合には，Bは売買代金債務と当該損害賠償債権を対等額で相殺することができる。(R3)

不法行為による損害賠償債権のケースであっても，被害者（B）側からの相殺は可能。
（ ○ ）

Q4 ケース2において，同年11月1日にAの売買代金債権がAの債権者Cにより差し押さえられても，Bは，同年11月2日から12月1日までの間にAに対する別の債権を取得した場合には，同年12月1日に売買代金債務と当該債権を対等額で相殺することができる。(H30)

BはAに対する債権を，CがAの債権を差し押さえた日よりあとに取得しているため，Bは相殺することができない（Cに対抗できない）。
（ × ）

債権譲渡

▶▶▶ 実は日常生活でも頻繁に行われている？

学習のポイント

債権譲渡では，**「対抗要件」**が大切なので，時間を費やして理解を深めましょう。

1 概 要

債権も，不動産と同じように売買の対象となり，第三者に譲り渡すことができます。まだ発生していない債権（将来債権）も譲渡できます。

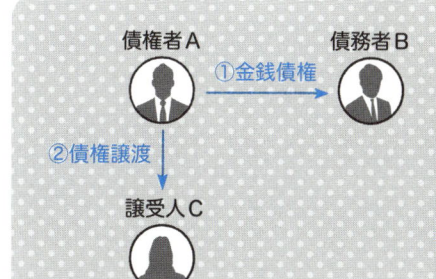

債権譲渡したAを「譲渡人」，債権を譲り受けたCを「譲受人」と呼びます。

なお，債権譲渡は，AC間の合意ですることができ，債務者であるBの承諾は不要です。

クレジットカードで支払うケースが典型例です。クレジットカードで支払う人が債務者，お店側が債権者（譲渡人），クレジットカード会社が譲受人です。

2 譲渡制限の意思表示

たとえば，債権者と債務者で，債権譲渡を禁止する特約を設けることができます。そして，債権者がその特約に反して債権を譲渡したとしても，その債権譲渡は原則として有効です。ただし，その特約について悪意または善意重過失の譲受人その他の第三者に対しては，債務者は，債務の履行を拒絶することや譲渡人に対する弁済その他の債務を消滅させる事由をもってその第

三者に対抗できます。

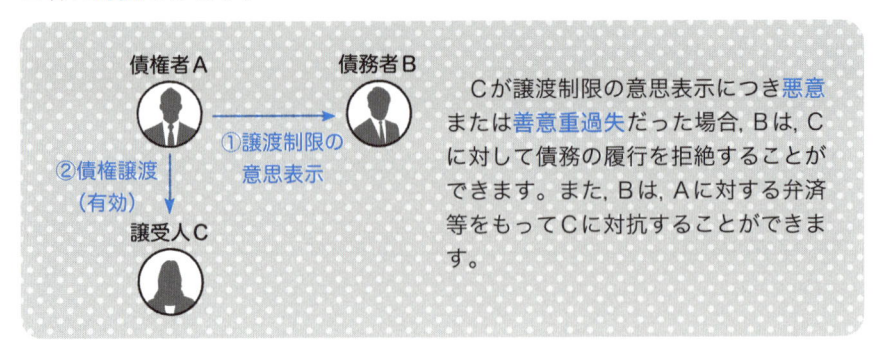

Cが譲渡制限の意思表示につき悪意または善意重過失だった場合，Bは，Cに対して債務の履行を拒絶することができます。また，Bは，Aに対する弁済等をもってCに対抗することができます。

3 債権譲渡の対抗要件

1 債務者への対抗要件

　譲受人が債務者に対して債権譲渡があったことを対抗するには，①債権者から債務者への通知，または②債務者の承諾が必要です。

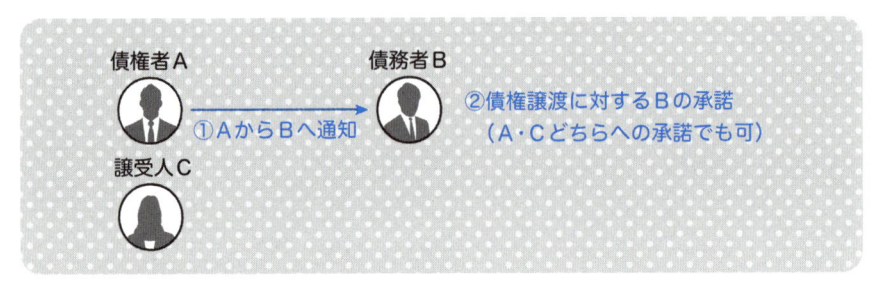

2 債務者以外の第三者への対抗要件

　債権の二重譲渡があった場合，各譲受人が対抗するには，①債権者からの確定日付ある証書による通知，または②債務者の確定日付ある証書による承諾が必要です。

　なお，「確定日付ある証書」とは，公正証書や内容証明郵便等の証拠力が強い書面のことをいいます。

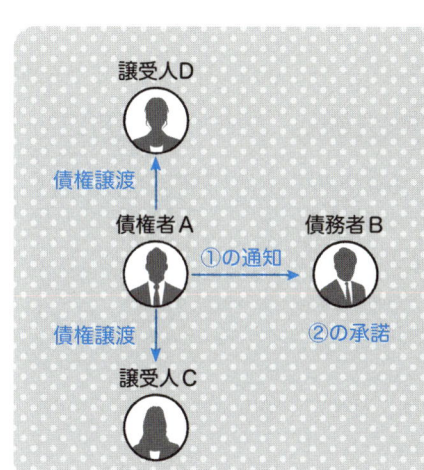

債権が二重に譲渡された場合，Cと
Dの第三者間の決着は，①または②を
先に，備えた方が勝ちとなり，債務
者であるBに対して債権を行使でき
ます。

C・Dが両方とも確定日付ある通知
書を備えていた場合は，当該通知書
が先に債務者Bに届いた方が真の債
権者として対抗できます。

4 債権譲渡における債務者の抗弁・相殺権

債権譲渡があった場合，債務者は，対抗要件（P58 3 1 参照）を備える時ま
でに譲渡人に対して生じた事由（例：錯誤取消し，契約の解除）を譲受人に対抗
することができます。また，債務者は，対抗要件を備える時より前に取得し
た譲渡人に対する債権による相殺をもって譲受人に対抗することができます。

相殺権の具体例

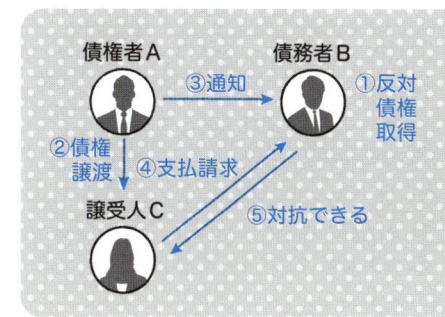

たとえば，BがAに対して反対債権
を有していて，その後，Aの通知によ
り対抗要件が具備された場合，Bは，
「その債権はAと相殺してチャラにす
る予定だったから，払わないよ！」
とCの支払請求を拒むことができま
す。

問題	解答
Q1 譲渡制限の意思表示のある債権の譲渡を受けた第三者が，その譲渡制限の意思表示の存在を知らなかったとしても，知らなかったことにつき重大な過失があれば，債務者は，その第三者に対しては，債務の履行を拒むことができる。(H30改)	譲渡制限の意思表示につき，第三者が善意重過失であれば，債務者は履行拒否できる。 （ ○ ）
Q2 AがBに対して1,000万円の代金債権を有しており，AがこのAがこの代金債権をCに譲渡した場合（ケース1），AがBに対する代金債権をDに対しても譲渡し，Cに対する債権譲渡もDに対する債権譲渡も確定日付のある証書でBに通知した場合には，CとDの優劣は，確定日付の先後ではなく，確定日付のある通知がBに到着した日時の先後で決まる。(H23)	各譲受人（C・D）が対抗要件（確定日付のある証書）を備えていた場合，通知が債務者（B）に先に届いた方が，真の債権者として権利を行使できる。 （ ○ ）
Q3 ケース1において，BがAに対して期限が到来した1,000万円の貸金債権を有していても，AがBに対して確定日付のある譲渡通知をした場合には，BはCに譲渡された代金債権の請求に対して貸金債権による相殺を主張することができない。(H23)	対抗要件具備時にBが反対債権を有していたため，Bは相殺をもってCに対抗できる。 （ ✕ ）

債務不履行・危険負担

▶▶▶ 約束を守らなかった人への制裁

学習のポイント

受験生が苦手とされる項目の１つですが，本書ではポイントをつかみやすいように工夫しています。特に**「損害賠償」・「解除」**が過去の本試験で多く出題されています。

1 債務不履行の概要

　債務者が「やるべきことをやっていない」状態を債務不履行といいます。債務不履行は，主に履行遅滞と履行不能の２種類があります。そして，債務者が債務不履行に陥ると，債権者は損害賠償請求や契約の解除ができます。

債務不履行 { 履行遅滞 / 履行不能 債権者の権利 { 損害賠償請求 / 契約の解除

2 履行遅滞

　履行遅滞とは，履行が可能であるにもかかわらず，約束の期日（履行期）を過ぎてもやるべきことをやらないことです。たとえば，借金をした債務者がうっかりしていて，返済期日を過ぎてしまったケース等です。

	履行期
確定期限（例：10月21日）	期限が到来した時
不確定期限（例：父が死亡した日）	債務者が期限到来後に履行の請求を受けた時，または期限到来を知った時のいずれか早い時
期限を特に定めていない	債権者から履行の請求を受けた時（原則）

3 履行不能

　約束を果たすこと（債務の履行）が不可能となった状態を履行不能と言いま

す。たとえば，売買契約成立後，不動産の売主のたばこの不始末が原因で，建物が全焼してしまったケース（後発的不能）や，別荘の売買において，契約前に火災によってすでに別荘が滅失していたケース（原始的不能）です。

　他にも，不動産の二重譲渡がなされ，第三者が所有権移転登記を備えた場合，負けてしまったもう一方の買主は，売主に対して履行不能による責任を追及することができます。なお，債務の履行が不能か否かは，契約その他の債務の発生原因および取引上の社会通念に照らして判断します。

4　損害賠償（金銭で賠償するのが原則）

　債務不履行によって損害が発生した場合，原則として債権者は，債務者に対して損害賠償を請求することができます。ただし，債務不履行に，債務者の責めに帰すべき事由（帰責事由）がない場合には，債務者は損害賠償責任を負いません。また，特別の事情によって生じた損害については，当事者（債務者）がその事情を予見すべきであったときは，特別損害の賠償請求ができます。たとえば，転売予定だった不動産が，売主の引渡しが遅れたことにより価格が下落してしまったケースでは，その価格の下落分が特別損害に該当します。

■損害賠償額の予定

　将来に備えて，債務不履行があった場合に支払う損害賠償の額を，あらかじめ定めておくことができます。この予定は，契約と同時に行う必要はありません。また，この額が予定された場合，実際の損害額が予定された額と異なる場合でも，当事者は増減を主張することはできません。

5　過失相殺（損害賠償額を減らす制度）

　債務不履行に関して，債権者にも過失（落度）があった場合，裁判所はこれを考慮して損害賠償の額等を決めます。

6 ▸ 金銭債務の特則

借金の返済等の金銭の支払が目的となる債務の不履行の場合，特別なルールがあります。

■1 履行不能にはならない

金銭債務の場合，常に履行遅滞となり，履行不能とはなりません。これは，お金はこの世からなくなることがないからと考えて下さい。

■2 債務者の責任

債務者は，履行遅滞が不可抗力であっても，賠償責任を免れることはできません。借金の返済等で債務者に言い訳をさせないように，厳しい規定となっています。

■3 損害の証明・損害額

債権者は，損害を証明する必要はありません。また，損害額については，法定利率（年3％）によって計算します。約定利率（当事者が契約で決めた利率）の方が高い場合には，約定利率が優先されます。なお，法定利率は，3年に1度見直しが行われます（変動制）。

7 ▸ 契約の解除（解除権の行使）

当事者の一方的な意思表示によって，その契約を初めからなかったことにすることです。解除権は，債務者に帰責事由がなくても行使することができます。なお，当事者の話合いによって解除する合意解除というのもあります。

■1 催告による解除（履行遅滞の場合）

債権者は，相当の期間を定めて履行の催告をし，その期間内に履行がされなかったときに解除できます。債務者が履行遅滞となってもすぐには解除できず，ラストチャンスを与えなければいけません。ただし，その期間を経過した時における債務の不履行がその契約および取引上の社会通念に照らして軽微であるときは，解除できません。また，不相当に短い期間を定めた催告であっても，客観的に相当と思われる期間を経過し履行がなければ，債権者は解除できます。

2 催告によらない解除（履行不能等の場合）

　債権者は，催告をすることなく直ちに契約を解除できます。たとえば，履行不能の場合，この世から契約の目的物がなくなっているため，ラストチャンスを与える意味がないからです。

●催告によらない解除ができるケース（一部抜粋）

❶ 債務の全部の履行が不能であるとき（履行不能）
※債務の一部の履行が不能であるときは，その契約の一部の解除が可能

❷ 債務者が債務の全部の履行を拒絶する意思を明確に表示したとき
※債務者がその債務の一部の履行を拒絶する意思を明確に表示したときは，その契約の一部の解除が可能

❸ 債務者がその債務の履行をせず，債権者が催告をしても契約をした目的を達成する見込みがないことが明らかであるとき

3 解除の不可分性

　契約当事者が複数の場合，解除の意思表示は全員から，または全員に対してしなければなりません。

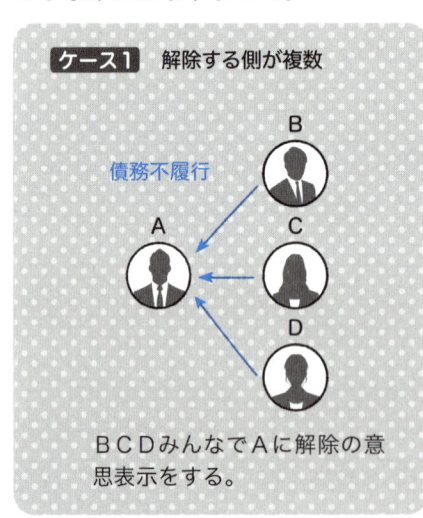

ケース1 解除する側が複数

BCDみんなでAに解除の意思表示をする。

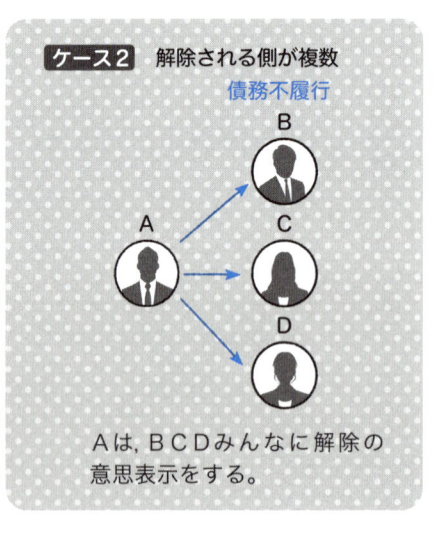

ケース2 解除される側が複数

Aは，BCDみんなに解除の意思表示をする。

4 解除の効果

① 原状回復義務

　契約が解除されると，初めからなかったことになるため，各当事者は，契約成立前の状態に戻す義務が生じます。これを原状回復義務といいます。

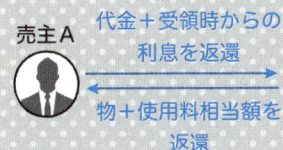

Bの債務不履行により，Aが解除した場合，A，Bともに原状回復義務を負います。具体的には，Aは，受け取った代金に利息を上乗せしてBに返還し，Bは受け取った物に使用料を上乗せしてAに返還します。また，これらの返還義務は同時履行の関係となります。

② **損害賠償請求**

　解除した者は，解除した場合であっても損害が生じていれば，損害賠償請求をすることができます。

③ **解除した者と第三者との関係**

　解除前に登場した第三者，解除後に登場した第三者の論点です。不動産物権変動P33 **4** を参照して下さい。

8　危険負担

　たとえば，建物の売買契約後，引渡し前にその建物が天災等で滅失してしまった場合，買主は債務（例：代金の支払い）を履行しなければならないのかといった問題が危険負担です。売主・買主双方の責めに帰することができない事由（不可抗力）が原因というのがポイントです。

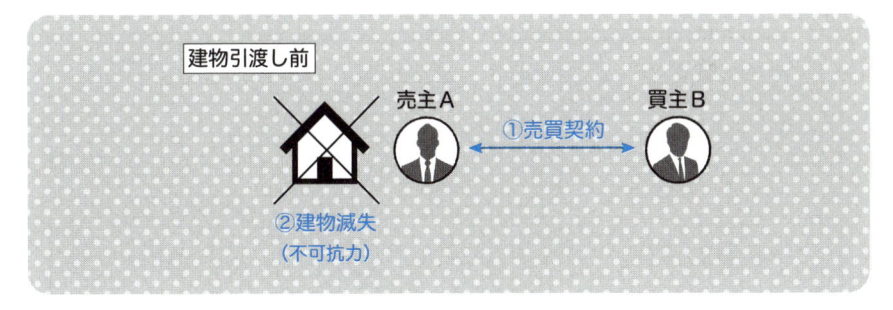

　この場合，買主の代金支払債務は消滅しませんが，買主は目的物の滅失を理由に代金の支払いを拒絶することができます。なお，買主は，売主の引渡債務の不履行によって契約の解除をすることができますが，売主に帰責事由がないため，損害賠償を請求することはできません。

厳選超重要過去問 ◯✕一問一答

問題	解答
Q1 売主Aは，買主Bとの間で甲土地の売買契約を締結し，代金の3分の2の支払と引換えに所有権移転登記手続と引渡しを行った。その後，Bが残代金を支払わないので，Aは適法に甲土地の売買契約を解除した（ケース1）。Bは，甲土地を現状有姿の状態でAに返還し，かつ，移転登記を抹消すれば，引渡しを受けていた間に甲土地を貸駐車場として収益を上げていたときでも，Aに対してその利益を償還すべき義務はない。(H21)	原状回復義務として，利益も上乗せして返還する義務あり。 （ ✕ ）
Q2 ケース1において，Aは，Bが契約解除後遅滞なく原状回復義務を履行すれば，契約締結後原状回復義務履行時までの間に甲土地の価格が下落して損害を被った場合でも，Bに対して損害賠償を請求することはできない。(H21)	契約を解除した場合でも，損害があれば損害賠償請求をすることができる。 （ ✕ ）
Q3 AB間の金銭消費貸借契約において，借主Bは当該契約に基づく金銭の返済をCからBに支払われる売掛代金で予定していたが，その入金がなかった（Bの責めに帰すべき事由はない。）ため，返済期限が経過してしまった場合，Bは債務不履行には陥らず，Aに対して遅延損害金の支払義務を負わない。(H24)	金銭債務の特則。不可抗力を理由として責任を免れることはできない。 （ ✕ ）
Q4 債務者が債務を履行しない場合であっても，債務不履行について債務者の責めに帰すべき事由がないときは付随的義務の不履行となり，特段の事情がない限り，債権者は契約の解除をすることができない。(R2)	債務不履行があった場合，債務者に帰責事由がなくても解除できる。 （ ✕ ）

SECTION 14 連帯債務

▶▶▶ 居酒屋での支払い方が典型例

学習のポイント

連帯債務の基本的な仕組みを押さえた上で，登場する用語をしっかり理解しましょう。連帯債務では，特に**絶対効**と**相対効**について出題頻度が高いため，注意して学習して下さい。

1 連帯債務の概要

　たとえば，Aが所有している100万円の車をBとCが購入した場合，債権者はその2人に代金等を請求することになりますが，AはB，Cそれぞれに50万円しか請求できません（分割債務の原則）。しかし，これでは債権者であるAとしては，債権の回収がしにくいため，債権者が請求しやすいようにしたのが連帯債務です。債務の目的がその性質上可分である場合において，法令の規定または当事者の意思表示によって数人が連帯して債務を負担するときに，連帯債務となります。

2 重要用語

　負担部分とは，連帯債務者が負担する債務の割合です。特に定めがなければ，平等の割合となります。
　求償権とは，連帯債務について弁済した連帯債務者が，他の連帯債務者に対し，各自の負担部分について，支払いを求めることのできる権利です。

3 債権者と債務者の立場

　連帯債務の例として，居酒屋で宴会の会計するときを想像して下さい。全員に対して「お会計〇〇円になります」と請求しますよね。そして，幹事が

代表で払って，参加者に「割り勘で，1人○○円払ってね」と求めます（各自の負担部分について求償できます）。

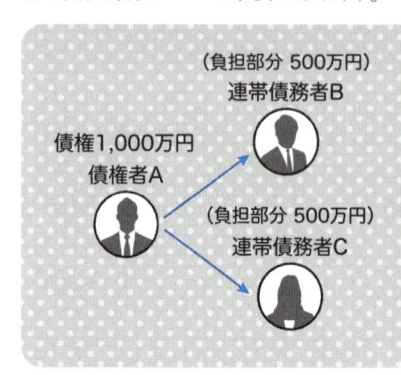

（負担部分 500万円）
連帯債務者B

債権1,000万円
債権者A

（負担部分 500万円）
連帯債務者C

債権者側
　Aは，好きに請求することができます。1,000万円について，BC同時に全額を請求することも，B・Cそれぞれに全額を請求することもできます。

債務者側
　仮にBが1,000万円全額弁済した場合，連帯債務は消滅しますが，BはCに求償することができます。

4 ▶ 相対効（相対的効力）・絶対効（絶対的効力）

　連帯債務者の1人に生じた事由の効力は，原則として他の連帯債務者に影響を及ぼしません（相対効）。ただし，例外的に他の連帯債務者に影響を及ぼす場合があります（絶対効）。

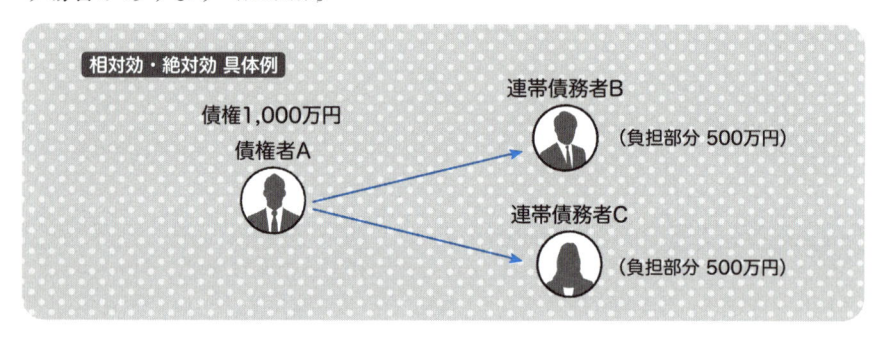

相対効・絶対効 具体例

債権1,000万円
債権者A

連帯債務者B
（負担部分 500万円）

連帯債務者C
（負担部分 500万円）

① 相対効の事例と効果

	相対効　事例	効果（影響なし）
請求	AがBに対して裁判上の請求をし，Bの消滅時効が更新された（時効の更新）	Cの消滅時効は更新されない
承認	BがAに弁済した（権利の承認）ことにより，消滅時効が更新された	Cの消滅時効は更新されない
時効の完成	Bの時効が完成し，Bの債務が消滅した	Cの債務は消滅しない
債務の免除	AがBの債務を全額免除した	Cの債務は免除されない

② 絶対効の事例と効果

	絶対効　事例	効果（影響あり）
相殺 ※1	Aに対し反対債権1,000万円を有しているBが相殺した	Cの債務も消滅
更改	AB間で更改契約をした （契約内容を新しくすることで，旧債権が消滅し，新債権が発生）	Cの債務も消滅
混同	Aが死亡し，BがAを相続した（債権者と債務者が同一となった）ことで混同が生じ，Bの債務が消滅した	Cの債務も消滅

※1　「相殺」の事例において，Bが相殺をしない場合，Cは，Bの負担部分（500万円）の範囲で履行を拒絶できる。

厳選超重要過去問　○×一問一答

問題	解答
Q1 A，B，Cの3人がDに対して900万円の連帯債務を負っている場合（ケース1）で，DがAに対して履行の請求をしたとき，B及びCについては，その効力が生じない。（H29改）	履行の請求による効果は，相対的。 （ ○ ）
Q2 ケース1において，Bのために時効が完成した場合，A及びCのDに対する連帯債務も時効によって全部消滅する。（H29改）	時効の完成は相対的。AおよびCの債務は消滅しない。 （ × ）
Q3 ケース1において，CがDに対して100万円を弁済した場合は，Cの負担部分の範囲内であるから，Cは，A及びBに対して求償することはできない。（H29）	他の連帯債務者に対しては，各自の負担部分に応じて求償できる。 （ × ）

SECTION 15　保　証

▶▶▶ 人を担保にお金を借りるシステム

学習のポイント

一般保証と**連帯保証**との比較問題が出題されることが多いため，両者の違いを意識しながら学習しましょう。

1 概　要

　債権者と保証人となる者とで保証契約を締結します。保証人は，通常主たる債務者から頼まれて保証人となるケースが多いですが，主たる債務者の委託によらない保証契約も，主たる債務者の意思に反する保証契約も認められています。なお，保証契約は必ず書面（電磁的記録でも可）でしなければいけません。

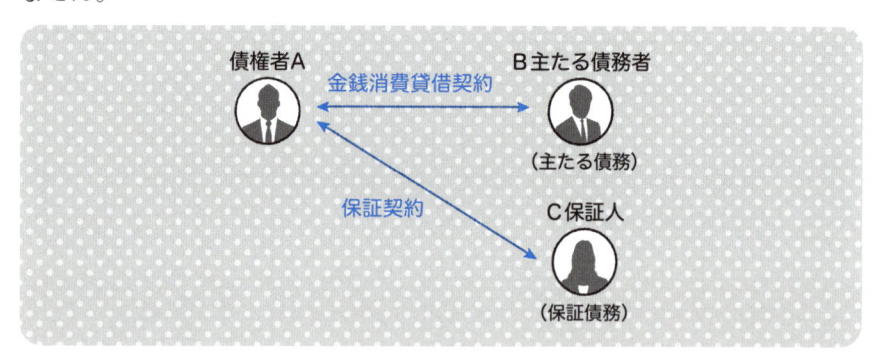

■保証債務

　保証人が負う債務のことを保証債務といいます。

　保証債務の範囲は，主たる債務の元本・利息・違約金・損害賠償等と，幅広いです。また，保証人は保証債務についてのみ，違約金・損害賠償の額を債権者と約定することができます。なお，保証人が主たる債務を代わりに弁済した場合，債務者に求償することができます。

2 保証人の要件

債務者が保証人を探してくる場合，下記❶および❷の要件を満たさないといけません。

> ❶ 行為能力者であること（判断能力がないとダメです）
>
> ❷ 弁済できる資力があること（お金を持っている人でないとダメです）
>
> ※債務者が探してきた保証人が，上記❷の要件を満たさなくなった場合，債権者は，「他の保証人を探してこい！」と交代請求ができます。ただし，債権者が保証人を指名している場合は，交代請求はできません。

3 保証債務の性質等

1 付従性

主たる債務がなければ保証債務も成立せず，主たる債務が消滅すれば保証債務も消滅します。そして，主たる債務に生じた事由の効力（時効の完成猶予や時効の更新等）は，原則として保証人にも及びますが，保証人に生じた事由の効力は，原則として主たる債務者には及びません。付従性は，たとえるなら「川の流れ」です。川は上から下に流れるけど，下から上には流れません。

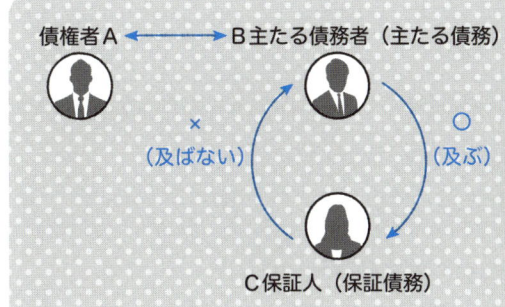

例：Bが債務を承認し，時効が更新された場合，Cの保証債務の時効も更新されます。しかし，Cが債務承認し，Cの時効が更新されても，Bの時効は更新されません（川の流れ）。

保証人に効力が及ばない例外

❶ 主たる債務者の目的が保証契約後に加重された場合

❷ 主たる債務者が主たる債務を増額した場合

❸ 主たる債務者が時効の利益を放棄した場合

2 補充性

　保証人が負う保証債務は，あくまで二次的存在です。つまり，保証人は2番手であり，債務者が弁済できない場合に弁済すれば足ります。補充性とは，この2番手を確保するための性質だと考えて下さい。そして，この性質から，保証人には，下記の権利が認められています。

① 催告の抗弁権

　債権者が債務者に請求せずに，保証人にいきなり請求してきた場合，「まずは，債務者に催告するのがスジだろ！」と，保証人は拒むことができます。

　ただし，債務者が破産手続開始決定を受けたときや，行方不明の場合には，この権利は行使できません。

② 検索の抗弁権

　債権者が催告の抗弁権に従い，債務者に催告をした後，「次こそは払え！」と保証人に請求してきた場合であっても，保証人は下記❶および❷を証明した上で，「債務者はお金を持っているからちゃんと調べろ！」とさらに拒むことができます。

❶ 債務者に弁済する資力があること（一部を弁済する資力があるだけでもOK）

❷ 債務者の財産への執行が容易であること（例：金庫に金銭がある）

3 主たる債務者が債権者に対して有する権利

　主たる債務者が債権者に対して，相殺権・取消権・解除権を有している場合は，保証人は，それをもって債権者に対して債務の履行を拒むことができます。

4 情報提供義務

債権者は，主たる債務者の委託を受けた保証人から請求があった場合，遅滞なく，主たる債務の履行状況（主たる債務の元本・利息等を支払っているか否か，これらの残額等）の情報を提供しなければなりません。

5 共同保証

複数の保証人がいる場合を共同保証といいます。保証人が複数いる場合，各保証人の保証債務は，主たる債務を保証人の頭数で割ったものとなります（分別の利益）。つまり，保証人が多ければ多いほど，保証人1人当たりの負担額は減少します。また，共同保証人は，自己の負担部分を超えて弁済した場合，他の共同保証人に対しても，その負担部分に応じて求償できます。

たとえば，連帯保証人でない保証人が3人（主たる債務600万円）いる場合，1人当たりの保証債務は200万円です。このケースで保証人の1人が全額弁済すると，他の保証人に対し200万円ずつ求償できます。

6 連帯保証

保証人が主たる債務者と連帯して債務を保証することを連帯保証といいます。連帯保証人は，2番手でなく，債務者と同じ立場である1番手となります。

下記，先ほど学習した保証（一般保証）との主な違いです（下記以外は基本的に連帯保証も一般保証と同様のルール）。

まとめ …一般保証と連帯保証

	一般保証	連帯保証
補充性 催告・検索の抗弁権	あり	なし[※1]
分別の利益（共同保証） 保証人の頭数で債務を分担	あり	なし[※2]

※1　いきなり債権者から「弁済しろ！」と言われても，抗弁権が使えないため，弁済しなければなりません。

※2　たとえば，連帯保証人が3人（主たる債務600万円）いる場合，それぞれ600万円の保証債務を負います。

問題	解答
Q1 保証人となるべき者が，主たる債務者と連絡を取らず，同人からの委託を受けないまま債権者に対して保証したとしても，その保証契約は有効に成立する。(H22)	主たる債務者の委託によらない保証契約も，主たる債務者の意思に反する保証契約も有効。 （ ○ ）
Q2 保証人となるべき者が，口頭で明確に特定の債務につき保証する旨の意思表示を債権者に対してすれば，その保証契約は有効に成立する。(H22)	保証契約は，書面（又は電磁的記録）でしなければ無効。 （ × ）
Q3 AがBに対して負う1,000万円の債務について，C及びDが連帯保証人となった場合において，CがBから1,000万円の請求を受けたとき，Cは，Bに対し，Dに500万円を請求するよう求めることができる。(H5)	各連帯保証人には分別の利益が認められないため，それぞれ債務の全額について負担する。 （ × ）
Q4 連帯保証ではない場合の保証人は，債権者から債務の履行を請求されても，まず主たる債務者に催告すべき旨を債権者に請求できる。ただし，主たる債務者が破産手続開始の決定を受けたとき，又は行方不明であるときは，この限りでない。(H22)	（ ○ ）
Q5 主たる債務の目的が保証契約の締結後に加重されたときは，保証人の負担も加重され，主たる債務者が時効の利益を放棄すれば，その効力は連帯保証人に及ぶ。(R2)	これらの効力は，（連帯）保証人に及ばない。 （ × ）

SECTION 16 売 買

▶▶▶ 買った不動産に何か不具合があったら？

学習のポイント

売主の担保責任は，本試験での出題頻度が高いため，学習優先順位は高いです。また，宅建業法でも大事なテーマなので，ポイントをしっかり押さえましょう。

1 売主の義務

1 対抗要件を備えさせる義務

　売主は，買主に対して，権利の移転について登記等の対抗要件を備えさせる義務を負います。「登記させろ！」と買主から言われたら，登記の移転手続きに協力しなければなりません。

2 他人物売買における義務

　売主は，他人の不動産を売るといったような，他人の権利（全部または一部）を売買の目的物とすることもできます（他人物売買は有効）。この場合，売主は，その権利を取得して買主に移転する義務を負います。

2 売主の担保責任（契約不適合責任）

　売主が引き渡した物件に欠陥等があり，その物件が契約の内容に適合しない場合，買主はその欠陥等に対して一定の請求をすることができます。

◼1 買主が請求できる場合

❶ 売買の目的である物が種類・品質・数量に関して契約の内容に適合しない場合

例 …種類・品質・数量の不適合

種類の不適合…Ａメーカーのテレビを注文したのにＢメーカーのテレビが届いた

品質の不適合…もとから壊れているテレビが届いた

数量の不適合…３台注文したテレビが１台しか届かなかった

❷ 売買の目的である権利が契約の内容に適合しない場合（権利の一部が他人に属する場合においてその権利の一部を移転しないときを含む）

例 …権利の内容の不適合

購入した土地に地上権や抵当権等の余計な権利がついていた。

購入した土地の一部が他人の物で，その一部が取得できなかった。

◼2 買主の手段

買主は，下記❶～❹の請求をすることができます。

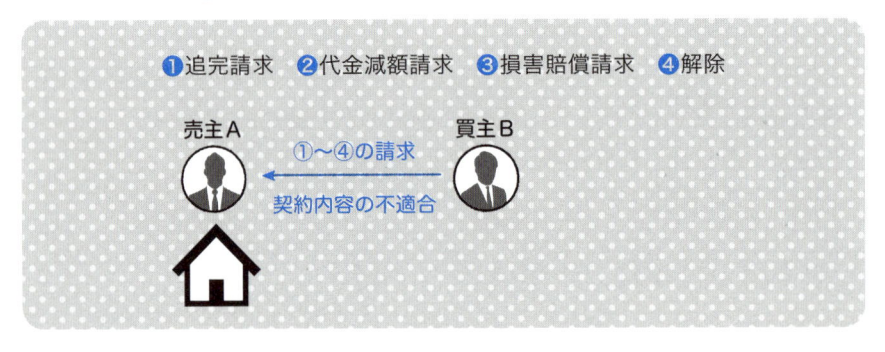

◼3 追完請求

目的物の修補・代替物の引渡し・不足分の引渡しによる履行の追完を請求することができます。ただし，売主は，買主に不相当な負担を課するものでないときは，買主が請求した方法と異なる方法による履行の追完をすることができます。なお，契約の内容に適合しないことが買主の責めに帰すべき事由によるものである（買主が悪い）場合は，買主は追完請求ができません。

4 代金減額請求

買主は，売主に相当の期間を定めて履行の追完の催告をし，売主がその期間内に履行の追完をしないときは，その不適合の程度に応じて代金の減額を請求することができます。なお，契約の内容に適合しないことが買主の責めに帰すべき事由によるものである（買主が悪い）場合は，買主は代金減額請求ができません。

●催告不要なケース（抜粋）

下記❶～❸の場合，買主は催告することなく直ちに代金減額請求をすることができます。

> ❶ 履行の追完が不能であるとき
> ❷ 売主が履行の追完を拒絶する意思を明確に表示したとき
> ❸ 買主が催告をしても履行の追完を受ける見込みがないことが明らかであるとき

5 損害賠償請求・解除

買主は，債務不履行の規定により，損害賠償請求や契約の解除をすることができます（P62，63参照）。

6 期間制限（通知期間）・消滅時効

① 「種類・品質」に関しての不適合

売主が目的物を引き渡した場合において，買主がその不適合を知った時から1年以内にその旨を売主に通知しないときは，追完請求・代金減額請求・損害賠償請求・契約の解除をすることができません。なお，これとは別に，消滅時効の規定も適用されます。

> 売主が悪意・善意重過失 売主が引渡しの時にその不適合につき悪意または善意重過失の場合には，期間制限に関係なく，買主は，追完請求・代金減額請求・損害賠償請求・契約の解除をすることができます（この場合であっても消滅時効の規定は適用されます）。

② 「数量・権利」に関しての不適合（期間制限の適用なし）

買主の権利は，買主が権利を行使することができることを知った時（不適合を知った時）から5年間，または買主が権利を行使することができる時（引

渡しを受けた時）から**10年間**行使しないと時効によって消滅します。

3 ▶ 担保責任を負わない旨の特約

当事者間で，売主が担保責任（契約不適合責任）を負わない旨の特約をすることができます。ただし，売主が知りながら買主に告げなかった事実等については，売主はその責任を負うことになります。

4 ▶ 解約手付

買主が売主に対して手付（てつけ）を交付したときは，原則として，その手付は解約手付（てつけ）となります。手付は，売買契約締結後に交付しても有効です。

1 契約解除の方法

買主は，交付した手付を放棄（ほうき）（諦める）することで，契約を解除することができます。一方，売主は，交付を受けた手付の倍額を現実に提供（倍返し）することで，契約を解除することができます。

2 契約解除の期間

相手方が契約の履行に着手するまで（約束にとりかかるまで）であれば，手付による解除ができます。

| 売主A | 解約手付交付 → 200万円 | 買主B |

売主Aが履行に着手
Bは，手付放棄による解除ができなくなります。なお，Aは，手付倍返しによる解除はできます。

A　契約履行の例：物件引渡し
B　契約履行の例：代金支払

買主Bが履行に着手
Aは，倍返しによる手付解除ができなくなります。なお，Bは，手付放棄による解除はできます。

3 契約解除の効果

手付解除後，当事者は，損害賠償請求をすることができません。

問題	解答
Aを売主，Bを買主とする甲土地の売買契約が締結された場合において，Aの帰責事由により，Aが甲土地の所有権を取得してBに移転することができないときは，BはAに対して，損害賠償を請求することができる。(H28改)	全部他人物売買。Aに帰責事由があるため，Bは，損害賠償請求ができる。 （ ○ ）
Aを売主，Bを買主として，甲土地の売買契約が締結された場合において，甲土地の実際の面積が本件契約の売買代金の基礎とした面積より少なかったとき，Bはそのことを知った時から2年以内にその旨をAに通知しなければ，代金の減額を請求することができない。(R2)	数量の不適合のため，期間制限（通知期間）はなし。消滅時効が適用される。 （ × ）
Q3 Aを売主，Bを買主として甲土地の売買契約を締結した場合において，BがAに解約手付を交付しているとき，Aが契約の履行に着手していない場合であっても，Bが自ら履行に着手していれば，Bは手付を放棄して売買契約を解除することができない。(H21)	相手方（売主A）が履行に着手していないため，Bは手付放棄による解除が可能。 （ × ）

請　負

▶▶▶ 大工さんに建築を依頼した場合のルール

学習のポイント

出題頻度が高い**請負人の担保責任**を中心に学習しましょう。

1　概　要

　請負は，請負人が頼まれた仕事を完成させて，注文者がそれに対する報酬を支払うといった契約です。建築会社がする建築や建物のリフォームが請負の典型例です。

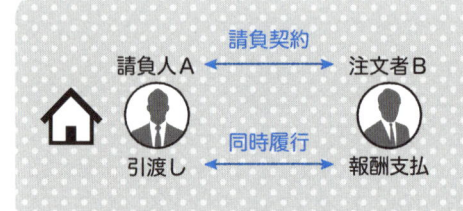

　Bが建築工事を注文し，Aが住宅を建築するケースでは，請負人であるAは，完成させこれを引き渡す義務を負い，それに対し注文者であるBは，報酬を支払う義務を負います。
　原則としてAの引渡しとBの報酬支払は同時履行の関係です。

◉　報酬の支払いについて（仕事が未完成の場合）

　注文者の責めに帰することができない事由によって仕事を完成することができなくなったり，請負が仕事の完成前に解除された場合は，請負人がすでにした仕事が可分であり，その給付によって注文者が利益を受けるときは，その部分を仕事の完成とみなし，請負人は，注文者が受ける利益の割合に応じて報酬を請求することができます。これは，仕事が未完成のまま終了した場合でも，注文者に利益をもたらすのであれば，その部分は報酬として支払うべきだからです。

2　請負人の担保責任（契約不適合責任）

　請負契約の目的物が契約内容に適合しない場合，注文者は請負人に対して，①追完請求，②報酬減額請求，③損害賠償請求，④解除ができます。

※売買契約における売主の担保責任と同様のルールと考えて下さい。

1 担保責任の期間制限

　請負人が（種類または品質に関して）契約の内容に適合しない仕事の目的物を注文者に引渡した場合において，注文者がその不適合を知った時から１年以内に請負人に通知しないと，注文者は上記①〜④の請求ができなくなります。ただし，請負人が契約の内容に適合しないことを知り（悪意）または重過失によって知らなかった（善意重過失）ときは，上記の期間制限に関係なく上記①〜④の請求ができます。

2 担保責任を負わない旨の特約

　売買と同様，このような特約は有効ですが，請負人が知っていて注文者に告げなかった事実については，請負人は責任を免れません。

3　請負契約の解除

　注文者は，請負人が仕事を完成させる前であれば，いつでも損害賠償をして，解除することができます（完成後であっても契約内容に不適合があれば，解除できます）。また，請負人は，注文者が破産手続開始決定を受けたときは，解除することができます。ただし，請負人からの解除は，仕事を完成した後はできません。

厳選超重要過去問　○×一問一答

問題

Q1 AがBに対して建物の建築工事を代金3,000万円で注文し，Bがこれを完成させた。請負契約の目的物たる建物に契約内容の不適合がある場合であっても，Aは請負契約を解除することができない。（H18改）

解答

注文者は，解除できる。

（ × ）

SECTION 18　委　任

▶▶▶ 頭脳労働の委任。
依頼されたその道のプロはどんな責任を負う？

学習のポイント

受任者の権利や義務について意識して学習しましょう。難しい項目ではないため，時間をかけずに次に進んで下さい。

1　概　要

　委任とは，委任者が受任者に対して，契約や事務処理を委託し，受任者が承諾することにより成立する契約です。不動産登記や会社設立登記を司法書士に依頼したり，弁護士に訴訟を依頼することが委任の具体例です。この場合には，通常，代理権の付与が伴う委任契約となります。

委任者A　　　委任契約　　　受任者B

例：Aが司法書士Bに，登記申請の依頼

　委任は，お互いの信頼関係で成り立っているため，信頼関係が崩壊するようなことをしてはいけません。

2　受任者の権利

　受任者には以下の4つの権利があります。

1 報酬請求権

　受任者は，特約がなければ報酬を請求することができません（無報酬が原則）。また，報酬は委任事務を履行した後でないと，請求することができません（後払いが原則）。なお，受任者は，委任者の責めに帰することができない事由によって委任事務の履行をすることができなくなったときや，委任が履行の中途で終了したときは，既にした履行の割合に応じて報酬を請求することができます。

2 費用前払請求権

受任者は，交通費等，事務処理をするのに必要な費用等を，前払いするよう委任者に請求できます。

3 費用償還請求権

受任者は，事務の最中，自腹を切って事務費用等を負担した場合，後日，その費用と支出日以後の利息について委任者に償還を請求できます。

4 損害賠償請求権

受任者は，委任事務の最中，過失なく損害を受けたときは，委任者に対して，損害賠償を請求できます。

3 受任者の義務

受任者には以下の3つの義務があります。

1 善管注意義務

報酬の有無に関係なく，受任者は，善良な管理者としての注意義務を負います。これは，受任者にとってものすごく重い責任です。少しでも手を抜くと，損害賠償請求されてしまうような超重い義務だと考えて下さい。

2 報告義務

受任者は，委任者から請求があるときは，いつでも委任事務の処理状況を報告しなければなりません。また，委任事務が終了した後は，遅滞なく，委任事務の処理の経過および結果を報告しなければなりません。

3 引渡義務

受任者は，委任事務の最中，受領した金銭や物については，委任者に引き渡さなければなりません。

4 復委任（受任者が委任事務を他の人に頼むこと）

　受任者は，原則として復委任をすることができません。受任者が仕事をしないで，他の人に任せるようなことが自由にできてしまうと，委任者との信頼関係が崩壊するからです。ただし，委任者の許諾を得たとき，またはやむを得ない事由があるときは，復受任者を選任できます。

5 委任の終了

■1 解　除

　委任は，各当事者がいつでも解除することができます。信頼できない相手と無理に関係を継続させる必要がないからです。また，当事者の一方が，相手方に不利な時期に解除したとき等は，相手方の損害を賠償しなければなりません。ただし，やむを得ない事情があったときは，損害賠償をする必要はありません。

■2 終了事由

　下記に該当すると，委任は当然に終了します。

委任者の事情	・委任者の死亡 ・委任者の破産
受任者の事情	・受任者の死亡 ・受任者の破産 ・受任者の後見開始の審判

■3 委任終了後の処分義務

　委任契約が上記により終了しても，急迫の事情があるときは，受任者は，委任者やその相続人等が委任事務を処理することができるようになるまで，必要な処分をしなければなりません。

厳選超重要過去問 ○×一問一答

問題	解答
Q1 Aが，A所有の不動産の売買をBに対して委任する場合において，Bは，委任契約をする際，有償の合意をしない限り，報酬の請求をすることができないが，委任事務のために使った費用とその利息は，Aに請求することができる。(H14)	有償の特約がない限り，報酬は無報酬。また，受任者（B）には費用償還請求権が認められる。 （ ○ ）
Q2 委任者が破産手続開始決定を受けた場合，委任契約は終了する。(H18)	委任者の破産は，委任の終了事由。 （ ○ ）
Q3 委託の受任者は，報酬を受けて受任する場合も，無報酬で受任する場合も，善良な管理者の注意をもって委任事務を処理する義務を負う。(H20)	報酬の有無に関係なく，受任者は，善管注意義務を負う。 （ ○ ）
Q4 受任者が死亡した場合，受任者の相続人は，急迫の事情の有無にかかわらず，受任者の地位を承継して委任事務を処理しなければならない。(R2)	急迫の事情がなければ，このような義務は負わない。 （ × ）

吉野先生のワンポイントアドバイス

苦手意識がある項目について，そのままにせず，「なぜ苦手なのか」理由を考えてみましょう。内容が難しいからなのか，覚えられないからなのか…。理由が見つかったら，それをどうしたら解決できるのか考えてみましょう。解決の糸口が見つかるはずです (^^♪

▶▶▶ 他人を傷つけてしまったらどうなっちゃう？

学習のポイント

出題頻度が高い重要項目です。特に**特殊不法行為**について，時間をかけてしっかり学習しましょう。

1 一般不法行為

故意または過失により，他人の権利等を侵害した加害者は，被害者に対して損害を賠償する義務を負います。

加害者A　不法行為　被害者B

Aのわき見運転が原因ではねられてしまったBは，Aに対して，不法行為に基づき損害賠償請求ができます。

1 損害について

損害には，治療費等の財産上の損害だけでなく，慰謝料等の精神的損害も含まれます。また，不法行為に基づく損害賠償請求権は，相続の対象となります。

2 損害賠償請求権の期間制限

不法行為による損害賠償請求権は，下記❶または❷の期間を経過した場合，時効によって消滅します。

❶　被害者またはその法定代理人が損害および加害者を知った時から
3年（人の生命または身体を害する不法行為による場合は5年）

❷　不法行為の時から20年

3 過失相殺

被害者に過失があったときは，裁判所は，これを考慮して損害賠償額を定めることができます。たとえば，上記の例で，トラックにはねられたBが信

号無視して飛び出してきた場合，裁判所の裁量によって，損害賠償額が減額されることがあります。

4 履行遅滞

加害者（債務者）の損害賠償債務は，損害の発生と同時に履行遅滞となります。つまり，被害者（債権者）は，損害発生時以降の遅延利息を請求できます。被害者保護の観点から，すぐに利息を発生させるようにしています。

2 特殊不法行為

被害者を救済するため，加害者サイドに広く損害賠償請求ができるようにしています。

1 共同不法行為

数人が共同の不法行為によって他人に損害を与えたときは，加害者各自が連帯して損害賠償をする責任を負います。被害者は，加害者全員に対し，損害額の全額を請求できます。典型的な具体例が，集団暴行です。

2 使用者責任

被用者が，使用者の事業の執行に関して他人に損害を与えた場合には，使用者も損害賠償責任を負います。

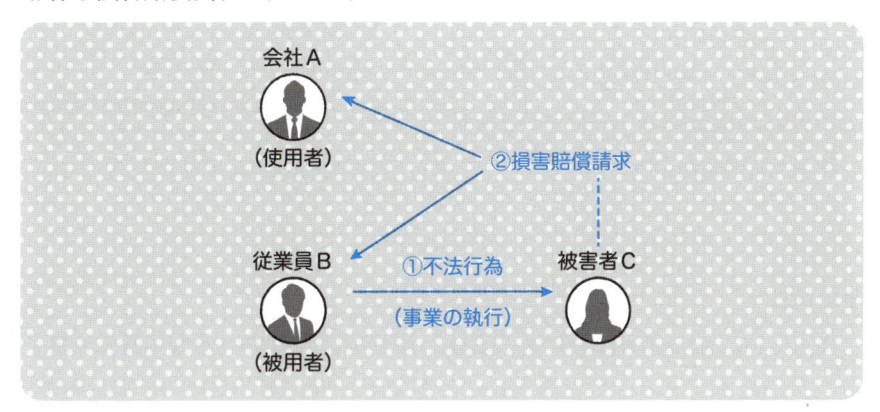

① 事業の執行

事業の執行に該当しなければ，使用者は責任を負いません。そして，事業の執行に該当するか否かについては，「行為の外形を基準にし，客観的に判

断」します。たとえば，従業員Bは，勤務時間を終了しているにもかかわらず，スーツを着て会社Aの営業車を運転していて，Cをはねてしまいました。Bからすれば，業務中ではありませんが，他人から見ればスーツで営業車を運転していれば，客観的に，業務中と判断されても仕方ありません。この場合，会社Aは使用者責任を負うことになります。ただし，被害者が悪意または重過失の場合には，使用者は責任を負いません。

② 使用者の求償権

使用者が損害を賠償した場合，使用者は，被用者に求償することができます。しかし，求償できる範囲は，「信義則上相当と認められる限度」と，制限されています。

3 土地工作物責任

たとえば，建物の塀が崩れ（土地の工作物の設置または保存に瑕疵），そのせいで歩行者がケガをしてしまった場合，誰が責任を負うのか，という問題が，この土地工作物責任です。

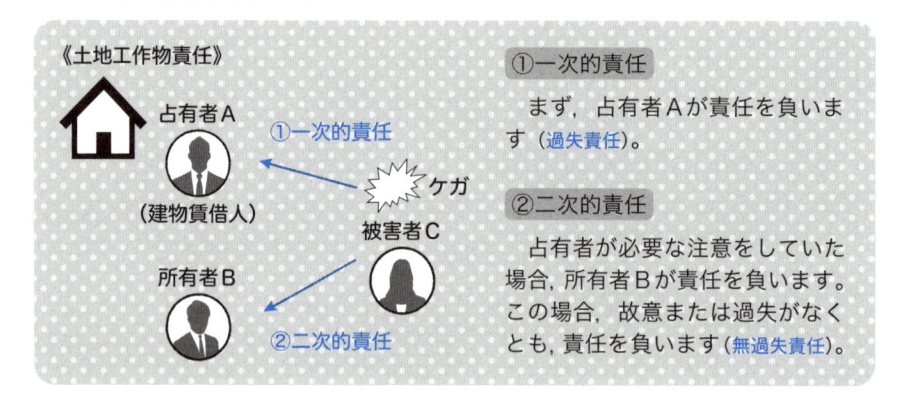

《土地工作物責任》

占有者A（建物賃借人）
①一次的責任
ケガ
被害者C
所有者B
②二次的責任

①一次的責任

まず，占有者Aが責任を負います（過失責任）。

②二次的責任

占有者が必要な注意をしていた場合，所有者Bが責任を負います。この場合，故意または過失がなくとも，責任を負います（無過失責任）。

●求償権

損害賠償した占有者または所有者は，損害の原因について他に責任を負う者がある場合，その者に求償することができます。たとえば，上記の例で，塀の設置工事をした業者Dの手抜き工事が原因だった場合，AまたはBは，Dに求償することが可能となります。

厳選超重要過去問 ○×一問一答

問題	解答
Aが故意又は過失によりBの権利を侵害し、これによってBに損害が生じた場合（ケース1）において、Aの加害行為によりBが即死したときには、BにはAに対する慰謝料請求権が発生したと考える余地はないので、Bに相続人がいても、その相続人がBの慰謝料請求権を相続することはない。(H20)	即死の場合でも、慰謝料請求権が発生し、また、この請求権は相続の対象となる。 （ × ）
ケース1において、AがCに雇用されており、AがCの事業の執行につきBに加害行為を行った場合には、CがBに対する損害賠償責任を負うのであって、CはAに対して求償することもできない。(H20)	「信義上相当と認められる限度」において、求償できる。 （ × ）
 事業者Aが雇用している従業員Bが行った不法行為に関して、Bが営業時間中にA所有の自動車を運転して取引先に行く途中に前方不注意で人身事故を発生させても、Aに無断で自動車を運転していた場合、Aに使用者としての損害賠償責任は発生しない。(H18)	Bは営業時間中に不法行為をしたため、客観的に見て事業の執行に該当する。したがってAは責任を負う。 （ × ）

「忙しいは言い訳です！」
お勤めされている方や、主婦（夫）の方でも隙間時間をうまく活用し、合格されている方はたくさんいらっしゃいます。自分が挑戦したことに逃げずに、立ち向かいましょう！

相続Ⅰ

▶▶▶ **誰が相続人になれる？**

学習のポイント

相続は，毎年のように出題される重要項目の一つです。幅広く学習し，苦手項目を作らないようにしましょう。相続Ⅰでは，法定相続分の計算問題に対応できるように**相続関係図**が書けるように訓練して下さい。

1 相続人

1 資格

配偶者（はいぐうしゃ）・子・直系尊属（ちょっけいそんぞく）・兄弟姉妹が相続人（そうぞくにん）（被相続人（亡くなった人）の権利義務を承継する人）の資格を有します。

配偶者とは，**婚姻関係にある相手方**（こんいん）をいい，内縁関係（ないえん）にある者や離婚した者は含まれません。**子**は，**嫡出子**（ちゃくしゅつし）（婚姻関係にある者の間に生まれた子）・**非嫡出子**（ひちゃくしゅつし）（婚姻関係にない男女間に生まれた子）・**養子**（ようし）・**胎児**（たいじ），**すべてが相続人**としての資格を有します。直系尊属とは，父母・祖父母等を指します。

2 資格喪失

① **相続欠格**

相続欠格（そうぞくけっかく）とは，相続人としての資格が欠けることです。たとえば，被相続人に対する**殺人・殺人未遂，遺言書偽造**等の遺言に関する不当干渉が該当します。

② **廃除**

廃除（はいじょ）とは，被相続人が，推定相続人に対して，「相続させないようにする」ことです。廃除は，**家庭裁判所に請求**することになりますが，**被相続人を虐待**（ぎゃくたい）**したり，重大な侮辱等がある場合**（ぶじょく）でないと認められません。

③ **相続の放棄**

相続の放棄（ほうき）をすると，**初めから相続人とならなかった**ことになります。

3 相続人の順位

配偶者は，存在すれば常に相続人になります。

子は第1順位，直系尊属は第2順位，兄弟姉妹は第3順位となります。

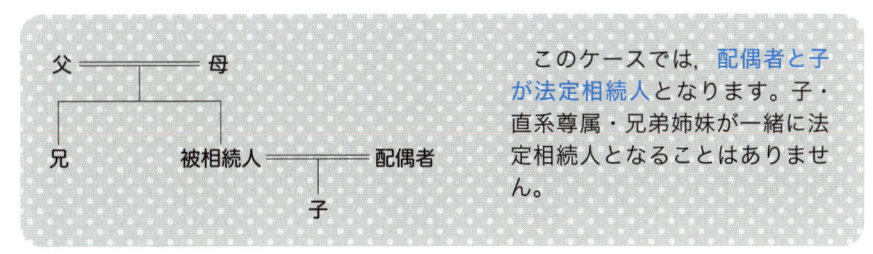

父 ———— 母

兄　　　　被相続人 ———— 配偶者

子

このケースでは，配偶者と子が法定相続人となります。子・直系尊属・兄弟姉妹が一緒に法定相続人となることはありません。

4 法定相続分

配偶者と子が法定相続人	配偶者1/2　子1/2
配偶者と直系尊属が法定相続人	配偶者2/3　直系尊属1/3
配偶者と兄弟姉妹が法定相続人	配偶者3/4　兄弟姉妹1/4

(!) 子・直系尊属・兄弟姉妹がそれぞれ複数人いた場合，平等に分配します（たとえば子が3人いた場合，それぞれの持分は1/3となります）。

5 代襲相続

代襲相続とは，相続人となる者が，死亡・相続欠格・廃除によって相続権を失った場合，その者の子が，代わって相続人になることです。

(!) 相続の放棄をした場合，代襲相続は発生しません。

6 法定相続の具体例

① 配偶者・子が相続人となる場合

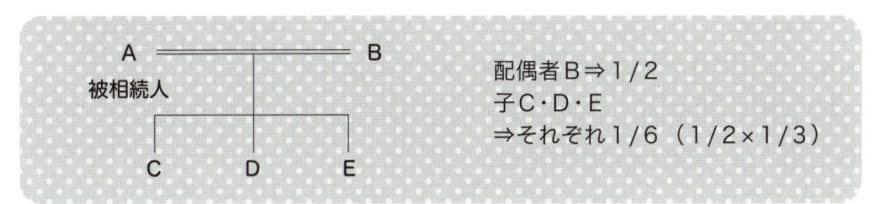

A ———— B

被相続人

C　　　D　　　E

配偶者B⇒1/2
子C・D・E
⇒それぞれ1/6（1/2×1/3）

② 代襲相続（子DがA死亡以前に死亡）の場合

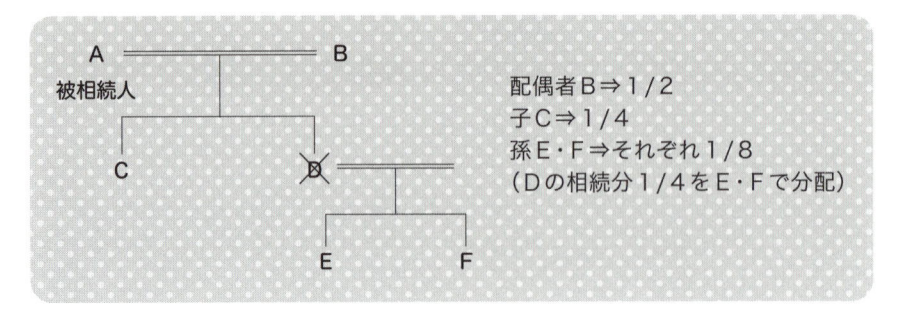

配偶者B⇒1/2
子C⇒1/4
孫E・F⇒それぞれ1/8
（Dの相続分1/4をE・Fで分配）

2 相続の承認・放棄

1 選択期間

　相続人は，自己のために相続の開始があったことを知った時から3ヵ月以内に，承認または放棄をしなければならず，相続開始前の承認・放棄は認められません。また，一度承認・放棄をすると，撤回できません。

2 単純承認
たんじゅんしょうにん
　単純承認とは，被相続人の権利義務を無限に承継することです。

　(!) 相続財産を処分したり，隠匿等すると，単純承認したものとみなされます。また，承認・放棄の選択期間内に承認・放棄の選択をしないと，単純承認したものとみなされます。

3 限定承認（家庭裁判所に申述する必要あり）
げんていしょうにん
　限定承認とは，相続人が相続によって得たプラスの財産の限度において，被相続人の債務を弁済すれば，責任を免れる制度です。

　(!) 相続人が複数人いる場合，全員が共同してしなければいけません。

4 放棄（家庭裁判所に申述する必要あり）

　放棄とは，相続を否定することです。相続放棄をすると，初めから相続人でなかったことになります。

問題	解答
Q1 婚姻中の夫婦AB間には嫡出子CとDがいて，Dは既に婚姻しており嫡出子Eがいたところ，Dは令和3年4月1日に死亡した。他方，Aには離婚歴があり，前の配偶者との間の嫡出子Fがいる。Aが令和3年4月2日に死亡した場合の法定相続分は，Bが2分の1，Cが5分の1，Eが5分の1，Fが10分の1である。(H25)	C・E・Fの相続分はそれぞれ6分の1。 （ ✕ ）
Q2 1億2,000万円の財産を有するAが死亡した。Aの長男の子B及びC，Aの次男の子Dのみが相続人になる場合の法定相続分は，B及びCがそれぞれ3,000万円，Dが6,000万円である。(R2)	代襲相続。B・Cの相続分は4分の1（3,000万），Dの相続分は2分の1（6,000万）。 （ 〇 ）
Q3 甲建物を所有するAが死亡し，相続人がそれぞれAの子であるB及びCの2名である場合において，Cが単純承認をしたときは，Bは限定承認をすることができない。(H28)	限定承認は相続人全員で行う。 （ 〇 ）

 相続は，避けては通れない問題です。試験に出る出ないに関係なく，日常生活における「知識」としてしっかり身に付けて下さい。必ず役に立つときが来ます♪

SECTION 21 相続 II

▶▶▶ 遺産分割や遺留分の仕組みを理解しよう！

学習のポイント

遺産分割，**遺言**，**遺留分**はすべて大切な項目です。時間をかけて学習しましょう！

1 共同相続・遺産分割

1 共同相続

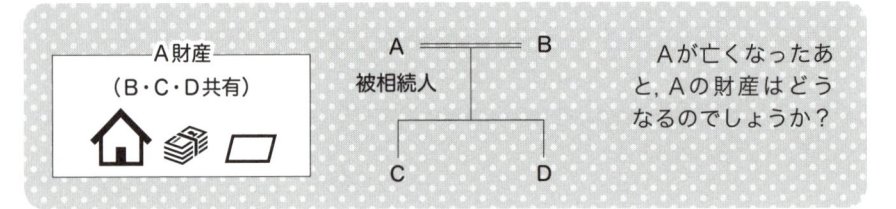

A財産
（B・C・D共有）

A — B
被相続人

C — D

Aが亡くなったあと，Aの財産はどうなるのでしょうか？

　相続人が複数人いる場合，相続財産は，相続人全員の共有となり，相続人の共有持分は法定相続分に従います（B→1/2，C・D→1/4）。相続分は，各自が自由に第三者に譲渡することができます。

　なお，共同相続された普通預金債権，通常貯金債権および定期貯金債権は，いずれも，相続開始と同時に当然に相続分に応じて分割されることはなく，遺産分割の対象となります。

2 遺産分割の方法

　共同相続人は，被相続人が遺言で禁じた場合を除き，いつでも協議による遺産分割ができます。そして，遺産分割協議は，全員の合意により行います。なお，共同相続人の全員の合意により，すでに成立した遺産分割協議の全部または一部を解除できます。

3 遺産分割の禁止

　被相続人は，遺言で相続開始の時から5年を超えない期間を定めて，遺産分割を禁ずることができます。

94

4 審判による遺産分割

　共同相続人間で協議が調わないとき，または協議をすることができないときは，各共同相続人は，その分割を家庭裁判所に請求できます。

2　遺　言

　遺言は遺言者が残す最後のメッセージです。遺言者の死亡により，遺言の効力が発生します。遺言によって，様々な内容（例：相続分の指定，遺贈，相続人の廃除等）を定めることができます。

1 遺言能力

　15歳になれば，遺言をすることができます。

　(!) 2人以上の者が同一の証書によって，遺言をすることはできません。

2 主な遺言の種類

①　自筆証書遺言

　自筆証書遺言は，遺言者が，その全文，日付および氏名を自書（手書き）し，これに押印しなければなりません。ただし，自筆証書に相続財産の目録を添付する場合には，その目録は自書不要です（パソコンでの作成等でもOK）。この場合には，その目録の毎葉（ページ）に，署名・押印が必要です。日付は特定できるものでなければなりませんが，氏名は本人と特定できれば，ペンネーム等であっても構いません。押印は，拇印でも有効です。

②　公正証書遺言

　公正証書遺言は，公証役場で手続きをし，その後，遺言は公証役場に保管されるため，遺言が執行される確実性が極めて高いです。なお，公正証書遺言は，2人以上の証人の立会いのもと，遺言者が遺言の趣旨を公証人に口頭で伝え，公証人がこれを筆記して，遺言者および証人に読み聞かせ，または閲覧させなければなりません。

3 検　認

　検認とは，家庭裁判所が，遺言書の形式等をチェックし，遺言書の保存を確実にするための証拠保全手続きです。遺言内容の有効，無効を判断するものではありません。なお，公正証書遺言では，公証人が遺言書をしっかり事前にチェックし，保管しているため，検認手続きは不要です。

4 遺言の撤回

遺言者は，いつでも，遺言を撤回することができます。また，①または②に該当した場合には，遺言は撤回したものとみなされます。

① 前の遺言と後の遺言が抵触する（内容が食い違う）とき

遺言書1	遺言書2
令和3年1月1日記	令和3年2月1日記
「甲土地はBに遺贈する」	「甲土地はCに遺贈する」
遺言者A㊞	遺言者A㊞

この場合，後の遺言（遺言書2）が優先されます。結局Aは，Cに甲土地をあげたかったということがわかります。

② 遺言者が遺言をした後，それと抵触する生前処分等をしたとき

遺言書
令和3年1月1日記
「甲土地はBに遺贈する」
遺言者A㊞

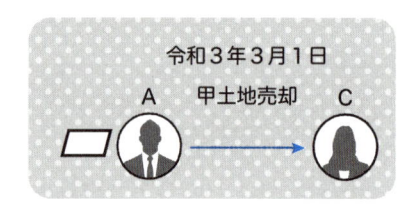

令和3年3月1日
A　甲土地売却　C

この場合，Cへの売却が優先されます。結局Aは，Cに甲土地を売りたかったということがわかります。

5 遺　贈

遺贈とは，遺言によって，贈与することです。遺贈には，包括遺贈（ほうかついぞう）と特定遺贈（とくていいぞう）があります。遺贈によって，財産を受ける人を，受遺者（じゅいしゃ）と呼びます。なお，遺言者が死亡する前に受遺者が死亡した場合，遺言は効力を生じません。

① 包括遺贈

「財産の3分の1を与える」等，抽象的な割合で遺贈することです。

② 特定遺贈

「甲土地と乙建物を与える」等，具体的に財産を特定して遺贈することです。

3 遺留分（残された家族のための最低保障）

遺言者は，自身の財産を遺言によって自由に遺贈することができるため，たとえば，「愛人に全財産を遺贈する」といった内容の遺言も有効です。しかし，これでは残された家族が路頭に迷ってしまう可能性があります。そこで，残された相続人のことを考えたのが遺留分（いりゅうぶん）という制度です。

1 遺留分権利者と遺留分割合

	遺留分権利者が直系尊属のみ	左記以外
遺留分（全体）	被相続人財産の1/3	被相続人財産の1/2
各遺留分権利者の遺留分（個別）	法定相続分計算	

※遺留分権利者は，配偶者，子，直系尊属です。兄弟姉妹には遺留分は認められません。

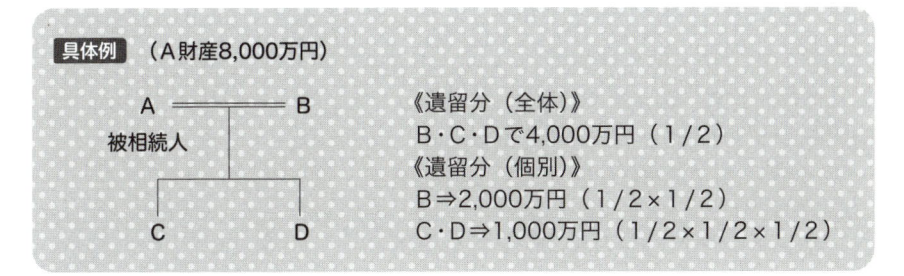

具体例 （A財産8,000万円）

A＝＝＝＝B
被相続人

C　　　　D

《遺留分（全体）》
B・C・Dで4,000万円（1/2）
《遺留分（個別）》
B⇒2,000万円（1/2×1/2）
C・D⇒1,000万円（1/2×1/2×1/2）

2 遺留分侵害額請求

遺留分権利者は，遺留分を侵害する遺贈を受けた受遺者等に対して，その侵害額に相当する金銭の支払いを請求することができます。これを遺留分侵害額請求といいます。

① **期間制限**

下記，❶または❷の期間を経過すると，遺留分侵害額請求ができなくなります。

> ❶ 相続の開始および遺留分を侵害する贈与または遺贈があったことを，遺留分権利者が知った時から1年
> ❷ 相続開始の時から10年

② **方 法**

内容証明郵便等で意思表示をすればよく，裁判上の請求による必要はありません。

3 遺留分放棄

遺留分は，相続開始前であっても放棄することができますが，家庭裁判所の許可が必要となります。

4 配偶者の居住の権利

被相続人の配偶者が高齢である場合に，遺産分割等によって住み慣れた家から追い出されてしまうと生活に困ります。そこで，配偶者の住居を確保するために設けられたのが配偶者居住権です。

1 配偶者居住権

配偶者が被相続人の財産に属した建物に相続開始時に居住していた場合に，その居住建物の全部を死ぬまで（終身）無償で使用および収益をすることができる権利が配偶者居住権です。

要件 …配偶者居住権を取得できる場合

❶ 遺産分割により配偶者居住権を取得したとき

❷ 遺贈により配偶者居住権を取得したとき
※被相続人が相続開始時に居住建物を配偶者以外の者と共有していた（居住建物が共有状態）場合には，取得できません。

2 配偶者短期居住権

配偶者が被相続人の財産に属した建物に相続開始の時に無償で居住していた場合に，最低でも6ヵ月間（遺産分割により居住建物の帰属が確定した日または相続開始の時から6ヵ月を経過する日のいずれか遅い日）無償で使用することができる権利が配偶者短期居住権です。なお，配偶者短期居住権には，収益権はありません。

要件 …配偶者短期居住権が成立しない場合

❶ 相続開始時に配偶者居住権を取得したとき

❷ （相続）欠格の規定に該当したとき

❸ 廃除され相続権を失ったとき

3 比較

	配偶者居住権	配偶者短期居住権
善管注意義務	あり ※建物自体は他人が所有しているため，建物の使用（収益）について，配偶者は善管注意義務を負います。	
居住権の譲渡	できない	
使用・収益	使用・収益	使用のみ（×収益）
登記（対抗要件）	できる	できない ※配偶者短期居住権は第三者に対抗できません。

厳選超重要過去問 ○×一問一答

問題	解答
Q1 成年Aには将来相続人となるB及びC（いずれも法定相続分は2分の1）がいる。Aが「相続財産全部をBに相続させる」旨の有効な遺言をして死亡した場合，BがAの配偶者でCがAの子であるときはCには相続財産の4分の1の遺留分があるのに対し，B及びCがAの兄弟であるときはCには遺留分がない。（H18）	（ ○ ）
Q2 共同相続人は，既に成立している遺産分割協議につき，その全部又は一部を全員の合意により解除した上，改めて遺産分割協議を成立させることができる。（R1）	（ ○ ）
Q3 Aには，相続人となる子BとCがいる。Aは，Cに老後の面倒をみてもらっているので，「甲土地を含む全資産をCに相続させる」旨の有効な遺言をした。Bが，Aの死亡の前に，A及びCに対して直接，書面で遺留分を放棄する意思表示をしたときは，その意思表示は有効である。（H20）	相続開始前に遺留分を放棄する場合，家庭裁判所の許可が必要。 （ ✕ ）

賃貸借・使用貸借

▶▶▶ **物を借りて使うときのルールを学ぼう！**

学習のポイント

賃貸借は，借地借家法との関係でとても重要な項目です。民法の賃貸借が理解できていないと，借地借家法も，得点できません。借地借家法につなげるためにも，しっかり学習しましょう。また，**使用貸借**は，賃貸借との違いを意識しながら学習して下さい。

1 賃貸借 概要

賃貸借とは，賃貸人が賃借人にある物を使用および収益させ，賃借人がその賃料を支払う契約をいいます。

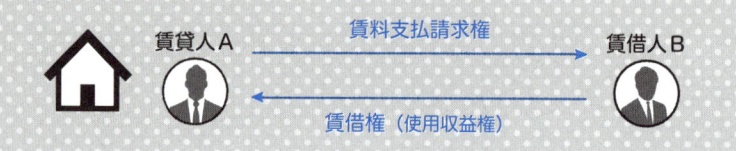

賃貸人A ──賃料支払請求権──▶ 賃借人B
　　　　◀──賃借権（使用収益権）──

2 存続期間

賃貸借の存続期間は，**50年を超えることはできません**。これを超える期間を定めたときは，50年に短縮されます。また，更新することもできますが，その場合も50年を超えることはできません。

3 修 繕

■ 賃貸人による修繕等

雨漏りや水回りのトラブル等があった場合，賃貸人は，必要な修繕をする義務を負います。ただし，賃借人の責めに帰すべき事由によってその修繕が必要となったときは，修繕義務を負いません。また，賃貸人が賃貸物の保存

に必要な行為をしようとするときは，賃借人は，これを拒むことができません。

2 賃借人による修繕

賃借物の修繕が必要な場合で，下記❶または❷に該当するときは，賃借人は，修繕することができます。

> ❶ 賃貸人に修繕が必要である旨を通知し，または賃貸人がその旨を知ったにもかかわらず，賃貸人が相当の期間内に必要な修繕をしないとき
>
> ❷ 急迫の事情があるとき

4 必要費・有益費

1 必要費

必要費とは，たとえば，窓ガラスが割れた場合の修繕費等，現状を維持したり回復するために必要な費用です。賃借人が支出した場合，賃貸人に対して，直ちに償還請求することができます。

2 有益費

有益費とは，たとえば，壁紙の張替費用等，その物の価値を上げるための費用です。

必要費と異なり，早急に必要な費用ではありません。したがって，直ちには請求できず，賃貸借の終了時にその価格の増加が現存する場合に限って，賃貸人が償還することになります。

5 賃料の減額・契約の解除

たとえば，災害等の理由により，賃借物の一部が賃借人の責めに帰することができない事由によって滅失等し，使用および収益ができなくなった場合，賃料は，その使用および収益ができなくなった割合に応じて減額されます。また，賃借物の一部が滅失等により使用および収益ができなくなった場合において，残存する部分のみでは賃借の目的を達することができないときは，

賃借人は，契約の解除をすることができます。

6 賃貸借の対抗力

　第三者が登場した場合，賃借人は，その第三者に賃借権を対抗できるか否かが問題となります。

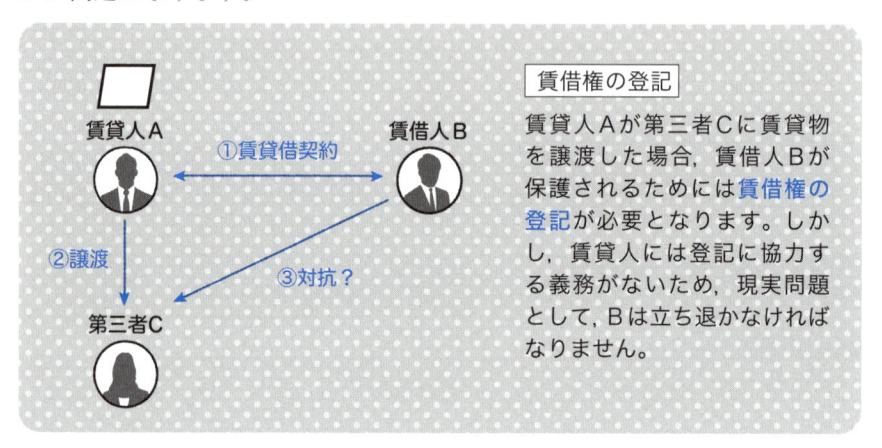

賃貸人A　①賃貸借契約　賃借人B

②譲渡　③対抗？

第三者C

賃借権の登記

賃貸人Aが第三者Cに賃貸物を譲渡した場合，賃借人Bが保護されるためには賃借権の登記が必要となります。しかし，賃貸人には登記に協力する義務がないため，現実問題として，Bは立ち退かなければなりません。

7 賃貸借の終了

1 期間の定めのある賃貸借（例：賃貸借期間を2年と定めた）

　原則として，その期間が満了すると，終了します（当事者間で中途解約できる旨の特約がある場合は別）。ただし，期間満了後も賃借人が使用および収益を継続している場合で，賃貸人がこれを知りながら異議を述べなかったときは，従前の賃貸借契約と同じ条件で更新されたものと推定されます。

2 期間の定めのない賃貸借（例：賃貸借期間を定めていない）

　期間の定めのない賃貸借は，当事者はいつでも解約の申入れができます。そして，解約の申入れがあった場合，土地賃貸借は解約の申入れの日から1年を経過した時に，建物賃貸借は解約の申入れの日から3ヵ月を経過した時に，終了します。

8 賃借権の譲渡・賃借物の転貸

　賃借権の譲渡も転貸（又貸し）も，賃貸人の承諾が必要となります。無断で譲渡・転貸した場合は，賃貸人は契約を解除することができます。

（！）無断譲渡・転貸があった場合でも，賃貸人に対して背信的行為と認めるに足りない特段の事情（例：上京してお金がない弟のために兄が転貸した）がある場合には，賃貸人は解除することができません。

① 賃借権の譲渡

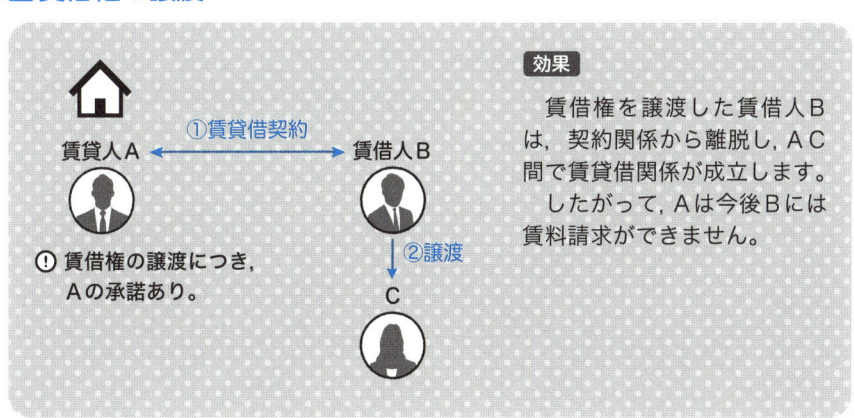

効果

　賃借権を譲渡した賃借人Bは，契約関係から離脱し，AC間で賃貸借関係が成立します。
　したがって，Aは今後Bには賃料請求ができません。

② 転　貸

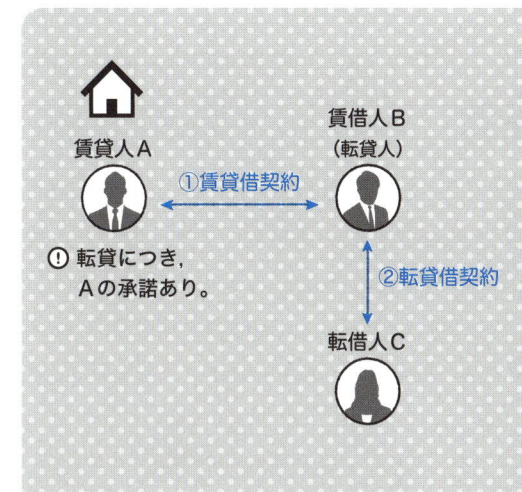

効果

　転借人は，賃貸人と賃借人との間の賃貸借に基づく賃借人の債務の範囲を限度として，賃貸人に対して転貸借に基づく債務を直接履行する義務を負います。たとえば，Cは，Aから賃料請求されたら支払う義務がありますが，その額は，「賃借料（AB間の賃料）の額」と「転借料（BC間の賃料）の額」のうち，少ない額が限度となります。また，この場合において転借人は，賃料の前払をもって賃貸人に対抗することができません。

① 合意による解除

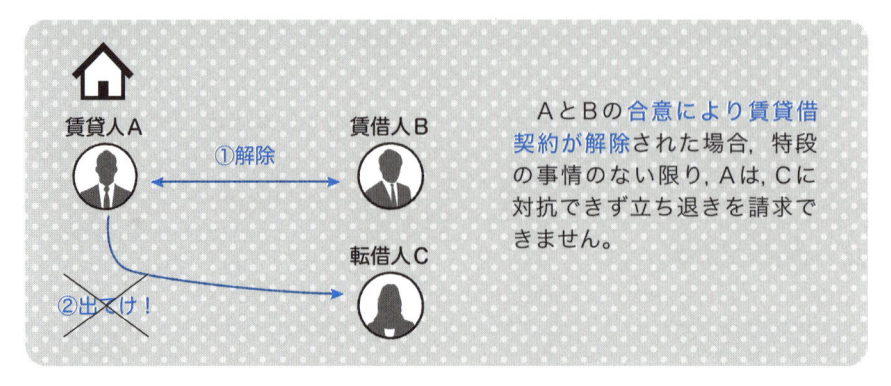

② 債務不履行時の合意解除

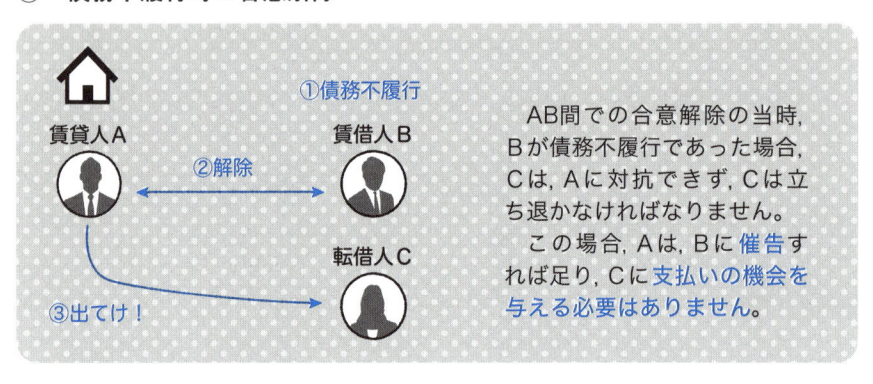

9 賃借人の原状回復義務

　賃借人は，賃借物を受け取った後に生じた損傷がある場合において，賃貸借が終了したときは，その損傷を原状回復する義務を負います。ただし，その損傷が賃借人の責めに帰することができない事由によるものであるときは，原状回復義務は負いません。また，当該損傷には，通常損耗（例：家具の設置によるカーペットのへこみ）や経年変化（例：年月の経過による壁・床の色あせ）は含まれません。

10 敷金

　敷金は，賃借人から賃貸人に差し入れるお金で，賃借人側に何かあった場合（例：賃料の未払い等）の担保とします。

1 敷金の特徴

敷金の充当	賃貸借期間中，賃借人からは未払い賃料につき，敷金から充当するよう請求することはできません
敷金の返還	賃貸人は，次の❶または❷に該当するときは，敷金の額から賃借人の一定の債務の額を控除した残額を返還しなければなりません ❶　賃貸借が終了し，かつ，賃借物の返還を受けたとき ❷　賃借人が適法に賃借権を譲り渡したとき
賃借物の明渡しと敷金返還請求の関係	明渡しが先履行となります ※同時履行の関係とはなりません

2 敷金の承継

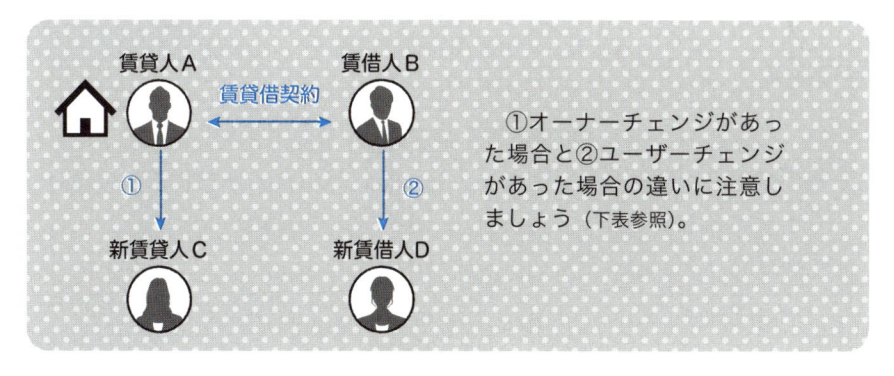

①オーナーチェンジがあった場合と②ユーザーチェンジがあった場合の違いに注意しましょう（下表参照）。

①	不動産の所有権が移転※ （オーナーチェンジ）	賃貸借期間中	敷金に関する権利義務は，Cに承継されます
		賃貸借終了後 明渡し前	敷金に関する権利義務は，AとCの合意のみでは，当然にはCに承継されません
②	賃借権の譲渡 （ユーザーチェンジ）		敷金に関する権利義務は，特段の事情がない限り，Dに承継されません

※譲受人（新賃貸人）が，賃貸人の地位の移転を賃借人に対抗するには，その不動産につき所有権の移転登記が必要です。

11 使用貸借

使用貸借とは，タダで物を貸し借りする契約です。借主は無償で借用物を利用できるため，借主の立場はとても弱いです。

1 使用借権の対抗力

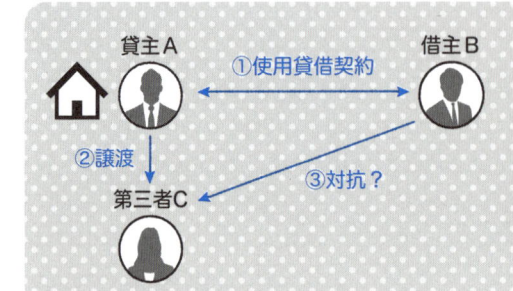

貸主Aが，借主Bに貸している借用物を，第三者Cに譲渡してしまうと，Bは，使用借権（タダで利用できる権利）をCに対抗することができません。使用借権は，賃借権に比べてとても弱い権利です。

2 使用貸借の終了等

❶ 当事者が定めた使用貸借の期間が満了すると，使用貸借は終了する

❷ 使用貸借の期間を定めなかった場合において，使用および収益の目的を定めたとき（例：転職先が見つかるまで部屋を借りたい）は，使用貸借は，借主がその目的に従い使用および収益を終えることによって終了する。なお，貸主は，その目的に従い借主が使用および収益をするのに足りる期間を経過したときは，契約の解除をすることができる

❸ 使用貸借の期間，使用および収益の目的を定めなかったときは，貸主は，いつでも契約の解除をすることができる

❹ 借主は，いつでも契約の解除をすることができる

12 賃貸借と使用貸借の主な違い

	賃貸借	使用貸借
修繕義務について	賃貸人が負う	借主が負う（借主が必要費を負担）
対抗力	あり（登記等を備えれば）	なし
借主の死亡による契約の終了	終了しない	終了する

問題	解答
Q1 AがBに甲建物を月額10万円で賃貸し，BがAの承諾を得て甲建物をCに適法に月額15万円で転貸している場合において，BがAに対して甲建物の賃料を支払期日になっても支払わない場合，AはCに対して，賃料10万円をAに直接支払うよう請求することができる。(H28)	賃貸人は賃料と転借料のいずれか低い額を請求できる。（○）
Q2 Aは，Bに対し建物を賃貸し，Bは，その建物をAの承諾を得てCに対し適法に転貸している。Aが，Bとの賃貸借契約を合意解除しても，特段の事情がない限り，Cに対して合意解除の効果を対抗することができない(H23)	合意解除による賃貸借の終了は転借人（C）に対抗できない。（○）
Q3 Aは，自己所有の甲建物（居住用）をBに賃貸し，引渡しも終わり，敷金50万円を受領した。Aが甲建物をCに譲渡し，所有権移転登記を経た場合，Bの承諾がなくとも，敷金が存在する限度において，敷金返還債務はAからCに承継される。(H20)	オーナーチェンジ（賃貸人の交替）があった場合，敷金関係は承継される。（○）
Q4 賃借人は，賃借物を受け取った後にこれに生じた損傷がある場合，通常の使用及び収益によって生じた損耗も含めてその損傷を原状に復する義務を負う。(R2)	通常損耗については，原状回復義務を負わない。（×）

古野先生のワンポイントアドバイス

賃貸借・使用貸借・借地借家法から，毎年2～3問出題されます。権利関係において貴重な得点源となりますので，失点しないように時間をかけて復習しましょう！このテキストで学習している皆さんなら大丈夫♪

▶▶▶ 借地借家法って何？

借地借家法の攻略のコツは，**民法の賃貸借を理解すること**です。また，受験生が疎かにしがちな「**借地権**」の定義を押さえることが大切です。

1 借地借家法 概要

　土地や建物を借りる場合に，民法の賃貸借をそのまま適用させてしまうと，立場が強い貸主が，借主に不利な契約をもちかける危険性があります（例：更新を認めない，契約期間を短くする）。そこで，借主を保護するための特別法として借地借家法を定めました。借地借家法は，土地を借りる場合等の「借地」と建物を借りる場合の「借家」を規定しています。

2 強行規定

　借地借家法の規定より借主にとって，不利な特約は無効となります。これを強行規定といいます。反対に，借主にとって有利な内容の特約は，有効です。一部を除き，借地借家法は，借主を保護するため強行法規となっています。

3 借地権（借地関係の適用対象）

　建物の所有を目的とする地上権または土地賃借権のことです。建物を建てるため土地を借りたりする場合に，借主に借地権が発生し，借地関係のルールが適用されることになります。

　借地借家法適用外となるものには，たとえば，使用貸借契約，駐車場・資材置場目的の地上権または賃借権があります。

　また，一時的な使用目的の借地権も，借地借家法の一部（更新や建物買取請

求等の借地権一般のルール）が適用されません。

4 借地権の存続期間

　借地権を設定した場合，当初（最初）の存続期間は30年となります。たとえば，20年と定めた場合，借地権者にとって不利な内容のため無効となり，30年となります。最低でも30年間の借地権が保障されます。

5 更　新

1 合意による更新

　当事者（借地権者・借地権設定者）で更新する場合，その期間は，下記❶または❷となります。

> ❶　最初（1回目）の更新⇨20年
> ❷　2回目以降の更新⇨10年

借地契約 ──当初期間→ 最初の更新 ──期間→ 2回目の更新 ──期間→ 3回目の更新 ──期間→
　　　　　　30年　　　　　　　　20年　　　　　　　10年　　　　　　　10年

2 請求更新・法定更新

　借地権者が更新を請求したとき，または土地の使用を継続するときは，建物がある場合に限り，契約が更新されたものとみなします（期間は，上記1合意による更新❶❷と同様です）。ただし，借地権設定者が正当な事由をもって，遅滞なく異議を述べたときは，更新されません。

　正当事由とは，下記❶〜❹を考慮して判断します。

- ❶　借地権設定者および借地権者が土地の使用を必要とする事情
- ❷　借地に関する従前の経過
- ❸　土地の利用状況
- ❹　立退料（たちのきりょう）に関すること

　※「立退料払うから，出てってくれ！」と，単に立退料を払うだけでは，正当事由と認められません。

6　建物買取請求権

　借地権の存続期間が満了した場合において，契約の更新がないときは，借地権者は，借地権設定者に対して建物等を時価（じか）で買い取るべきことを請求することができます。これを建物買取請求権といいます。

◈　借地権の存続期間が満了した場合

建物買い取って！
A　借地権設定者
B　借地権者

買取請求権を行使した場合，その時点で当事者間にて売買契約が成立したことになります。なお，借地権者Bの債務不履行によって，契約が解除された場合には，買取請求は認められません。

7　建物滅失と再築

　借地権の存続期間中に建物が滅失した場合の再築についてのルールです。

■ 当初（最初）期間中の建物滅失

① 　再築について借地権設定者の承諾あり

　承諾した日または建物が再築された日のいずれか早い日から20年間延長されます。

② 　再築について借地権設定者の承諾なし

　借地権者は再築することはできますが，期間の延長はなく，当初期間が満了した場合の更新の問題として処理します。

　⚠ 借地権者が無断再築しても，借地権設定者は，それを理由に解約の申入れはできません。

2 更新後の期間中の建物滅失

① 再築について借地権設定者の承諾あり

承諾した日または建物が再築された日のいずれか早い日から20年間延長されます。

② 再築について借地権設定者の承諾なし

> a　無断再築があった場合，借地権設定者は，解約の申入れができる
>
> b　借地権者は，解約の申入れができる
>
> ※aまたはbの解約申入れから3ヵ月を経過すると，借地権は消滅します。

③ 裁判所の介入（借地権者を救済）

再築につき，やむを得ない事情があるにもかかわらず，借地権設定者が承諾しないときは，裁判所は，借地権者の申立てにより借地権設定者の承諾に代わる許可を与えることができます。

(!) 当初期間中の建物滅失には裁判所の介入はありません。

8 借地権の対抗力

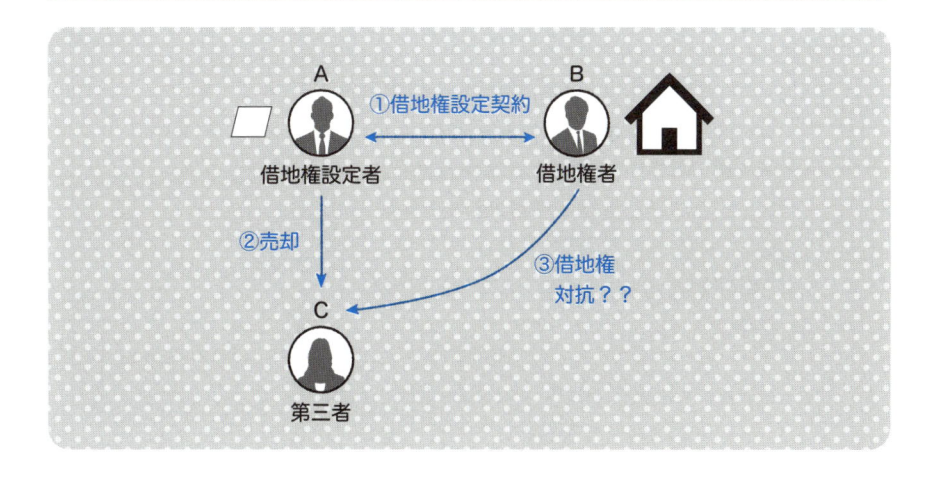

1 民法上の対抗要件

借地権者（B）は，借地権の登記をすれば対抗できます。しかし，借地権が土地賃借権の場合，貸主（A）に登記協力義務がないため，登記をするの

が難しいです。

2 借地借家法上の対抗要件

借地上の建物の所有権登記をすれば対抗できます。この登記は，借地権者の自己名義でする必要がありますが，表示に関する登記でも構いません。民法上の対抗要件より備えやすいです。

3 一定事項の掲示による対抗力

借地上の建物の登記をした後，その建物が滅失した場合，借地権の対抗力は失ってしまいます。しかし，借地権者が一定事項を土地（借地）の見やすい場所に掲示した場合，滅失の日から2年間対抗力を維持させられます。

厳選超重要過去問　○✕一問一答

問題	解答
Q1 建物の所有を目的とする土地の賃貸借契約において，借地権の登記がなくても，その土地上の建物に借地人が自己を所有者と記載した表示の登記をしていれば，借地権を第三者に対抗することができる。(H24)	表示による登記でも借地権の対抗力は認められる。 （ ○ ）
Q2 Aが居住用の甲建物を所有する目的で，期間30年と定めてBから乙土地を賃借した場合において，Aが地代を支払わなかったことを理由としてBが乙土地の賃貸借契約を解除した場合，契約に特段の事情がないときは，Bは甲建物を時価で買い取らなければならない。(H28)	債務不履行により契約が解除された場合には，建物買取請求権は行使できない。 （ ✕ ）
Q3 A所有の甲土地につき，Bとの間で居住の用に供する建物の所有を目的として存続期間30年の約定で賃貸借契約が締結された場合，AとBとが期間満了に当たり本件契約を更新するとき，更新後の存続期間を15年と定めても，20年となる。(R2)	（ ○ ）

SECTION 24 借地借家法 借地Ⅱ

▶▶▶ 土地の借主を手厚く保護

学習のポイント

借地Ⅱでは，**裁判所**がどのような場合に関与するのかという点と，**定期借地権**，**事業用定期借地権**について通常の借地権と比較しながら学習しましょう。

1 地代等増減請求権

地代等が，地価の上昇や低下その他の経済事情の変動等によって，不相当となったときは，当事者は，将来に向けて地代等の増減を請求することができます。なお，一定期間地代等を増額しない旨の特約は，有効ですが，一定期間地代等を減額しない旨の特約は，借地権者にとって不利な特約となるため，無効です。

■ 増額について協議がととのわない

借地権者は，自己が相当と認める地代等を支払えば足ります。ただし，増額を正当とする裁判が確定した場合は，借地権者は，すでに支払った額に不足があるときは，その不足額に年1割の割合による利息を付して支払う必要があります。

■ 減額について協議がととのわない

借地権設定者は，自己が相当と認める地代等の支払を請求することができます。ただし，減額を正当とする裁判が確定した場合は，借地権設定者は，既に支払を受けた額に超過があるときは，その超過額に年1割の割合による利息を付して返還しなければなりません。

2 借地上の建物の譲渡

借地上の建物を譲渡する場合，借地権も一緒に譲渡することになります。建物を取得する者は，土地を利用できる権利がないと，その建物を利用できないからです。しかし，たとえば借地権が土地賃借権の場合，借地権設定者

に無断で賃借権を譲渡することはできないので，承諾が必要となります（民法）。そこで，借地権設定者が承諾をしなかった場合でも，救済策を認めました。

① **借地権設定者が譲渡を承諾しない場合**（譲渡しようとしている）

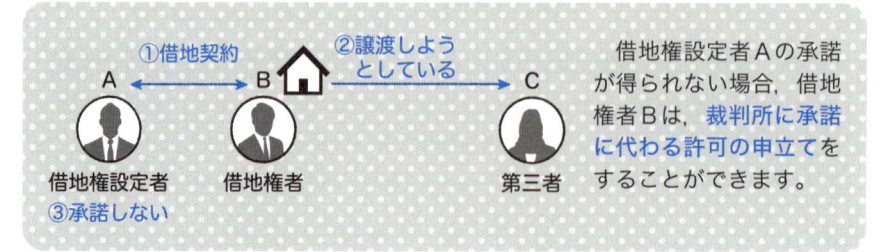

借地権設定者Ａの承諾が得られない場合，借地権者Ｂは，裁判所に承諾に代わる許可の申立てをすることができます。

② **借地権設定者が譲渡を承諾しない場合**（譲渡した）

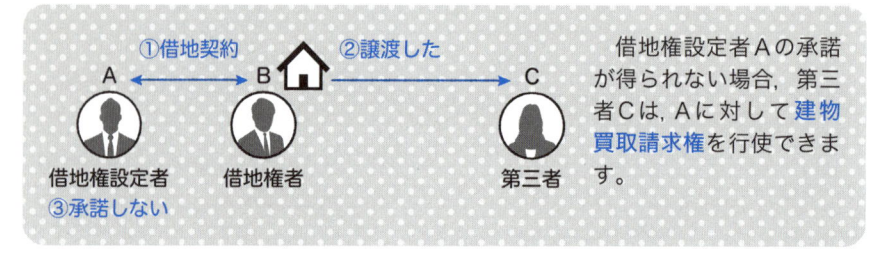

借地権設定者Ａの承諾が得られない場合，第三者Ｃは，Ａに対して建物買取請求権を行使できます。

③ **競売により取得した第三者**

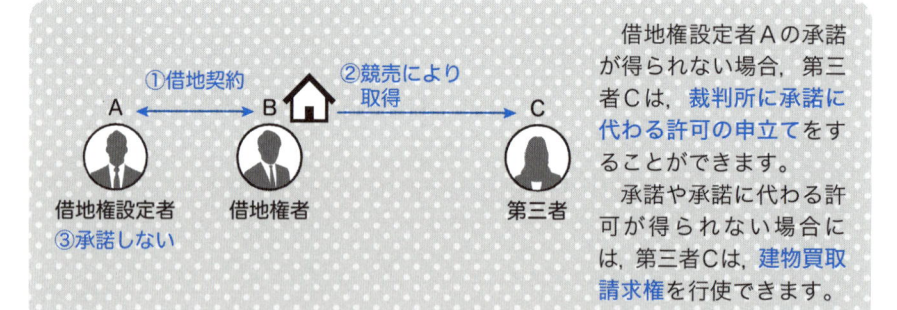

借地権設定者Ａの承諾が得られない場合，第三者Ｃは，裁判所に承諾に代わる許可の申立てをすることができます。

承諾や承諾に代わる許可が得られない場合には，第三者Ｃは，建物買取請求権を行使できます。

まとめ …借地権設定者が承諾しない場合の救済

	建物を譲渡しようとしている（①）	建物を譲渡した（②）	建物を競売により取得（③）
裁判所への許可申立て	○ 借地権者が申立て	×	○ 第三者が申立て
建物買取請求	×	○ 第三者が請求	○ 第三者が請求

3 　借地条件の変更

　建物の種類，構造，規模，用途を制限する旨の借地条件がある場合において，事情の変更により，その借地条件が不相当となり，当事者間の協議が調わないときは，裁判所は，当事者の申立てにより，その借地条件を変更することができます。

4 　増改築の許可

　増改築(ぞうかいちく)を制限する旨の借地条件がある場合において，土地の通常の利用上相当とすべき増改築について，当事者間に協議が調わないときは，裁判所は，借地権者の申立てにより，その増改築についての借地権設定者の承諾に代わる許可を与えることができます。

5 　定期借地権等

　借地権設定者（地主）側のことも考慮した更新等がない借地権です。
　なお，下記（定期借地権等）と区別するため，P108以降で学習した借地権を「普通借地権」ということがあります。

	（一般）定期借地権	事業用定期借地権	建物譲渡特約付借地権
存続期間	50年以上	10年以上〜50年未満	30年以上
要　　式	書面	公正証書に限定	書面でなくてもOK
特　　徴	a　更新なし b　建物滅失・再築による存続期間の延長なし c　建物買取請求権なし d　用途は居住用・事業用問わない	a　更新なし b　建物滅失・再築による存続期間の延長なし c　建物買取請求権なし d　用途は事業用建物限定（賃貸マンション・アパート等の居住用建物目的は対象外）	a　30年以上経過した日に借地権設定者に相当の対価で譲渡する旨の特約を付ける。 b　aにより建物が譲渡された場合，借地権が消滅 c　建物譲渡後，借地権者等の請求により，借地権設定者を賃貸人，借地権者を賃借人とする借家契約が成立

厳選超重要過去問 〇×一問一答

問題	解答
Q1 借地権者が賃借権の目的である土地の上の建物を第三者に譲渡しようとする場合において，その第三者が賃借権を取得しても借地権設定者に不利となるおそれがないにもかかわらず，借地権設定者がその賃借権の譲渡を承諾しないときは，裁判所は，その第三者の申立てにより，借地権設定者の承諾に代わる許可を与えることができる。(H23)	「譲渡しよう」とする場合，裁判所へ申立てできるのは，「借地権者」。 （ × ）
Q2 Aが居住用の甲建物を所有する目的で，期間30年と定めてBから乙土地を賃借した場合において，AB間の賃貸借契約を公正証書で行えば，当該契約の更新がなく期間満了により終了し，終了時にはAが甲建物を収去すべき旨を有効に規定することができる。(H28)	居住用建物目的では，事業用定期借地権を設定することはできない。 （ × ）
Q3 A所有の甲土地につき，Bとの間で賃貸借契約（以下「本件契約」という。）が締結された場合において，借地権の存続期間を10年と定めた場合，本件契約が居住の用に供する建物を所有することを目的とするものであるときは存続期間が30年となるのに対し，本件契約が資材置場として更地で利用することを目的とするものであるときは存続期間は10年である。(H29)	前者は借地借家法適用のため，30年に修正されるが，後者は民法適用のため，10年となる。 （ 〇 ）

 吉野先生のワンポイントアドバイス

自分が一番集中できる場所はどこでしょうか。私は自宅だと集中して勉強ができないので，よくカフェに行きます。そして，好きな音楽を聴きながら勉強します。これが私のスタイルです。皆さんも一番集中できる環境を自分で創りましょう (^^♪

SECTION 25 借地借家法 借家

▶▶▶ アパートを借りるときのルール

学習のポイント

借家の場合，借地と比べてルール（条文）が少ないです。その代わり，民法の賃貸借の知識が必要となるため，民法の賃貸借と並行して学習することが大切です。

1 借家権（借家関係の適用対象）

借家関係のルールは，「建物の賃貸借」に適用されます。なお，建物賃借権のことを借家権と呼びます。

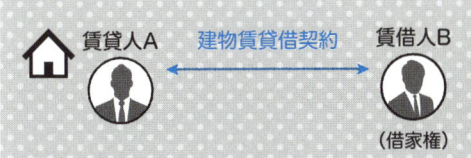

借地借家法適用外
一時使用目的の賃貸借（例：選挙期間中だけ借りる選挙用目的）においては，適用対象外となり，民法が適用されます。

2 借家権の存続期間

借家契約において，存続期間に上限はありません。何年でも構いません。ただし，期間を1年未満と定めた場合，期間の定めのない賃貸借となります（期間の定めのない賃貸借については，P102 **7** 参照）。

3 更新拒絶（期間の定めのある賃貸借）

期間の定めのある賃貸借において，当事者が契約期間満了の1年前から6ヵ月前までの間に，相手方に対して，更新しない旨の通知をしなければ，従前の契約と同一条件で契約を更新したものとみなされます。ただし，契約期間は，期間の定めのない賃貸借となります。なお，賃貸人から，この更新拒絶通知をするには，正当な事由が必要です（正当な事由につき，P109〜110参照）。

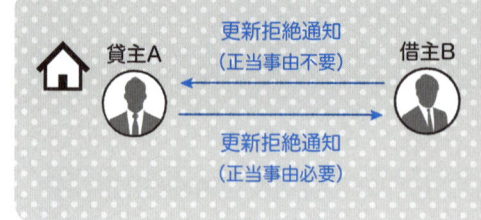

賃貸人Aが正当事由に基づいて更新拒絶通知をした場合で、賃借人Bが期間満了後も建物の使用を継続するときは、賃貸人が遅滞なく異議を述べない限り更新したものとみなされます。

4 解約の申入れ（期間の定めのない賃貸借）

　期間の定めのない賃貸借において、当事者は、解約を申し入れることができます。賃借人から解約の申入れをした場合、その日から**3ヵ月**経過後に、賃貸借は終了します。賃貸人から解約の申入れをした場合、その日から**6ヵ月**経過後に終了します。なお、賃貸人から解約申入れをする場合、正当な事由が必要です。民法より賃貸人に厳しいルールとなっています。

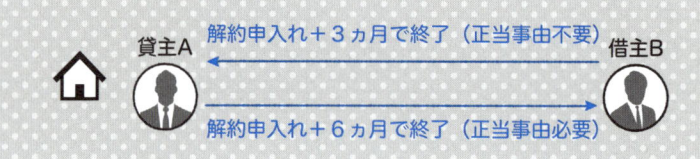

5 借家権の対抗力

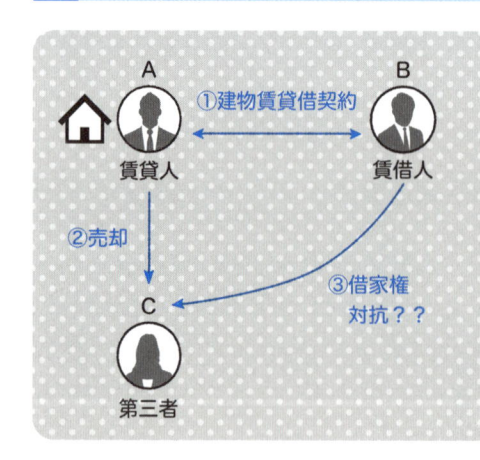

民法上の対抗要件

　賃借人Bは、借家権（賃借権）の登記をすれば、対抗できます。しかし、貸主Aに登記協力義務がないため、登記するのが難しいです。

借地借家法上の対抗要件

　建物の引渡し（例：アパートの鍵を持っている）があれば、第三者Cに、借家権を主張することができます。

6 転借人の保護

　期間満了または解約申入れによって賃貸借契約が終了する場合，**賃貸人は転借人に対して賃貸借が終了する旨の通知をしなければ**，終了したことを転借人に対抗することができません。なお，この通知をした後，**6ヵ月**を経過したときに，転貸借は終了します。

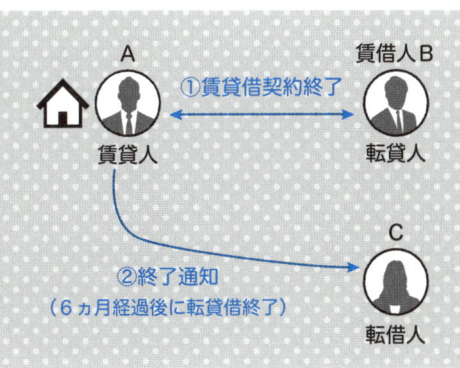

7 造作買取請求権

　賃借人が**賃貸人の同意を得て**建物に付加した造作を，**時価で買い取るべきことを，賃貸人に請求**することができます。これを造作買取請求権といいます。

特徴 …造作買取請求権

❶ 造作買取請求権を認めない特約は有効です（×強行規定）。

❷ 賃貸人の同意を得て付加したものが対象です。

❸ 転借人にも，賃貸人に対する造作買取請求権が認められます。

8 借地上の建物賃借人の保護

借地上の建物を賃貸している場合で，借地権の存続期間の満了によって**建物賃借人が土地を明け渡すときは，建物賃借人がそのことを1年前までに知らなかったとき**は，裁判所は，建物賃借人の請求により，建物の賃借人がこれを知った日から1年を超えない範囲内で，土地の明渡しにつき相当の期限を許与することができます。

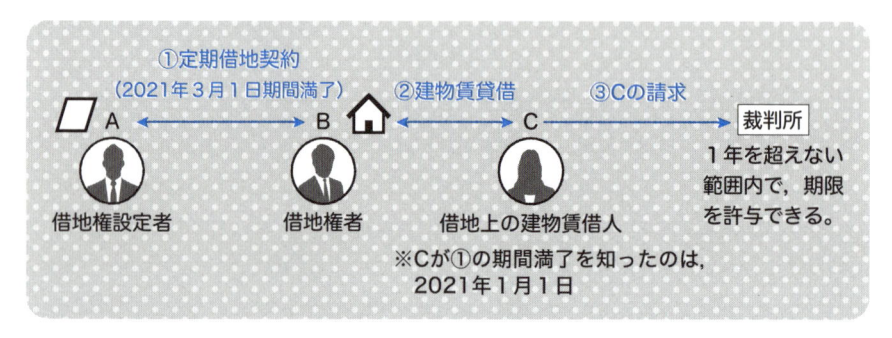

9 内縁関係者等の保護

居住用建物の賃借人が相続人なしに死亡した場合にて，建物の賃借人と事実上夫婦または養親子と同様の関係にあった同居者があるときは，その同居者は，建物賃借人の権利義務を承継します。ただし，相続人なしに死亡したことを知った後1ヵ月以内に反対の意思表示をしたときは，承継しません。

10 借賃増減請求権

地代等増減請求権のルールと同様に考えて下さい（P113 **1** 参照）。

当事者は，将来に向けて借賃の増減を請求することができます。なお，一定期間借賃を**増額しない旨の特約**は，**有効**ですが，一定期間借賃を**減額しない旨の特約**は，**無効**です。

11 定期建物賃貸借契約

賃貸人側の事情も考慮した更新がないタイプの賃貸借です。

なお，下記（定期建物賃貸借契約）と区別するため，P117以降で学んだもの
を「普通建物賃貸借契約（普通借家契約）」ということがあります。

定期建物賃貸借契約のルールは，下記を除き，普通建物賃貸借契約と同様
と考えて下さい。

概　　要	建物賃貸借契約の更新がなく，期間の満了により終了する ※期間を1年未満とする定めも有効（期間の定めのない賃貸借とはならない）
要　　件	① 公正証書等の書面により契約 ② 賃貸人は，あらかじめ賃借人に対し，更新がない旨等を記載した書面を交付して説明
解　　約	床面積が200㎡未満の居住用建物の場合で，転勤等のやむを得ない事情により，使用することが困難となったとき →賃借人の解約申入れから1ヵ月を経過すると契約終了
終了通知	賃貸借期間が1年以上の場合 →賃貸人は，期間満了の1年前から6ヵ月前までの間に，終了する旨を通知しなければ対抗できない
賃料改定	賃料の改定に関して特約がある場合は，借賃増減請求権の規定は適用されない →賃料に関しての特約が優先される（賃料の減額請求が認められないケースあり）

12 取壊し予定の建物賃貸借

法令または契約により，一定期間経過後に建物を取り壊すべきことが明ら
かな場合には，建物を取り壊すことになる時に契約が終了する旨を定めるこ
とができます（※書面で）。たとえば，「3年後に，敷地が道路になってしまい，
建物を取り壊さないといけないが，それまでは貸したい」というような場合
に有益な賃貸借です。

問題	解答
Q1 Aが所有する甲建物をBに対して3年間賃貸する旨の契約をした場合（ケース1）において，AがBに対し，甲建物の賃貸借契約の期間満了の1年前に更新をしない旨の通知をしていれば，AB間の賃貸借契約は期間満了によって当然に終了し，更新されない。(H29)	賃貸人（A）が更新拒絶をするには「正当な事由」が必要。 （ ✕ ）
Q2 ケース1において，Cが甲建物を適法に転借している場合，AB間の賃貸借契約が期間満了によって終了するときに，Cがその旨をBから聞かされていれば，AはCに対して，賃貸借契約の期間満了による終了を対抗することができる。(H29)	賃貸人（A）から転借人（C）に対して「通知」し，その日から6ヵ月経過後に転貸借は終了する。 （ ✕ ）
Q3 期間満了により賃貸借契約が終了する際に賃借人は造作買取請求権をすることができない旨の規定は，定期借家契約では有効であるが，普通借家契約では無効である。(H27)	普通借家契約でも有効。 （ ✕ ）
Q4 居住の用に供する建物に係る定期建物賃貸借契約においては，転勤，療養その他のやむを得ない事情により，賃借人が建物を自己の生活の本拠として使用することが困難となったときは，床面積の規模にかかわりなく，賃借人は同契約の有効な解約の申入れをすることができる。(H20)	定期建物賃貸借契約を解約する場合，「床面積200㎡未満」の居住用建物に限られる。 （ ✕ ）
Q5 AがBに対し，A所有の甲建物を3年間賃貸する旨の契約をした場合において，甲建物が居住の用に供する建物であるときは，契約の更新がない旨を定めることはできない。(R1)	定期建物賃貸借契約を締結するにあたり，居住用か否かは問わない。 （ ✕ ）

SECTION 26 区分所有法

▶▶▶ **分譲マンションの法律を学ぼう！**

学習のポイント

区分所有法は，数字関係の暗記色が濃い科目です。そこまで覚える量は多くありませんが，細かいひっかけ等が出題されることもあるため，正確な知識が必要です。特に**「集会」**に関するルールを重点的に学習しましょう。また，区分所有法特有の用語をしっかり理解しながら学習を進めて下さい。

1 区分所有法の概要

区分所有法は，分譲マンションに関するルールを定めています。分譲マンションでは，多くの人が１つの建物に住んでいるため，それだけトラブルも多くなります。そこで，マンションで快適に生活できるようにと，この法律が制定されました。

2 重要用語

1 専有部分

専有部分とは，101号室，202号室といったマンションの各部屋のことです。

⚠ 専有部分の床面積は，壁その他の区画の内側線で囲まれた部分の水平投影面積（マンションの部屋を真上から見た面積）によります。

壁 　専有部分　 内側線

2 区分所有権・区分所有者

区分所有権とは，各部屋の所有権のことです。この区分所有権を有している各部屋の持ち主を区分所有者といいます。

3 共用部分

共用部分とはマンション内の住人みんなが利用するところです。共用部分は❶法定共用部分と❷規約共用部分があります。

> ❶ 法定共用部分
>
> 区分所有者みんなが使用することが当然に予定されている部分のこと（例：階段，エレベーター，廊下）
>
> ❷ 規約共用部分
>
> 規約によって，区分所有者みんなで使用するものと定めた部分のこと（例：集会室，ゴミ置場）

① 共有関係

共用部分は，区分所有者全員の共有となります。ただし，一部共用部分（例：1階が店舗となっている複合用途型マンションにおいて，その店舗専用の出入口や廊下）は，これを共用する区分所有者の共有となります。なお，規約により別段の定めをすることができます。

② 共用部分の持分

共用部分の持分は，専有部分の床面積の割合によりますが，規約により別段の定めをすることができます。

4 敷地利用権

敷地利用権とは，専有部分を所有して，マンションの部屋を利用するために必要となる敷地（土地）を利用する権利です。敷地利用権の種類として，所有権，地上権，賃借権があります。

●分離処分禁止の原則

敷地利用権が数人で有する所有権等である場合，区分所有者は，規約に別段の定めがある場合を除き，専有部分と敷地利用権を分離して処分することができません。つまり，部屋（専有部分）と敷地はセットで売却したり抵当権を設定したりすることになり，単品でこれらをすることは原則としてできません。部屋と敷地は接着剤でくっついていると考えて下さい。

5 管理組合

管理組合とは，マンションを管理するために必要な団体です。区分所有者全員で管理組合を構成することになるため，**区分所有者は，手続きなくして当然に組合員**となります。

6 管理者

管理者とは，管理組合のトップ（代表者）です。

管理者は，**区分所有者以外の者（個人・法人問わず）を選任**することができます。なお，管理者は，規約に特別の定めがあるときは，共用部分を所有することができます。

7 規　約

規約とは，マンション内のルールのことです。規約は，管理者が保管しなければなりませんが，管理者がいないときは，建物を使用している区分所有者またはその代理人で規約または集会の決議で定めるものが保管することになります。また，利害関係人の請求があったときは，正当な理由がある場合を除き，規約の閲覧を拒むことはできません。なお，規約の保管場所は，建物内の見やすい場所に掲示する必要があります。

●公正証書による規約の設定

デベロッパー等の**最初に建物の専有部分の全部を所有する者**は，**公正証書**によって，一定の項目（規約共用部分に関する定め・規約敷地に関する定め・分離処分禁止の規定を排除する定め・敷地利用権の持分割合に関する定め）について，規約を設定することができます。

3　集　会

1 集会の招集権者

管理者は，**少なくとも毎年1回集会を招集**しなければなりません。また，管理者は，集会において，毎年1回一定の時期に，その事務に関する報告をしなければなりません。区分所有者の5分の1以上で議決権の5分の1以上を有するものは，管理者に対し，集会の招集を請求できます（この定数は，規約で減ずることができます）。

2 集会の招集通知

　集会の招集通知は，会日より少なくとも1週間前にしなければなりませんが，この期間は規約によって伸縮することができます。ただし，建替え決議では，この通知を少なくとも2月前（伸長可）にしなければなりません。

　なお，区分所有者全員の同意があるときは，招集の手続きを経ないで開催できます。

3 議　事

　集会の議事は，区分所有法または規約に別段の定めがない限り，区分所有者および議決権の過半数で決めます。

4 議決権

　議決権とは，議事を決める際の決定権（賛成票・反対票）です。各区分所有者の議決権は，規約に別段の定めがない限り，専有部分の床面積の割合によります。つまり，広い部屋を有している人ほど，決定権は大きくなります。

　また，専有部分を数人で共有している場合，共有者は，議決権を行使すべき者を1人決めないといけません。

5 占有者の意見陳述権

　区分所有者の承諾を得て専有部分を占有する者は，会議の目的たる事項につき利害関係を有するときは，集会に出席して意見を述べることができます（議決権の行使はできません）。

6 書面または電磁的記録による決議

---

❶　集会において決議すべき場合において，区分所有者全員の承諾があるときは，書面または電磁的記録による決議をすることができる。わざわざみんなで集まらなくとも，書面やインターネットだけで決議が可能

❷　集会において決議すべきものとされた事項については，区分所有者全員の書面または電磁的方法による合意があったときは，書面または電磁的方法による決議があったものとみなされる。これがなされると，決議自体する必要がない

---

7 効　力

　規約および集会の決議は，区分所有者の包括承継人および特定承継人に対

しても，その効力が生じます。

　また，占有者も，区分所有者が規約または集会の決議に基づいて負う義務と同じ義務を負います。

まとめ …集会での決議要件等

	要件※	規約で別段の定め	その他
管理者の選任・解任	区分所有者および議決権の各過半数	○	管理者の権限 ・保存行為 ・原告または被告となる（決議等により）
共用部分の変更行為（軽微な変更）	区分所有者および議決権の各過半数	○	共用部分の保存行為 →規約に別段の定めがない限り，集会の決議を経ずに各区分所有者が単独でできる。
共用部分の小規模滅失（価格の2分の1以下）の復旧	区分所有者および議決権の各過半数	○	各区分所有者は単独で復旧できるが，復旧決議等があったときは単独で復旧できない。
共用部分の変更行為（重大な変更）	区分所有者および議決権の4分の3以上	※区分所有者の定数のみ過半数まで減らせる。	重大な変更 →形状または効用の著しい変更を伴わないものを除く共用部分の変更
規約の設定・変更・廃止	区分所有者および議決権の4分の3以上	×	一部の者に特別の影響を及ぼす場合，承諾必要
共用部分の大規模滅失（価格の2分の1超）の復旧	区分所有者および議決権の4分の3以上	×	復旧反対者は賛成者に買取請求できる。
建替え	区分所有者および議決権の5分の4以上	×	建替え賛成者は反対者に売渡請求できる。

※要件において，「区分所有者」とは，賛成者の頭数のことです。

具体例 …区分所有者の数と議決権の数

　Aさん（議決権数6）　Bさん（議決権数2）　Cさん（議決権数1）　Dさん（議決権数1）

　一般議事に対して，B・C・Dは賛成，Aのみ反対とした場合，区分所有者の数（総数4）は3となり過半数を満たします。しかし，議決権（総数10）は，4となり，過半数を満たさず議事は不成立となります。

厳選超重要過去問　○×一問一答

問題	解答
Q1 敷地利用権が数人で有する所有権その他の権利である場合には，区分所有者は，規約で別段の定めがあるときを除き，その有する専有部分とその専有部分に係る敷地利用権とを分離して処分することができる。(H22)	敷地利用権は，分離して処分できないのが原則。 （ × ）
Q2 他の区分所有者から区分所有権を譲り受け，建物の専有部分の全部を所有することとなった者は，公正証書による規約の設定を行うことができる。(H21)	公正証書により規約を設定できるのは，「最初に」建物の専有部分の全部を所有する者。 （ × ）
Q3 管理者は，少なくとも毎年2回集会を招集しなければならない。また，区分所有者の5分の1以上で議決権の5分の1以上を有するものは，管理者に対し，集会の招集を請求することができる。(H20)	正しくは，「毎年1回」。 （ × ）
Q4 規約の設定，変更又は廃止を行う場合は，区分所有者の過半数による集会の決議によってなされなければならない。(H30)	区分所有者及び議決権の「4分の3以上」。 （ × ）
Q5 区分所有者の承諾を得て専有部分を占有する者は，会議の目的たる事項につき利害関係を有する場合には，集会に出席して議決権を行使することができる。(R1)	占有者に議決権なし。 （ × ）

吉野先生のワンポイントアドバイス

「必死」になりましょう！　必ず死ぬと書いて必死。
「もう死ぬ…」というくらい勉強に打ち込んでみて下さい。死にはしません
（^^）。かけがえのない財産が手に入ります。

SECTION 27 不動産登記法

▶▶▶ 登記の仕組みについて知ろう！

学習のポイント

権利関係の中で，難度が高く，毎年正答率が低い項目です。本書で必要最低限の知識を学びましょう。深入りは禁物です。

1 不動産登記法の概要

不動産登記制度とは，物件の概要（建物の例：所在地，種類，構造，床面積）や，目に見えない権利（例：所有権，抵当権）を登記官が登記簿に記録して，公示（国民みんなにお知らせ）するものです。

1 登記簿

登記簿とは，登記が記録された帳簿で，磁気ディスク（パソコンのハードディスク）をもって作られます。

2 登記記録

登記記録とは，土地や建物ごとに作成される電磁的記録（データ）のことです。登記記録は，表題部（表示に関する登記がされる部分）と権利部（権利に関する登記がされる部分）に区分されます。

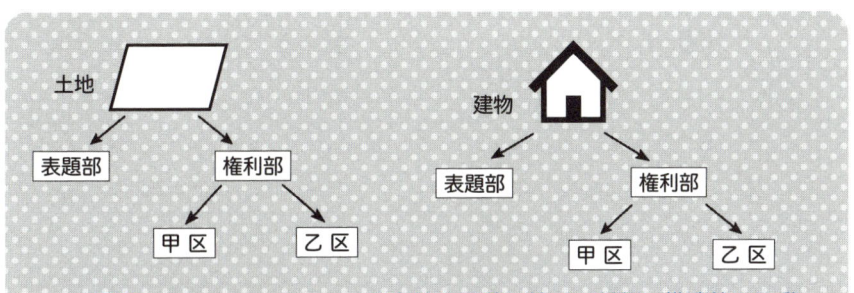

表題部に登記される事項は，所在地や面積，地目，種類，構造等の不動産の現況（概要）です。権利部に登記される事項は，所有権や抵当権等の権利に関する内容です。なお，権利部は，所有権に関する登記を記録する甲区と，所有権以外の権利に関する登記（例：抵当権）を記録する乙区に区分されます。

3 民法の例外　代理権

　司法書士等に委任し，登記申請をする場合，代理権は，依頼者本人の死亡等によっては消滅しません。

≪見本　建物　表題部≫

表題部（主である建物の表示）	調製	余白		不動産番号	1234567890000
所在図番号	余白				
所　　在	○区○町○丁目○番地○			余白	
家屋番号	○番○			余白	
①種類	②構造	③床面積　　　　㎡		原因及びその日付〔登記の日付〕	
居宅	木造かわらぶき 2階建	1階　　　50 20 2階　　　40 31		平成21年7月10日新築 〔平成21年7月15日〕	
所　有　者	○区○町○丁目○番○号　吉野哲慎				

※下線が引いてあるものは，抹消されている事項です。なお，表題部に記録されている所有者を表題部所有者と呼びます。

≪見本　建物　権利部≫

権利部（甲区）	（所有権に関する事項）		
順位番号	登記の目的	受付年月日・受付番号	権利者その他の事項
1	所有権保存	平成21年7月20日 第1234号	所有者　○区○町○丁目○番○号 吉野　哲慎
2	所有権移転	令和3年3月1日 第2345号	原因　令和3年3月1日売買 所有者　○区○町○丁目○番○号 宅建　次郎

権利部（乙区）	（所有権以外の権利に関する事項）		
順位番号	登記の目的	受付年月日・受付番号	権利者その他の事項
1	抵当権設定	平成21年7月20日 第1235号	原因　平成21年7月15日金銭消費貸借同日設定 債権額　金3,000万円 利息　年3％（年365日日割計算） 損害金　年14.5％（年365日日割計算） 債務者　○区○町○丁目○番○号 吉野　哲慎 抵当権者　○区○町○丁目○番○号 宅建　銀行
2	1番抵当権抹消	令和3年3月1日 第2344号	原因　令和3年3月1日解除

※誰でも手数料を納付することで，上記の登記記録に記録されている事項の全部または一部を証明した登記事項証明書の交付を請求することができます（オンラインによる請求も可能です）。

2 表示に関する登記

1 申請義務

　表示に関する登記は，所有者が**1ヵ月以内**に申請しなければなりません。たとえば，新たに生じた土地の所有権を取得した場合，建物を新築して所有権を取得した場合，建物が滅失した場合や増築・地目変更が生じた場合等は，それぞれ1ヵ月以内に表示に関する登記を申請しなければなりません（怠った場合，10万円以下の過料）。

2 対抗力

　表示に関する登記には，**対抗力はありません**。

3 分筆・合筆登記（土地）

　一筆（1つ）の土地を分けて，数筆（複数）の土地として登記することを分筆登記といいます。逆に，数筆の土地を合わせて，一筆の土地として登記することを合筆登記といいます。これらの登記は，表題部所有者または所有権の登記名義人以外の者は，申請することができません。

●合筆登記の制限

　下記❶〜❸に該当する場合，合筆登記の申請はできません。

> ❶　地目の異なる土地
> ❷　表題部所有者または所有権の登記名義人が相互に持分を異にする土地
> ❸　所有権の登記がない土地と所有権の登記がある土地

3 権利に関する登記

1 申請義務

　表示に関する登記と異なり，権利に関する登記に**申請義務はありません**。たとえば，売買契約によって所有権が移転したとしても，法律上，所有権移転登記の申請義務はありません。

2 対抗力

　権利に関する登記は，第三者に対する**対抗力があります**。

③ 共同申請主義

　権利に関する登記の申請は，原則として，登記権利者および登記義務者が共同して申請しなければなりません。登記権利者とは，登記をすることでプラスの利益を得る人（例：買主）のことで，登記義務者とは，登記をすることでマイナスの不利益になる人（例：売主）のことです。

●単独申請

　下記は，単独申請が認められる共同申請主義の例外です。

> ❶　所有権の保存登記（建物を新築した場合等にする一番最初の所有権の登記）
>
> 　　※敷地権付き区分建物（マンション）の場合，表題部所有者から所有権を取得した者であっても，所有権の保存登記をすることができますが，当該敷地権の登記名義人の承諾が必要です。
>
> ❷　相続または合併による権利の移転の登記
>
> ❸　登記手続をすべきことを命ずる確定判決による登記
>
> ❹　登記名義人の氏名，名称または住所についての変更・更生の登記
>
> ❺　仮登記（仮登記の登記義務者の承諾か仮登記を命じる処分が必要）
>
> ❻　仮登記の抹消
>
> 　　※仮登記の抹消は，仮登記名義人の承諾がある場合，利害関係人でも単独で申請することができます。

---

4 登記申請手続き（権利に関する登記）

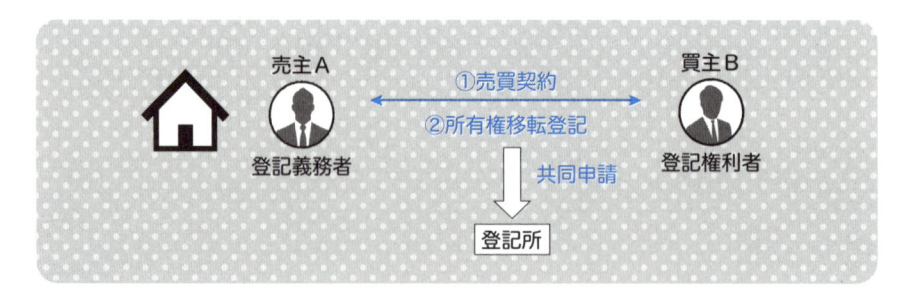

① 主に提供する情報

> ❶　申請情報（例：氏名，住所，不動産情報等）
>
> ❷　添付情報（例：登記原因証明情報，委任状，農地法許可証）
>
> ❸　登記識別情報（12桁の英数字のパスワード。いわゆる権利証）

2 申請方法

　オンライン申請が原則ですが，書面を登記所に申請する方法や，郵送による方法も可能です。

厳選超重要過去問 ○×一問一答

問題	解答
Q1 登記事項証明書の交付の請求は，利害関係を有することを明らかにすることなく，することができる。(H27)	誰でも請求できる。（○）
Q2 登記の申請をする者の委任による代理人の権限は，本人の死亡によっては，消滅しない。(R1)	（○）
Q3 新たに生じた土地又は表題登記がない土地の所有権を取得した者は，その所有権の取得の日から1月以内に，表題登記を申請しなければならない。(H26)	表題登記は1ヵ月以内。（○）
Q4 新築した建物又は区分建物以外の表題登記がない建物の所有権を取得した者は，その所有権の取得の日から1月以内に，所有権の保存の登記を申請しなければならない。(H28)	権利に関する登記は申請義務なし。（×）
Q5 仮登記の抹消は，登記権利者及び登記義務者が共同してしなければならない。(H23)	仮登記の抹消は，仮登記義務者等が単独で抹消することができる。（×）
Q6 仮登記は，仮登記の登記義務者の承諾があるときは，当該仮登記の登記権利者が単独で申請することができる。(H26)	（○）

7月からの勉強で40点一発合格！

M.Iさん

証券会社・鉄鋼商社を経て，2016年に起業。2020年9月より自社にて不動産仲介業務を開始。

◆7月からの遅いスタート

仕事上必要になり，7月から勉強スタートしました。役職上落ちるわけにはいかないという覚悟でした。一発合格の感想は，40点得点でき，ホッとしたというのに尽きます。

今後は，自社の不動産仲介業務の質を高めながら，宅建士としての経験も積みたいと考えています。

◆テキスト選びのポイント

テキスト選びにあたっては，情報量の多すぎない参考書を選ぶことが重要です。網羅性を追求した情報量が多いものだと，いくら時間があっても勉強しきれません。

また，素人にはメリハリをつけて勉強をすることも難しいです。その点で，「出るとこ集中プログラム」は，吉野先生という試験対策のプロが，必要最低限をコンパクトに集約した1冊でした。本書により，最短ルートで合格できたと思います。

◆YouTube・過去問とテキストの反復

テキストでわからない点は，YouTubeの授業を聞いて1つ1つ理解していきました。

また，過去問等で実践し，テキストに戻ることを繰り返しました。限られた時間の中で，いろいろな参考書や勉強方法に浮気する暇はありませんでした。結果的に，1つの教材を極めることが，合格につながったと確信しています。

◆吉野塾を選んだ理由

本書を選ぶと同時に，吉野塾も利用しました。実感したのは以下の3つのメリットです。

①　試験対策のプロであること

②　法律の専門家であること

③　真摯な姿勢

まず①ですが，暗記すべきものを最小限に絞って覚えやすいように図式化してくれるところなど，まさにプロを感じました。的中も多かったです。

②については，私は2020年10月に受験をしましたが，宅建業法と法令制限の難易度が高くなく，権利関係で差がついた回でした。

民法は初学者である私にとっては難解そのものでしたが，先生は平易な言葉でわかりやすく解説してくれました。これは深く理解されている法律の専門家だからこそできるのだと感じました。

③ですが，先生の生徒や宅建への情熱や想いは，大きな励みになりました。ありがとうございました。

CHAPTER

2

宅建業法

出題数・目標点

例年20問出題されます。目標点は18点です。

- ●宅建業法　　19問
- ●住宅瑕疵担保履行法　　1問

(!) 住宅瑕疵担保履行法は，宅建業法関連の法律として毎年出題されています。

目標
18点

② イントロダクション

📝 学習方法

[1] 似たようなルールをしっかり整理すること

　似たような制度が宅建業法には存在します（例：宅建業者と宅地建物取引士，営業保証金と保証協会，35条書面と37条書面など）。中途半端に学習すると両方とも曖昧になり，失点する危険性があります。覚えたつもりにならないで，1つ1つ時間をかけて丁寧に学習するようにしましょう。

[2] 満点を狙う気持ちで学習すること

　宅建試験に合格するためには宅建業法で出来る限り失点を防がなければなりません。他の科目と比べ学習範囲も狭く，内容も難しくないため，弱点分野は早めに克服するようにしましょう。

[3] 3大書面と8種制限に力を入れて学習すること

　例年，3大書面（媒介契約書・重要事項説明書・37条契約書）と8種制限から多くの出題があります。10題ほど出題された年もあるため，特にこの項目では時間をかけて学習し，弱点をつくらないようにしましょう。

宅建業・宅建業者の定義

▶▶▶ 宅建業法の入口を学ぼう！

学習のポイント

免許の要不要を判断させる問題がよく出題されます。そのためにも宅建業（宅地建物取引業）の定義をしっかり理解しましょう。

1 重要用語

1 免　許

たくち たてものとりひきぎょう
宅地建物取引業（下記2～5）に該当する行為をする場合，免許が必要となります。無免許事業や名義貸し（宅建業者が自己の名義をもって他人に宅建業を営ませる行為）は禁止されています。なお，宅建業に該当しない行為は，宅建業法が適用されません。

2 宅　地

下記①または②に該当するものが宅地です。

① 建物の敷地に供せられる土地

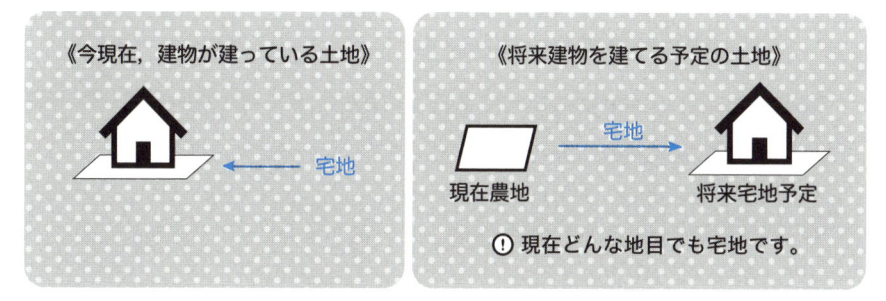

《今現在，建物が建っている土地》
宅地 ←

《将来建物を建てる予定の土地》
現在農地　宅地 →　将来宅地予定
① 現在どんな地目でも宅地です。

② 用途地域内の土地（用途地域について，P229参照）

用途地域内の土地は，道路・公園・河川・広場・水路を除き，すべて宅地となります。

3 建　物

一般的に，屋根・壁・柱があるものは建物です。アパートやマンションの一室，倉庫であっても建物です。

④ 取　引

	売買	交換	貸借
自ら当事者となり	(取引)	(取引)	✕
代理して	(取引)	(取引)	(取引)
媒介して	(取引)	(取引)	(取引)

※自ら貸借は取引に該当しないため，宅建業に該当せず，免許も不要となります。たとえば投資用マンションのオーナーとなったり，アパート経営をする場合には，免許を取得する必要はありません。

取引に該当しない例 …宅建業の免許不要

　マンション管理業，マンション建設業，不動産賃貸業，転貸（サブリース），宅地造成業

⑤ 業（利益を追求する行為）

　業とは，不特定多数の相手方（相手方を特定しない）に対し，反復継続（何度も繰り返す）して行うことです。

2 宅建業に関する具体例

❶　Aが，競売により取得した宅地を10区画に分割し，宅建業者に販売代理を依頼して，分譲するケース

　→Aの行為は，宅建業に該当します（Aは免許が必要）。

※本人が宅建業を行っていれば，たとえ宅建業者に代理や媒介を依頼していても，その本人は免許が必要。

❷　Aが所有する用途地域内の農地を区画割りし，分譲するケース

　→Aの行為は，宅建業に該当します（Aは免許が必要）。

※用途地域内の土地は，原則すべて宅地。

❸　Aの所有する商業ビルを賃借しているBが，フロアごとに不特定多数の者に反復継続して転貸（又貸し）するケース

　→AとBの行為は，宅建業に該当しません（A・Bは免許は不要）。

※自ら貸借・転貸は取引ではない。

3 宅地建物取引業者（宅建業者）

　免許を取得し，宅建業（不動産業）を営む者です。個人でも，法人（例：株式会社）でも宅建業者となることができます。

4 宅建業者に関する特則

1 国　等

　国，地方公共団体（都道府県・市区町村），地方住宅供給公社等は，宅建業法が適用されないため，免許を受けることなく，宅建業をすることができます。

2 信託会社等

　信託会社，信託銀行等は，宅建業をする場合でも免許を受ける必要はありません。ただし，その旨を国土交通大臣に届け出なければなりません。

3 破産管財人

　破産管財人のお仕事は，営利（お金儲け）を目的としません。また裁判所の監督を受けているため，宅建業を行う場合でも，免許は不要です。

4 みなし宅建業者

　個人の宅建業者が死亡したり，法人の宅建業者が合併により消滅した場合，その承継人（相続人や吸収した存続会社）は，その免許を引き継ぐことはできません（免許の効力は一代限り）。ただし，このようなケースでも，取引を結了する目的の範囲内であれば，宅建業者とみなされます。

具体例 …みなし宅建業者

❶ 宅建業者Ａ（個人）が死亡し，ＢがＡを相続した場合，Ｂは，Ａが締結していた売買契約に基づく物件の引渡しについては，宅建業者とみなされるため，その行為をすることができます。

❷ 宅建業者Ａ（法人）が宅建業者でないＢ（法人）と合併し，消滅した場合，Ｂは，Ａが締結していた売買契約に基づく物件の引渡しについては，宅建業者とみなされるため，その行為をすることができます。

厳選超重要過去問 ○×一問一答

問題	解答

Q1 Aの所有する商業ビルを賃借しているBが、フロアごとに不特定多数の者に反復継続して転貸する場合、AとBは免許を受ける必要はない。(H26)

自ら貸借・転貸は、取引に該当せず、免許は不要。
（ ○ ）

Q2 個人Cが、転売目的で競売により取得した宅地を多数の区画に分割し、宅地建物取引業者Dに販売代理を依頼して、不特定多数の者に分譲する事業を行おうとする場合には、免許を受けなければならない。(R2)

代理を依頼するケースでも、依頼した本人（C）は宅建業を行っているため、免許が必要。
（ ○ ）

Q3 都市計画法に規定する用途地域外の土地で、倉庫の用に供されているものは、法第2条第1号に規定する宅地に該当しない。(H27)

倉庫は「建物」。そして、建物の敷地に供せられる土地は、「宅地」。
（ × ）

Q4 C社は賃貸マンションの管理業者であるが、複数の貸主から管理を委託されている物件について、入居者の募集、貸主を代理して行う賃貸借契約の締結、入居者からの苦情・要望の受付、入居者が退去した後の清掃などを行っている。C社の行為は宅建業に該当する。(H30)

複数の貸主から管理を委託されている物件について、「貸主を代理して行う賃貸借契約の締結」は、宅建業に該当する行為。
（ ○ ）

Q5 都市計画法に規定する準工業地域内において、建築資材置場の用に供せられている土地は宅地である。(R1)

準工業地域内（用途地域内）の土地は、原則すべて宅地。
（ ○ ）

免許制度・各種届出

▶▶▶ **不動産業に必要な免許と，手続き関係のお話**

学習のポイント

宅建業の免許にまつわるルールを押さえましょう。また，変更の届出・廃業等の届出は，正確に覚えるように意識して下さい。

1 重要用語

　免許権者とは，宅建業者に免許を与えた「都道府県知事」や「国土交通大臣」のことをいいます。

　事務所とは，主に，本店（主たる事務所）・支店（従たる事務所）のことをいいます。**案内所**（例：モデルルーム）**は事務所ではありません。**

　なお，本店は，常に宅建業法上の事務所と扱いますが，支店に関しては，宅建業を行っている場合にのみ，事務所として扱います。

2 免許の制度

1 免許の種類

　免許には，都道府県知事免許と国土交通大臣免許があります。

知事免許	共通の性質
（1つの都道府県内に事務所が設置されているケース）	・全国どこでも宅建業可能
大臣免許	・免許の有効期間　5年
（複数の都道府県内に事務所が設置されているケース）	

下記のケースに注意しましょう。

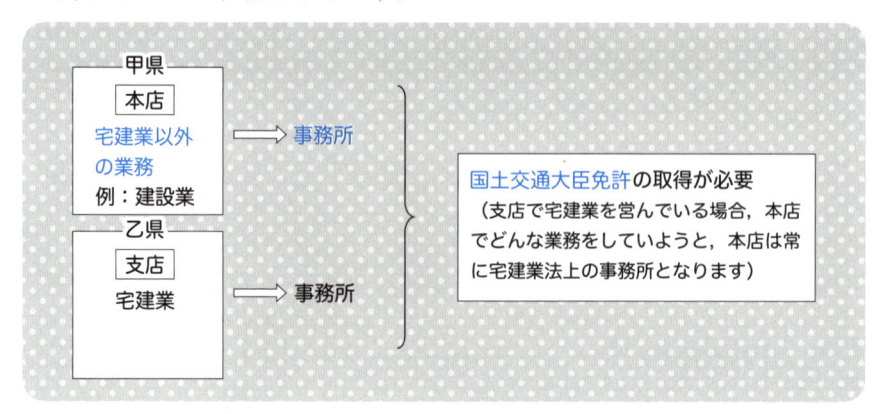

2 免許証の返納

免許証は，免許換えにより従前の免許が効力を失ったとき，免許取消処分を受けたとき，亡失した免許証を発見したとき，廃業等の届出をするときに，返納（へんのう）しなければなりません。したがって，免許の有効期間の満了により免許の効力が失効しても，返納する義務はありません。

3 免許の更新

免許を更新（こうしん）する場合，有効期間満了の日の90日前から30日前までに，更新手続きをする必要があります。この更新手続きは，業務停止処分期間中であっても，することができます。なお，更新申請をしても，有効期間の満了日までに，その申請に対する処分がなされないときは，従前の免許は，有効期間満了後でもその処分がなされるまでは，効力が延長します。

4 免許換え

免許権者の管轄が変わった場合には，新たな免許を取得しなければなりません。

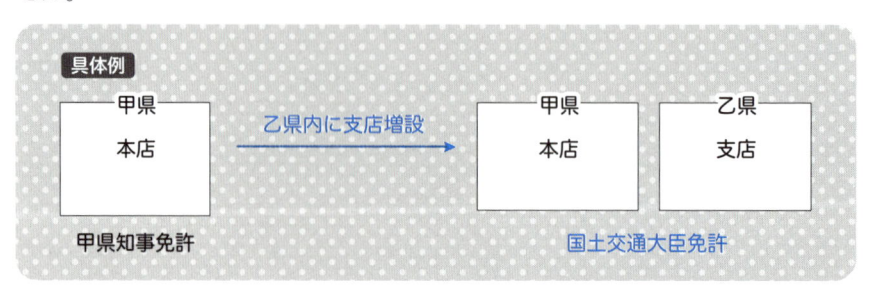

3　宅地建物取引業者名簿・変更の届出

　宅地建物取引業者名簿（宅建業者のプロフィール）の登載事項の一部に変更があった場合，変更の届出が必要となります。なお，この名簿は一般の閲覧に供されます（誰でも見ることができます）。

宅建業者名簿　登載事項（一部抜粋）
❶　商号または名称
❷　事務所の名称および所在地
❸　a　法人業者の場合，役員・政令使用人の氏名※ 　　b　個人業者の場合，その者・政令使用人の氏名
❹　事務所ごとに置かれる専任の取引士の氏名
❺　宅建業以外に事業を行っているときは，その事業の種類
❻　指示処分・業務停止処分があるときはその年月日，内容

※役員とは，非常勤を含む取締役・監査役等のことです。また，政令使用人とは，支店長クラスの人だと考えて下さい。

■変更の届出

　上表の❶～❹に変更があった場合，宅建業者は，免許権者に対して，30日以内に変更の届出をしなければなりません。

4　廃業等の届出

　宅建業者が下記の届出事由に該当したときは，その旨を免許権者に届け出なければなりません。

届出事由	届出義務者	届出期限	免許失効時期
死亡（個人）	相続人	死亡の事実を知った日から30日以内	本人死亡時
合併消滅（法人）	消滅した法人の代表役員であった者	それぞれの事由が生じた日から30日以内	合併消滅時
破産	破産管財人		届出時
合併・破産以外で解散（法人）	清算人		
宅建業の廃止	代表者		

厳選超重要過去問 ○×一問一答

問題	解答
Q1 甲県に事務所を設置する宅地建物取引業者B（甲県知事免許）が，乙県所在の宅地の売買の媒介をする場合，Bは国土交通大臣に免許換えの申請をしなければならない。(H30)	事務所は甲県のみのため，免許換えは不要。 （ × ）
Q2 宅地建物取引業者Cは，宅地又は建物の売買に関連し，兼業として，新たに不動産管理業を営むこととした。この場合，Cは兼業で不動産管理業を営む旨を免許権者である国土交通大臣又は都道府県知事に届け出なければならない。(H29)	事業に変更があっても変更の届出は不要。 （ × ）
Q3 G社（甲県知事免許）は，H社（国土交通大臣免許）に吸収合併され，消滅した。この場合，H社を代表する役員Iは，当該合併の日から30日以内にG社が消滅したことを国土交通大臣に届け出なければならない。(H24)	G社の代表役員であったものが届出。 （ × ）
Q4 宅地建物取引業者D社について破産手続開始の決定があった場合，D社を代表する役員は廃業を届け出なければならない。また，廃業が届け出られた日にかかわらず，破産手続開始の決定の日をもって免許の効力が失われる。(R2)	当該届出をするのは「破産管財人」。また，免許が失効するのは，当該「届出時」。 （ × ）

吉野先生のワンポイントアドバイス

宅建試験は，法律を勉強したことがない方や，資格試験未経験の方でも合格できます。努力が報われる試験，これが宅建試験です。
ネバーギブアップ！

免許欠格

▶▶▶ **不動産業ができなくなっちゃう!?**

学習のポイント

免許の欠格事由につき，1つ1つ丁寧に学習し，理解を深めて下さい。特に出題頻度が高い，悪質行為による免許取消処分と役員等の欠格事由に注意しましょう。

1 概　要

　宅建業の免許は，申請すれば誰でももらえるわけではありません。不動産という高額な財産を扱う者として，適切か否かをチェックします。欠格事由に該当すると，免許を受けることができません。また，既に宅建業の免許を受けている場合でも，欠格事由に該当すると，免許が取り消されてしまいます。

2 免許の欠格事由

1 破産者（復権を得ていない）・心身の故障がある者

　復権を得ていない破産者や心身の故障により宅建業を適正に営むことができない者として国土交通省令で定めるものは，免許を受けることができません。破産者の場合，免責等により復権を得れば直ちに免許を受けることができます。

2 悪質行為による免許取消処分

　宅建業者が下記a～cのいずれかに該当し，免許取消処分を受けた場合，その取消しの日から5年経過しないと免許を受けられません。

a	不正手段で免許を取得した
b	業務停止処分の事由に該当し，情状が特に重い
c	業務停止処分に違反した

免許取消処分＋5年間欠格
（個人業者の場合，本人が，法人業者の場合，法人と一定の役員が欠格事由）

① **一定の役員**

　一定の役員とは，取消に係る<u>聴聞公示の日前60日以内</u>に当該法人の役員（取締役等，支配力がある者）であった者です。なお，聴聞とは，その者が本当に悪いことをしたかどうかを確かめる機会のことです。

② **応用編1**

　上記<u>a〜cのいずれか</u>により，免許取消処分を受けるまでの間に，相当の理由なく<u>廃業等の届出</u>をした場合，その届出の日から5年を経過しない者（個人業者の場合は，本人が，法人業者の場合は，法人と一定の役員）は，免許を受けることができません。

③ **応用編2**

　上記<u>a〜cのいずれか</u>により，免許取消処分を受けるまでの間に，相当の理由なく<u>合併で法人が消滅</u>した場合，その消滅の日から5年を経過しない一定の役員は，免許を受けることができません。

3 刑罰関係

　<u>下記aまたはb</u>に該当する者で，<u>刑の執行が終わった日から5年</u>を経過しない者は，免許を受けることができません。

---

a　<u>禁錮以上</u>の刑に処せられた者（禁錮・懲役が対象）

b　<u>宅建業法</u>の規定に違反し罰金刑に処せられた者，<u>刑法の一定の罪</u>を犯し<u>罰金刑</u>に処せられた者

※刑法の一定の罪とは，傷害罪・現場助勢罪・暴行罪・凶器準備集合罪・凶器準備結集罪・脅迫罪・背任罪の7つの罪のことを指します。

禁錮以上
罰金（宅建業法・刑法違反）｝ 欠格事由
（刑の執行が終わっても，5年間免許を受けられない）

●執行猶予

上記aまたはbに関して，執行猶予が付された場合，執行猶予期間中も欠格事由となります。ただし，執行猶予期間が満了すれば，直ちに免許を受けることができます（刑の全部の執行猶予のケース）。

4 暴力団員

「暴力団員による不当な行為の防止等に関する法律」に規定する暴力団員は，免許を受けることができません。また，暴力団員でなくなった日から5年を経過していない場合も，免許を受けることができません。

5 不正行為等をした者・不正行為等をすることが明らかな者

免許申請前5年以内に宅建業に関し不正または著しく不当な行為をした者や，宅建業に関し不正または不誠実な行為をするおそれが明らかな者は，免許を受けることができません。

6 未成年者

営業に関し成年者と同一の行為能力を有しない未成年者は，その法定代理人（法人である場合は，その役員を含む）が上記欠格1〜5のいずれかに該当する場合，免許を受けることができません。

婚姻した未成年者 行為能力を有する未成年者	➡ 通常の成年者と同一の扱い （未成年者本人が欠格事由に該当しなければ，免許OK）
行為能力を有しない未成年者	➡ 未成年者本人＋法定代理人が欠格事由に該当しなければ，免許OK

7 役員等の欠格事由

役員（法人）または政令使用人（法人・個人）が上記欠格事由1〜5のいずれかに該当する場合，免許を受けることができません。

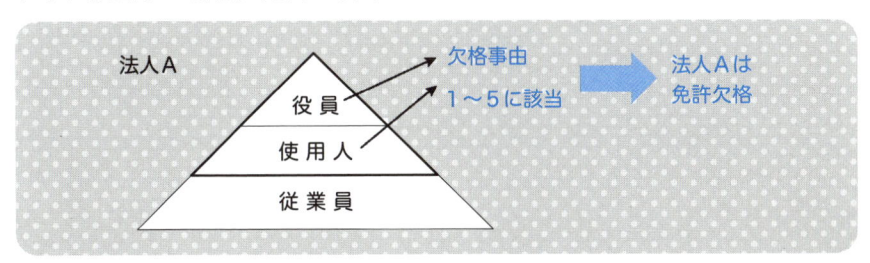

問題	解答
Q1 宅地建物取引業に係る営業に関し成年者と同一の行為能力を有する未成年者Dは，その法定代理人が禁錮以上の刑に処せられ，その刑の執行が終わった日から5年を経過しなければ，免許を受けることができない。(H21)	行為能力を有する未成年者は，法定代理人が欠格事由に該当するか否かのチェックは不要。 （ × ）
Q2 法人Dの役員のうちに，道路交通法の規定に違反したことにより，科料に処せられ，その刑の執行が終わった日から5年を経過しない者がいる場合，Dは，免許を受けることができない。(H22)	科料は，欠格事由の対象外。懲役・禁錮・罰金が欠格事由の対象。 （ × ）
Q3 A社は，不正の手段により免許を取得したことによる免許の取消処分に係る聴聞の期日及び場所が公示された日から当該処分がなされるまでの間に，合併により消滅したが，合併に相当の理由がなかった。この場合においては，当該公示の日の50日前にA社の取締役を退任したBは，当該消滅の日から5年を経過しなければ，免許を受けることができない。(H27)	悪質行為後，合併消滅した場合，一定の役員である取締役Bは欠格事由。 （ ○ ）
Q4 免許を受けようとする法人の政令で定める使用人が，刑法第252条（横領）の罪により懲役1年執行猶予2年の刑に処せられ，その刑の執行猶予期間を満了している場合，その満了の日から5年を経過していなくても，当該法人は免許を受けることができる。(R1)	（ ○ ）

宅地建物取引士

▶▶▶ **責任も重い，不動産取引のプロ！**

CHAP
2
宅建業法

学習のポイント

宅建業者の欠格事由・変更の届出・廃業等の届出と似たルールが登場します。宅建業者と宅地建物取引士の両者のルールを比較・区別できるようにしましょう。

1 宅地建物取引士（取引士）になるためのスリーステップ

宅地建物取引士証（取引士証）の交付を受けない限り，取引士と名乗ることはもちろん，仕事もできません。

①宅建試験合格 ――――――→ ②登録 ――――――→ ③取引士証交付

1 宅建試験合格（有効期間なし）

試験は誰でも受験することができます。なお，不正受験で合格の取消し等がされると，最長で3年間受験が禁止されます。

2 宅地建物取引士資格登録（有効期間なし）

登録の申請は，試験を受けた都道府県知事に対して行います。登録するためには，下記❶～❸すべてを満たさないといけません。

> ❶ 宅建試験に合格すること
>
> ❷ 宅建業に関して2年以上の実務経験を有すること※
>
> ❸ 登録の欠格事由に該当しないこと
>
> ※❷の特例として，国土交通大臣の登録実務講習を修了することで，2年以上の実務経験を満たしたことになります。

3 宅地建物取引士証交付（有効期間5年）

交付の申請は，資格登録をした都道府県知事に対して行います。取引士証の交付を受けるには，原則として都道府県知事の法定講習を受ける必要があります（詳細はP153❹）。

2 宅地建物取引士資格登録簿・変更の登録

　宅地建物取引士資格登録簿（プロフィール）の登載事項の一部に変更があった場合，変更の登録が必要となります。なお，この登録簿は非公開です。

資格登録簿　登載事項（一部抜粋）
①　氏名・住所・本籍
②　宅建業者に勤務している場合，勤務先の商号（名称）・免許証番号
③　指示処分・事務禁止処分の内容，年月日

●変更の登録

　上表の①または②に変更があった場合，登録を受けている者は，登録を受けている都道府県知事に対して，遅滞なく，変更の登録をしなければなりません。なお，事務禁止処分期間中であっても，変更の登録をする義務があります。

3 登録の移転

　登録した者が，登録先を変更する場合の手続きです。たとえば，東京都知事登録の取引士が，沖縄県知事登録に変えるといった，登録先の変更のことです。登録の移転は，登録している知事の管轄する都道府県以外の都道府県の宅建業者の事務所の業務に従事し，または従事しようとするときに，することができます。つまり，働く場所が他の都道府県に変わった場合に，登録の移転ができます。

① 任意規定

　登録の移転申請は，あくまで任意です。義務ではありません。

② **事務禁止期間中**

事務禁止期間中は，登録の移転をすることはできません。

4 死亡等の届出

登録を受けている者が下記の事由に該当したときは，その旨を都道府県知事に届け出なければなりません。

CHAP
2
宅建業法

届出事由	届出義務者	届出期限
死亡	相続人	死亡の事実を知った日から30日以内
心身の故障がある一定の者に該当	本人法定代理人同居の親族	それぞれの事由が生じた日から30日以内
破産	本人	
一定の欠格事由に該当（**5** ❷～❺参照）		

※死亡等の届出があった場合，都道府県知事は，その者の登録を消除（抹消）しなければなりません。

5 登録の欠格事由

❶～❼のいずれかに該当した場合，登録することができません。

❶ **破産者**（復権を得ていない）・**心身の故障がある者**
❷ **悪質行為により免許取消処分**
❸ **刑罰関係**
❹ **暴力団員**

免許の欠格事由（P145～147参照）の**1**～**4**と同じです。つまり，**1**～**4**に該当した場合，免許も登録も受けられないことになります。

❺ **未成年者**（P147免許の欠格事由**6**と比較）

営業に関し成年者と同一の行為能力を有しない未成年者は，登録をすることができません。

❻ 悪質行為により登録消除処分

　登録を受けている者が下記a〜eのいずれかに該当し，登録消除処分を受けた場合，その消除の日から5年経過しないと登録を受けることができません。

a　不正手段で登録を受けた。
b　不正手段で取引士証の交付を受けた。
c　事務禁止処分の事由に該当し，情状が特に重い。
d　事務禁止処分に違反した。
e　取引士でない者が取引士としての事務を行い，情状が特に重い。

応用編

　上記a〜eのいずれかの理由により登録消除処分に係る聴聞公示の日以後，処分がされるまでの間に，相当の理由なく自ら登録消除の申請をした者は，消除の日から5年経過しないと，登録を受けることができません。

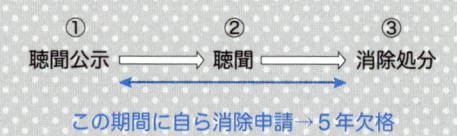

❼ 事務禁止期間中に自ら登録消除申請

　事務禁止処分の期間中に自ら登録の消除の申請を行ったことにより，登録が消除された者は，その禁止期間が満了しない限り，登録を受けることができません。

6 宅地建物取引士証の交付

1 宅地建物取引士証（取引士証）

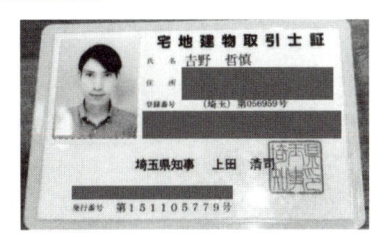

見本

2 書換え

氏名または住所を変更した場合，変更の登録の申請とあわせて，取引士証の書換え交付の申請をしなければなりません。これは，取引士証と，資格登録簿の情報を一致させるためです。

3 取引士証の再交付

取引士証の亡失，滅失等のとき，取引士証の再交付を申請することができます。なお，亡失により再交付を受けた後，亡失した取引士証を発見した場合，速やかに，発見した取引士証を返納しなければなりません。

4 新規交付（有効期間5年）

登録を受けている者は，登録をしている都道府県知事に対し，取引士証の交付を申請することができますが，原則として，交付申請前6ヵ月以内に行われる法定講習（都道府県知事が指定する講習）を受講しなければなりません。ただし，下記❶または❷に該当する場合，法定講習を受講する必要はありません。

> ❶ 宅建試験合格後1年以内に交付申請する場合
> ❷ 登録の移転の申請とともに，取引士証の交付を申請する場合

●登録の移転に伴う有効期間

登録の移転をした場合，移転前の取引士証は失効します。そして，登録の移転後の取引士証は，従前の取引士証と引換えに交付されますが，従前の取引士証の残存期間を有効期間とするものとなります（有効期間は従前のものを引き継ぎます。×新たに5年）。

5 更　新

　有効期間の更新をする場合，更新の申請前6ヵ月以内に行われる法定講習を受講しなければなりません。

　⚠ 更新する場合，法定講習が免除される例外はありません。

6 取引士証の提示

　取引士証は，取引の関係者から請求があったとき，または，重要事項説明をするときは，必ず提示しなければなりません。

7 取引士証の返納

　取引士は，登録が消除されたとき，または取引士証が失効した（例：有効期間経過）ときは，返納しなければなりません。

8 取引士証の提出

　取引士は，事務禁止処分を受けたときは，速やかに，その交付を受けた都道府県知事に取引士証を提出しなければなりません。

7 ▶ 取引士の業務処理の原則

　取引士は，宅建業の業務に従事するときは，宅地・建物の専門家として，購入者等の利益の保護および円滑な宅地・建物の流通に資するよう，公正かつ誠実にこの法律に定める事務を行うとともに，宅建業に関連する業務に従事する者との連携に努めなければなりません。

8 ▶ 信用失墜行為の禁止

　取引士は，取引士の信用または品位を害するような行為をしてはなりません。これは，職務に直接関係しない行為や私的（プライベート）な行為も含まれます。

9 ▶ 知識および能力の維持向上

　取引士は，宅地・建物の取引に係る事務に必要な知識および能力の維持向上に努めなければなりません。

問題	解答
Q1 登録を受けている者は，登録事項に変更があった場合は変更の登録申請を，また，破産者となった場合はその旨の届出を，遅滞なく，登録している都道府県知事に行わなければならない。(H25)	変更の登録は，「遅滞なく」，死亡等の届出は「30日以内」。（×）
Q2 甲県知事の登録を受けている宅地建物取引士Aは，乙県に主たる事務所を置く宅地建物取引業者Bの専任の宅地建物取引士となる場合，乙県知事に登録を移転しなければならない。(H29)	登録の移転は，義務ではなく「任意」。（×）
Q3 宅地建物取引士は，事務禁止の処分を受けたときは宅建物取引士証をその交付を受けた都道府県知事に提出しなくてよいが，登録消除の処分を受けたときは返納しなければならない。(H30)	事務禁止処分を受けたときは，取引士証を提出しなければならない。（×）
Q4 宅地建物取引業者A（甲県知事免許）に勤務する宅地建物取引士（甲県知事登録）が，宅地建物取引業者B（乙県知事免許）に勤務先を変更した場合は，乙県知事に対して，遅滞なく勤務先の変更の登録を申請しなければならない。(R1)	変更の登録の申請先は，登録を受けている知事（甲県知事）。（×）
Q5 宅地建物取引士は，従事先として登録している宅地建物取引業者の事務所の所在地に変更があったときは，登録を受けている都道府県知事に変更の登録を申請しなければならない。(R2)	事務所の所在地が変更しても，変更の登録は不要。（×）

営業保証金

SECTION 5

▶▶▶ 大金を用意しないと不動産業ができない？

学習のポイント

手続き関係中心の項目です。本書で登場する数字等はしっかり押さえましょう。また，次に学習する保証協会制度と比較させる問題が本試験でも出題されるため，両者を比較区別できるように学習して下さい。

1 概　要

　宅建業者と取引をした相手方が，その取引に関して損害を被ってしまった場合，宅建業者は損害賠償をする債務を負います。しかし，宅建業者にお金がなく，弁済ができなかった場合，相手方に大変な迷惑をかけることになります。そこで，宅建業者は，何かあったときのための保証金をあらかじめ供託（法務局にお金等を預け入れる）しておきます。これが営業保証金制度です。

営業保証金制度の全体像

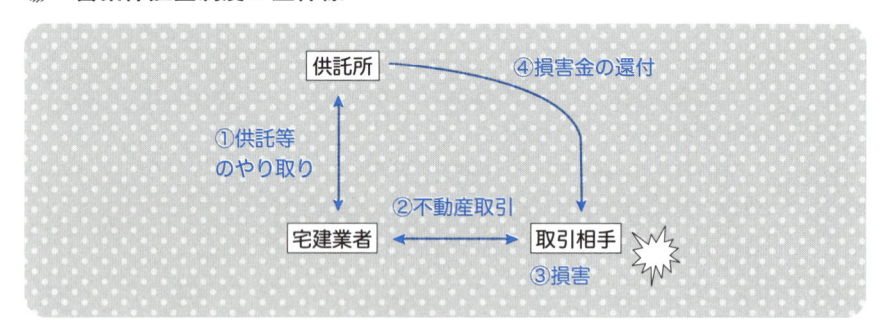

2 営業保証金の供託手続き

1 供託場所

　営業保証金は，主たる事務所（本店）の最寄りの供託所（法務局）に供託しなければなりません。

② 供託金額

主たる事務所の分は，**1,000万円**です。その他の事務所（支店）は，**1ヵ所につき500万円**です。なお，営業保証金は，**現金以外の有価証券の充当も可能**です。対象となる有価証券は**国債**（額面100%），**地方債・政府保証債**（額面90%），その他の国土交通省令で定める有価証券（額面80%）です。

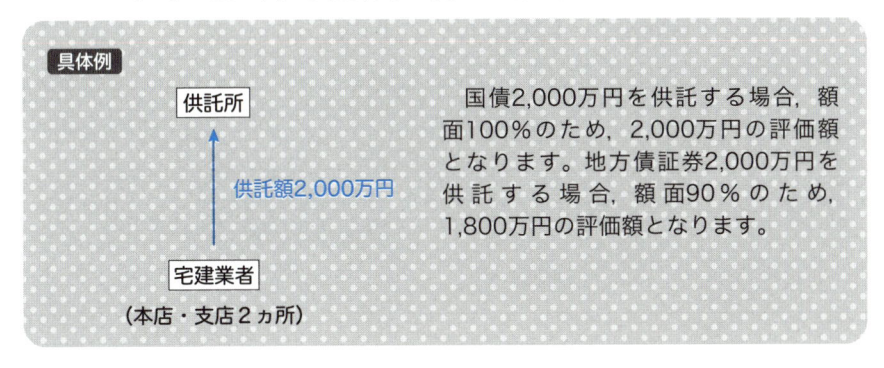

具体例

供託所

供託額2,000万円

宅建業者

（本店・支店2ヵ所）

国債2,000万円を供託する場合，額面100%のため，2,000万円の評価額となります。地方債証券2,000万円を供託する場合，額面90%のため，1,800万円の評価額となります。

CHAP 2 宅建業法

③ 営業開始までの流れ

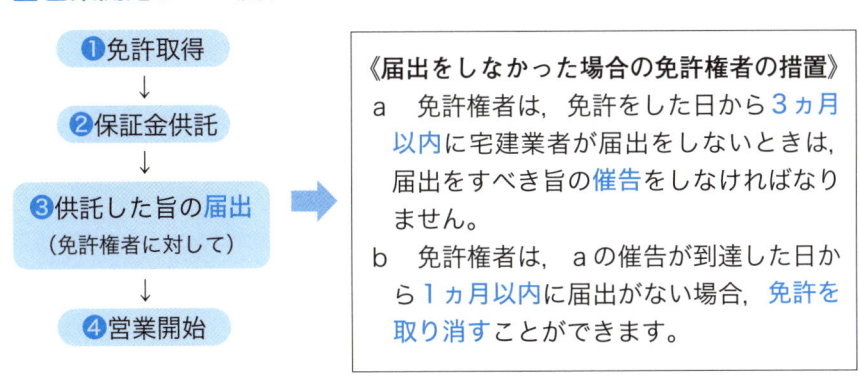

❶免許取得
↓
❷保証金供託
↓
❸供託した旨の**届出**
（免許権者に対して）
↓
❹営業開始

《届出をしなかった場合の免許権者の措置》
a　免許権者は，免許をした日から**3ヵ月以内**に宅建業者が届出をしないときは，届出をすべき旨の**催告**をしなければなりません。
b　免許権者は，aの催告が到達した日から**1ヵ月以内**に届出がない場合，**免許を取り消す**ことができます。

④ 事務所の増設

事務所（支店）を新たに**増設**した場合，**1ヵ所につき，500万円を主たる事務所の最寄りの供託所**に追加供託する必要があります。そして，供託後，免許権者にその旨を届け出た後でなければ，増設した事務所にて営業することができません。

3 営業保証金の保管替え等

業務開始後，主たる事務所が移転（本店の引越し）し，それに伴い最寄りの供託所も変更した場合，宅建業者は，営業保証金を変更後の供託所に移さないといけません（営業保証金の引越し）。

① 金銭のみで供託している場合

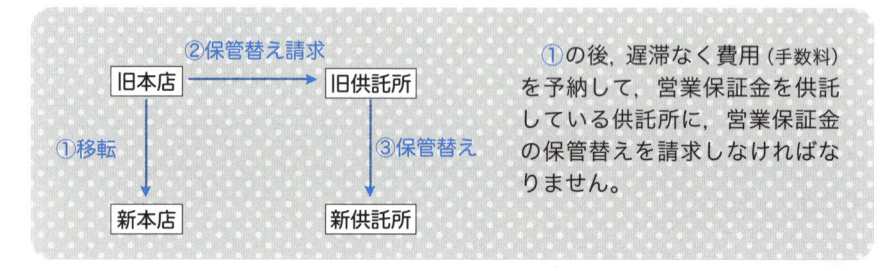

①の後，遅滞なく費用（手数料）を予納して，営業保証金を供託している供託所に，営業保証金の保管替えを請求しなければなりません。

② 金銭と有価証券または有価証券のみで供託している場合

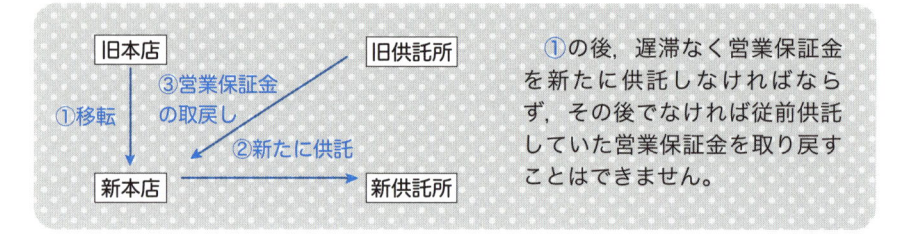

①の後，遅滞なく営業保証金を新たに供託しなければならず，その後でなければ従前供託していた営業保証金を取り戻すことはできません。

4 営業保証金の還付

損害を受けた取引の相手方は，営業保証金の限度内で還付を受けることができます。ただし，宅建業に関して取引をした者に限定されます。たとえば，広告業者の広告料債権等は，対象外です。また，この取引の相手方から宅建業者は除かれます。あくまで一般消費者の保護が目的のため，不動産取引のプロは対象外です。

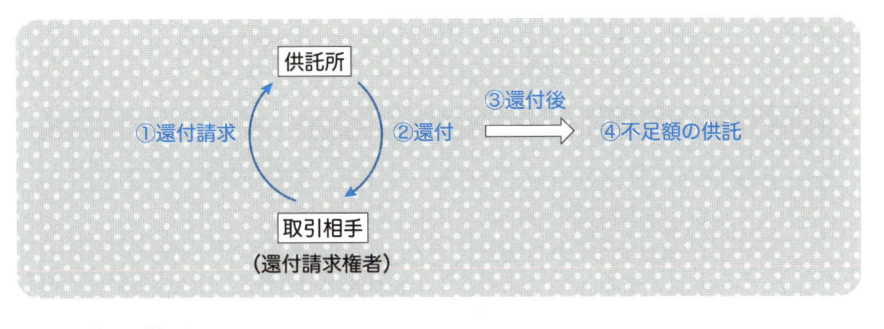

●不足額の供託

　還付されると，供託所の営業保証金が不足するため，補う必要があります。宅建業者は，免許権者から不足額を供託すべき旨の通知書の送付を受けた日から２週間以内に，不足額を供託しなければなりません。

　また，宅建業者は，不足額を供託したときは，供託した日から２週間以内にその旨を免許権者に届け出なければなりません。

5 営業保証金の取戻し

　宅建業者が，下記❶〜❼のいずれかの事由により，営業保証金を供託しておく必要がなくなった場合，営業保証金を返してもらえます。

❶　免許の有効期間満了のケース

❷　廃業等の届出をしたケース

❸　免許取消処分を受けたケース

❹　一部の事務所を廃止し，
　　営業保証金の額が超過したケース

❺　個人業者の死亡・法人業者の
　　合併消滅のケース

《取戻し公告》

　宅建業者は，還付請求権者に対し，６ヵ月を下らない一定期間内に還付を申し出る旨を公告し，その期間内に申出がなかったときに，取り戻すことができます。この公告をした宅建業者は，遅滞なく免許権者に届け出なければなりません。

❻　本店移転により最寄りの
　　供託所が変更したケース
　　（P158 3 ②参照）

❼　保証協会の社員となったケース

　❻または❼のケースでは，取戻し公告をすることなく，直ちに営業保証金を取り戻すことができます。

問題	解答
Q1 宅地建物取引業者は，免許を受けた日から3月以内に営業保証金を供託した旨の届出を行わなかったことにより国土交通大臣又は都道府県知事の催告を受けた場合，当該催告が到達した日から1月以内に届出をしないときは，免許を取り消されることがある。(H30)	（ ○ ）
Q2 宅地建物取引業者は，本店を移転したためその最寄りの供託所が変更した場合，国債証券をもって営業保証金を供託しているときは，遅滞なく，従前の本店の最寄りの供託所に対し，営業保証金の保管替えを請求しなければならない。(H25)	有価証券が供託されている場合，新たに供託し直す必要があり，保管替え請求はできない。（ × ）
Q3 宅地建物取引業者は，その免許を受けた国土交通大臣又は都道府県知事から，営業保証金の額が政令で定める額に不足することとなった旨の通知を受けたときは，供託額に不足を生じた日から2週間以内に，その不足額を供託しなければならない。(H25)	不足額の供託は，「通知書の送付を受けた日」から2週間以内にしなければならない。（ × ）
Q4 宅地建物取引業者は，一部の事務所を廃止し営業保証金を取り戻そうとする場合には，供託した営業保証金につき還付を請求する権利を有する者に対し，6月以上の期間を定めて申し出るべき旨の公告をしなければならない。(H29)	（ ○ ）

SECTION 6 保証協会

▶▶▶ **不動産会社の強い味方！**

学習のポイント

営業保証金制度と同様，手続き関係中心の項目です。1つ1つの場面をしっかりイメージできるよう，テキストの図等を活用して学習して下さい。分担金と弁済業務保証金の用語の使い分けが，この項目をマスターする鍵となります。

1 保証協会の概要

　保証協会は，様々な業務をしますが，その中で弁済業務という重要任務を担っています。これは，営業保証金制度と同様の仕組みで，宅建業者と取引をした相手方を保護するものです。そして，宅建業者は，この保証協会に加入することで，営業保証金の供託が免除されます。

弁済業務の仕組み

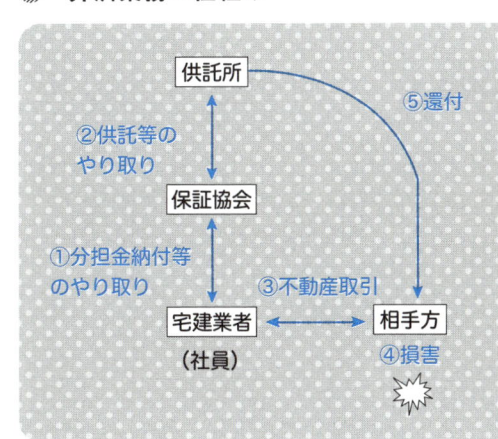

仕組みは，基本的に営業保証金制度と同じです。

宅建業者は供託所と直接的にやり取りはしないという点は，試験対策上の重要ポイントとして知っておきましょう。なお，現在指定を受けている保証協会は2つ（全国宅地建物取引業保証協会・不動産保証協会）です。

2 保証協会への加入等

　保証協会に加入するか否かは任意ですが，保証協会に加入した宅建業者である社員は，他の保証協会の社員となることはできません（重複加入禁止）。

また，保証協会は，新たに社員が加入し，または社員がその地位を失ったときは，直ちにその旨を当該社員の免許権者に報告しなければなりません。

3 弁済業務保証金分担金の納付

弁済業務保証金分担金（べんさいぎょうむ ほしょうきんぶんたんきん）とは，社員となる宅建業者が，保証協会に加入する際に負担するお金です。

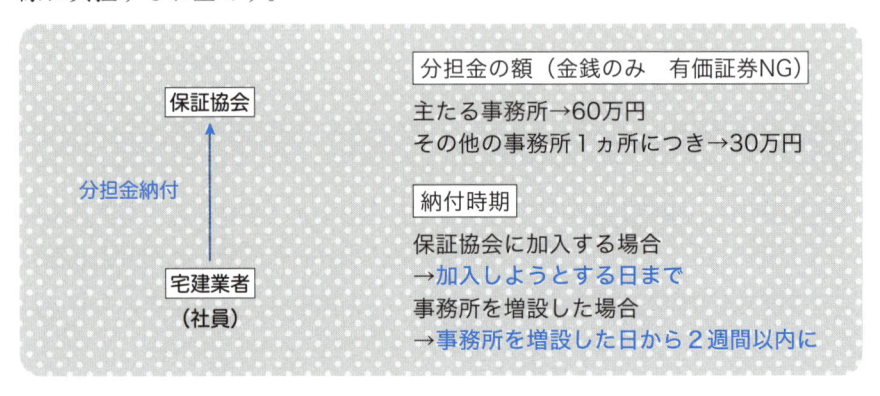

分担金の額（金銭のみ　有価証券NG）
主たる事務所→60万円
その他の事務所1ヵ所につき→30万円

納付時期
保証協会に加入する場合
→加入しようとする日まで
事務所を増設した場合
→事務所を増設した日から2週間以内に

保証協会
分担金納付
宅建業者
（社員）

4 弁済業務保証金の供託

社員から分担金の納付を受けた後，保証協会がそのお金を供託所に供託します。このお金を弁済業務保証金（べんさいぎょうむ ほしょうきん）と呼びます。

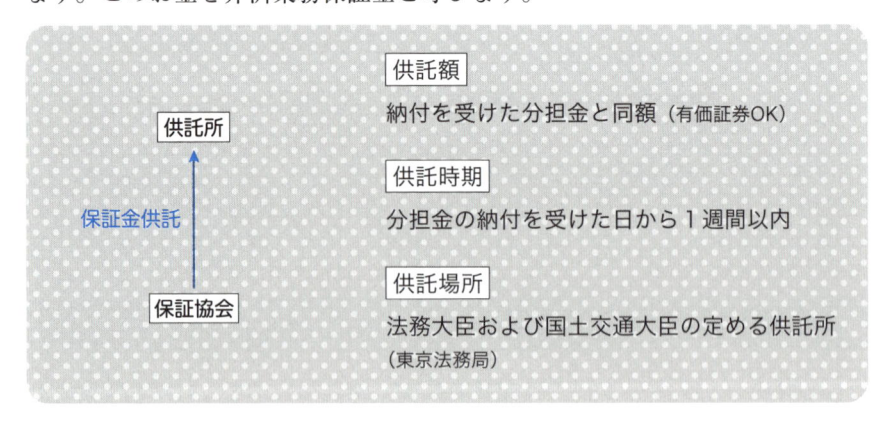

供託額
納付を受けた分担金と同額（有価証券OK）

供託時期
分担金の納付を受けた日から1週間以内

供託場所
法務大臣および国土交通大臣の定める供託所
（東京法務局）

供託所
保証金供託
保証協会

5 弁済業務保証金の還付

■ 還付要件

　基本的には営業保証金制度と同様で，宅建業に関して取引をした者が対象となります（宅建業者を除く）。また，社員が社員となる前に取引した者も含まれます。つまり，保証協会に加入する前（営業保証金制度を利用していた時代）に，その宅建業者と取引した者も還付の対象となります。

■ 還付の限度額

　社員が社員でないとしたならば，その者が供託すべき営業保証金の額に相当する額が限度額となります。たとえば，分担金を150万円（本店＋支店3カ所）納付している社員の場合，還付の限度額は2,500万円です。

■ 還付請求の手続き

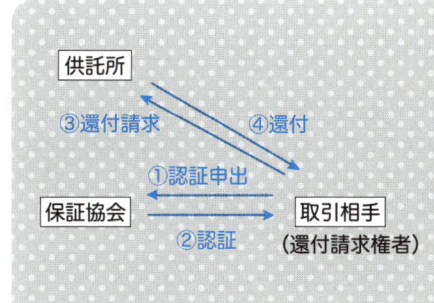

① 取引相手は，損害を受けたこと等につき証明するため，一定書類（認証申出書）を提出し，保証協会の認証を受けなければなりません。
② 保証協会は，認証申出書の順序に従って，処理します。
③ 供託所に一定の書類を提出し，還付請求します。
④ 供託所が還付します。

■ 不足額の供託

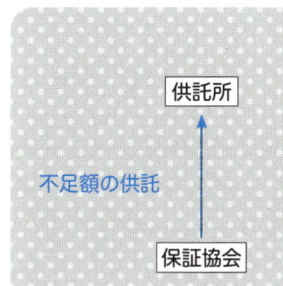

　弁済業務保証金の還付があった場合，その不足額の穴埋めのため，保証協会は，還付があった旨の通知書の送付を受けた日から2週間以内に，還付額と同額の弁済業務保証金を供託しなければなりません。
　また，その場合，保証協会は，関係する社員の免許権者に対して，供託した旨を届け出なければなりません。

5 還付充当金の納付

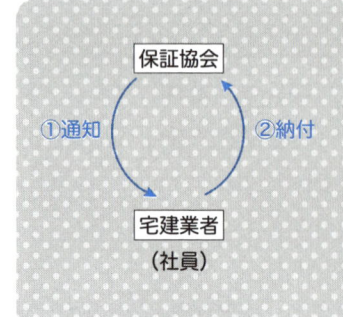

①保証協会は，弁済業務保証金の還付があった
ときは，社員に対して還付額に相当する還付
充当金を保証協会に納付すべきことを通知し
なければなりません。

②通知を受けた社員は，その通知を受けた日から2週間以内にその通知された額の還付充当
金を保証協会に納付しなければならず，期間
内に納付しないときは，社員としての地位を
失います。

6 弁済業務保証金の取戻し等

1 弁済業務保証金の取戻し

保証協会は，下記①または②のいずれかに該当する場
合には，弁済業務保証金を取り戻すことができます。
①社員が社員の地位を失った
②社員が一部の事務所を廃止（超過額の取戻し）

① **社員が社員の地位を失った場合**

　保証協会は，還付請求権者に対して，6ヵ月を下らない一定期間内に保証
協会の認証をうけるための申出をすべき旨を公告（取戻し公告）し，その期間
経過後に，分担金を返還します。

② **社員がその一部の事務所を廃止した場合**

　保証協会は，弁済業務保証金分担金の額が政令で定める額を超えることと
なった場合，その超過額につき，取戻し公告をせずに返還します。

❷ 弁済業務保証金分担金の返還

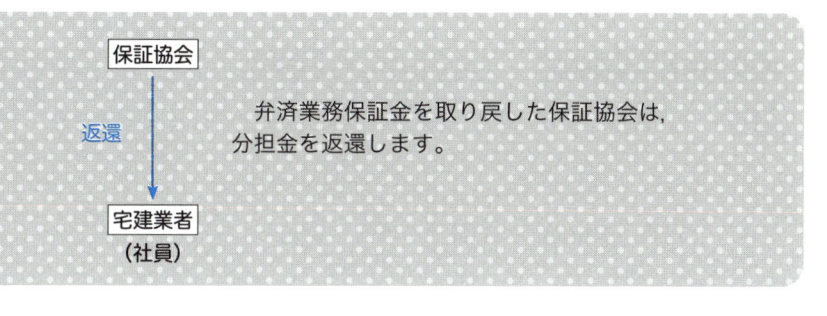

7 社員の地位喪失

一定事由（例：納付すべき分担金や還付充当金を納付しなかった等）により，保証協会の社員の地位を失った者は，地位を失った日から1週間以内に営業保証金を供託しなければなりません。ただし，地位喪失後，宅建業を営まない場合は，供託する必要はありません。

8 弁済業務保証金準備金

保証協会は，弁済業務保証金から生じた利息等を，この準備金に繰り入れて，積み立てをしておかなければなりません。この準備金は，社員から還付充当金の納付がなかった場合の保険として利用されます。

9 特別弁済業務保証金分担金

8 の準備金が不足するような事態となった場合，保証協会は，その不足額の充当のため，社員に対して分担金の額に応じて納付を命じます。そして，社員は，納付すべき通知を受けた日から1ヵ月以内に特別弁済業務保証金分担金を納付しなければなりません。

厳選超重要過去問 ○×一問一答

問題	解答
Q1 保証協会から還付充当金の納付の通知を受けた社員は，その通知を受けた日から2週間以内に，その通知された額の還付充当金を主たる事務所の最寄りの供託所に供託しなければならない。(H28)	還付充当金は「保証協会」に納付。 （ × ）
Q2 保証協会の社員である宅地建物取引業者Aは，その一部の事務所を廃止したときは，保証協会が弁済業務保証金の還付請求権者に対し，一定期間内に申し出るべき旨の公告をした後でなければ，弁済業務保証金分担金の返還を受けることができない。(H30)	一部の事務所を廃止した場合，取戻し公告は不要。 （ × ）
Q3 宅地建物取引業者で保証協会に加入した者は，その加入の日から2週間以内に，弁済業務保証金分担金を保証協会に納付しなければならない。(R1)	「加入の日から2週間以内」ではなく，「加入しようとする日まで」。 （ × ）
Q4 保証協会の社員との宅地建物取引業に関する取引により生じた債権を有する者は，当該社員が納付した弁済業務保証金分担金の額に相当する額の範囲内で弁済を受ける権利を有する。(R2)	正しくは，「供託すべき営業保証金の額に相当する額の範囲内」。 （ × ）

吉野先生のワンポイントアドバイス

「大変」という単語を分解すると，「大きく」「変わる」。何かとマイナスなイメージが強い言葉ですが，自分が大きく変わるチャンスとプラスに捉え，大変だと思うときこそ「ドン」と構えましょう (^^♪

SECTION 7 媒介契約

▶▶▶ **不動産会社が仲介するときの大事なルール**

> ### 学習のポイント
> ３大書面（媒介契約書・重要事項説明書・37条契約書）の１つです。媒介契約に関するルールを正確に押さえ，媒介契約書の記載事項を覚えましょう。なお，**賃貸借の媒介には媒介契約のルールは適用されない**ため，その点も意識しながら学習して下さい。

1 媒介契約の種類

　媒介契約にも種類があり，それぞれ異なる内容となっています。特徴をしっかりつかみましょう。

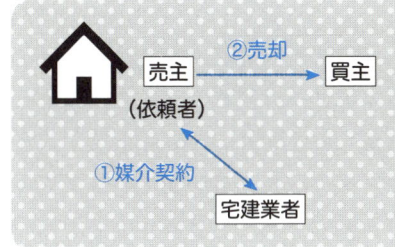

たとえば，売主から「不動産を売却したいんだけど，誰か探してくれない？」と依頼を受けた場合，売主と宅建業者で媒介契約を締結します。依頼を受けた宅建業者は，買主を探してきます。これが，媒介契約です。

1 一般媒介契約
いっぱんばいかいけいやく
　一般媒介契約とは，依頼者が，他の宅建業者に重ねて媒介契約を依頼できるタイプの媒介契約です。つまり，他の宅建業者と浮気することができます。また，他の宅建業者に依頼した場合の，浮気した事実の明示義務がある明示型と，明示義務のない非明示型があります。なお，依頼者は，自分で探してきた相手方と契約することもできます（自己発見取引OK）。

2 専任媒介契約
せんにんばいかいけいやく
　専任媒介契約では，依頼者は，他の宅建業者に重ねて媒介契約を依頼することができません（浮気禁止）。ただし，自己発見取引は禁止されません。

専属専任媒介契約では、依頼者は、他の宅建業者に重ねて媒介契約を依頼することができません（浮気禁止）。さらに、自己発見取引も禁止されます。媒介契約の中で一番規制が厳しいタイプです。

2 媒介契約の有効期間

一般媒介契約は、有効期間についての規制はありません。専任媒介契約・専属専任媒介契約は、最長3ヵ月です。3ヵ月を超えた場合、その期間は無効となり、3ヵ月に短縮されます。なお、依頼者の申出によって、更新することができます。更新は依頼者の申出による必要があるため、自動更新される等の特約をすることはできません。

3 依頼者への業務処理状況の報告

一般媒介契約は、業務の処理状況の報告についての規制はありません。

専任媒介契約は、2週間に1回以上、専属専任媒介契約は、1週間に1回以上、依頼者に対して業務報告をしなければなりません。これらに反する特約は無効となります。なお、これとは別に、媒介契約の目的物である宅地・建物の売買・交換の申込みがあったときは、遅滞なく、その旨を依頼者に報告しなければなりません。

4 指定流通機構への登録

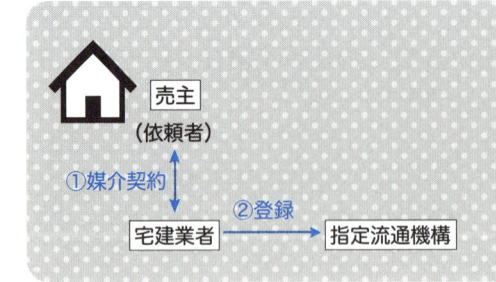

指定流通機構に登録することで、他の宅建業者は、その登録した不動産情報を閲覧することができるので、早く取引相手が見つかるようになります。物件検索をするためのツールだと考えて下さい。

1 登録期間・登録事項

一般媒介契約は，指定流通機構（してい りゅうつう きこう）への登録について，規制はありません（登録するか否かは任意）。専任媒介契約は，媒介契約の締結日から**7日以内**（休業日を除く）に，専属専任媒介契約は，**5日以内**（休業日を除く）に，一定事項を登録しなければなりません。

●一定事項

下記❶～❸を登録しなければなりません。

> ❶　物件の所在，規模，形質，売買すべき価額（交換にあたっては評価額）
>
> ※依頼者の氏名・住所は登録事項ではありません。
>
> ❷　物件に係る都市計画法その他法令に基づく制限で主要なもの
>
> ❸　専属専任媒介契約である場合には，その旨

2 登録後の手続き

指定流通機構に登録した宅建業者は，当該機構が発行する登録を証する書面を，遅滞なく，依頼者に引き渡さなければなりません。そして，宅建業者は，その登録に係る物件の契約が成立したときは，登録番号・取引価格・契約成立年月日を，遅滞なく，指定流通機構に通知しなければなりません。

まとめ　…媒介契約

	有効期間	指定流通機構への登録	業務の処理状況の報告
一般媒介契約	最長3ヵ月	規制なし	
専任媒介契約		7日以内	2週間に1回以上
専属専任媒介契約		5日以内	1週間に1回以上

5　媒介契約書

1 媒介契約書の作成・記名押印・交付

宅建業者は，宅地・建物の売買・交換の媒介の契約を締結したときは，遅滞なく，媒介契約書を作成し記名押印をして，依頼者に交付しなければなりません。この事務を行う者は，取引士である必要はありません。なお，貸借の媒介については，そもそも媒介契約の規定が適用されないため，媒介契約書の作成等は不要です。

CHAP
2

宅建業法

② 媒介契約書の記載事項

宅建業者は，下記❶〜❾を，媒介契約書に記載しなければなりません。

---

❶ 宅地建物を特定するために必要な表示

❷ 宅地建物を売買すべき価額またはその評価額（依頼者がいくらで売りたいのか等の希望価格）

※宅建業者がこの価額・評価額について意見を述べるときは，その根拠を明らかにしなければなりません（口頭でもOK）。

❸ 媒介契約の種類

❹ 既存（中古）の建物であるときは，依頼者に対する建物状況調査（インスペクション）を実施する者のあっせんに関する事項

※宅建業者が受領できる報酬とは別に，あっせん料金を受領することはできません。なお，建物状況調査とは，建物のコンディション（基礎，柱，土台等）をチェックすることです。建物状況調査を実施する者は，建築士であり，国土交通大臣が定める講習を修了した者でなければなりません。

❺ 媒介契約の有効期間および解除に関する事項

❻ 報酬（仲介手数料）に関する事項

❼ 指定流通機構への登録に関する事項

❽ 依頼者に違反があった場合の措置

　a　（専属）専任媒介契約で，依頼者が他の宅建業者の媒介により契約 を成立させたときの措置

　b　専属専任媒介契約で，依頼者が依頼した宅建業者が探索した相手方 以外の者と契約を成立させたときの措置

　c　明示型の一般媒介契約で，依頼者が明示していない他の宅建業者の媒介により契約を成立させたときの措置

❾ 標準媒介契約約款に基づくものか否かの別

※この約款は，国土交通大臣が定めたフォーマット（定型文）です。

---

6 ▶ 代理契約

　媒介契約に関する規定は，代理契約に準用されるため，代理契約のルールは，媒介契約のルールと同様と考えて下さい。

問題	解答
Q1 宅地建物取引業者A社が，Bから自己所有の甲宅地の売却の媒介を依頼され，Bと媒介契約を締結した場合（ケース1）において，A社が，Bとの間に専任媒介契約を締結し，甲宅地の売買契約を成立させたときは，A社は，遅滞なく，登録番号，取引価格，売買契約の成立した年月日，売主及び買主の氏名を指定流通機構に通知しなければならない。(H25)	「売主及び買主の氏名」は不要。 （×）
Q2 ケース1において，A社がBとの間に締結した専任媒介契約の有効期間は，Bからの申出により更新することができるが，更新の時から3月を超えることができない。(H25)	（○）
Q3 宅地建物取引業者Aは，Bから，Bが所有し居住している甲住宅の売却について媒介の依頼を受けた。この場合において，Aが甲住宅について，宅建業法第34条の2第1項第4号に規定する建物状況調査の制度概要を紹介し，Bが同調査を実施する者のあっせんを希望しなかった場合，Aは，同項の規定に基づき交付すべき書面に同調査を実施する者のあっせんに関する事項を記載する必要はない。(H30)	依頼者があっせんを希望しない場合でも，当該事項（インスペクション）については記載しなければならない（「あっせんはしない」とわかるように記載する）。 （×）
Q4 宅地建物取引業者Aが，BからB所有の甲住宅の売却の媒介を依頼され，Bと一般媒介契約を締結した場合，Aは，指定流通機構に甲住宅の所在等を登録しなければならない。(R2)	一般媒介の場合，指定流通機構への登録は任意。 （×）

35条
重要事項説明書Ⅰ

▶▶▶ 宅建業法で1・2を争う重要テーマ

学習のポイント

本試験でも出題数は多く，重要度は宅建業法の中で1，2位を争うほどです。学習量が多いため，時間をかけてじっくり丁寧に進めましょう。また，取引タイプ（売買か賃貸借か）によっても説明内容が異なるため，そのあたりも意識して学習して下さい。

1 35条書面の説明義務等

　宅建業者は，宅建業の取引の権利取得者に対して，当該契約が成立するまでの間に，宅地建物取引士をして，少なくとも一定事項を記載した書面（35条書面）を交付して，説明をさせなければなりません。

説明者	取引士（専任である必要なし）
説明時期	契約が成立するまでの間
説明場所	制約なし（どこでもOK）
説明相手方	買主・借主・交換当事者※
説明方法	取引士をして，書面を交付して説明

※宅地建物の売主や貸主に対しては，説明不要です。なお，相手方が宅建業者である場合，重要事項説明書の交付のみで足り，重要事項の説明は不要となります。

2 IT重説

　一定の条件を満たすことで重要事項の説明にテレビ会議等のITを活用することができます。

　IT重説をするにあたり，取引士は，取引士証を提示し，重要事項の説明を受けようとする者が，当該取引士証を画面上で視認できたことを確認していなければなりません。

　また，取引士により記名押印された重要事項説明書および添付書類を，重要事項の説明を受けようとする者にあらかじめ送付していることが必要です。

なお，ITを活用した重要事項の説明を開始した後，映像を視認できないまたは音声を聞き取ることができない状況が生じた場合には，直ちに説明を中断し，当該状況が解消された後に説明を再開するものとします。

3 35条書面の記載・説明事項 《宅地・建物の状況に関する事項》

35条書面には以下の内容が記載されています。 売買・交換 は売買・交換において説明が必要なもの， 貸借 は貸借において説明が必要なものをさします。

1 登記された権利の種類等 売買・交換 貸借

宅地・建物の上に存する登記された権利の種類（例：所有権・抵当権）・内容・登記名義人等

⚠ 抵当権等については，引渡し時までに抹消されることが明らかなものであっても，説明を省略できません。

2 法令上の制限 売買・交換 貸借

都市計画法，建築基準法その他の法令に基づく制限に関する事項の概要

⚠ 建物の貸借では，ほとんどの法令上の制限の説明が不要です（新住宅市街地開発法・新都市基盤整備法・流通業務市街地整備法の一定の制限については説明が必要）。

3 特別法等

① 造成宅地防災区域 売買・交換 貸借

宅地建物が宅地造成等規制法により指定された造成宅地防災区域内にあるときは，その旨

② 土砂災害警戒区域 売買・交換 貸借

宅地・建物が土砂災害警戒区域等における土砂災害防止対策の推進に関する法律により指定された土砂災害警戒区域内にあるときは，その旨

③ 津波災害警戒区域 売買・交換 貸借

宅地・建物が津波防災地域づくりに関する法律により指定された津波災害警戒区域内にあるときは，その旨

④ 水防法に基づく水害ハザードマップ 売買・交換 貸借

宅地・建物が所在する市町村が提供する図面（水害ハザードマップ）に当該

宅地・建物の位置が表示されているときは，当該図面における当該宅地・建物の所在地

⑤ **石綿（アスベスト）の使用の有無の調査結果** `売買・交換` `貸借`

建物について，石綿（いしわた）の使用の有無の調査の結果が記録されているときは，その内容

(!) 調査の結果が記録されていないからといって，宅建業者が調査をする義務はありません。

⑥ **耐震診断** `売買・交換` `貸借`

建物が建築物の耐震改修の促進に関する法律に規定する基本方針のうち技術上の指針となるべき事項に基づいて一定の者が行う耐震診断（たいしんしんだん）を受けたものであるときは，その内容

(!) 昭和56年6月1日以降に新築の工事に着手したものを除きます。

⑦ **住宅性能評価** `売買・交換`

建物が住宅の品質確保の促進等に関する法律に規定する住宅性能評価（じゅうたくせいのうひょうか）を受けた新築住宅であるときは，その旨

(!) 新築住宅が対象です。また，貸借では説明する必要はありません。

4 私道負担 `売買・交換` `貸借` （建物貸借は説明不要）

私道に関する負担に関する事項（例：私道面積，私道を利用する際の負担金）

(!) 私道負担がない場合でも，「負担がない」旨の説明が必要です。なお，建物の貸借では説明不要です。

5 生活施設の整備状況 `売買・交換` `貸借`

飲用水・電気・ガスの供給，排水のための施設の整備の状況

(!) これらの施設が未整備の場合においては，その整備の見通し等に関する事項を説明する必要があります。

6 未完成物件 `売買・交換` `貸借`

宅地・建物が，工事の完了前のものであるときは，その完了時における形状・構造等に関する事項

(!) 説明時に間取り図，設計図等の図面を必要とする場合，図面を交付して説明しなければなりません。

7 既存建物状況調査等

既存の建物であるときは，下記❶・❷を説明しなければなりません。

なお，貸借では❷の説明は不要です。

> ❶ 建物状況調査（実施後1年経過していないものに限る）を実施している
> かどうか，およびこれを実施している場合におけるその結果の概要
> 売買・交換　貸借
>
> ❷ 設計図書，点検記録その他の建物の建築および維持保全の状況に
> 関する書類（例：建築確認申請書・確認済証・検査済証・建物状況調査結果報
> 告書・既存住宅の建設住宅性能評価書等）の保存の状況　売買・交換
>
> ※保存の状況とは，これらの書類が「有るか無いか」の説明です。書類の内容までは説明不
> 要です。

厳選超重要過去問 ◯✕一問一答

(!) 下記の問題の説明相手は，宅建業者以外と考えて解答して下さい。

問題	解答
Q1 宅地建物取引業者が建物の貸借の媒介を行う場合，当該建物について，石綿の使用の有無の調査の結果が記録されているときは，その旨について説明しなければならないが，当該記録の内容までを説明する必要はない。(H24)	調査結果の記録があれば，その内容も説明しなければならない。 （ ✕ ）
Q2 宅地建物取引業者が建物の貸借の媒介を行う場合において，当該建物が住宅の品質確保の促進等に関する法律第5条第1項に規定する住宅性能評価を受けた新築住宅であるときは，その旨を説明しなければならない。(R1)	建物の貸借では住宅性能評価の説明は不要。 （ ✕ ）
Q3 宅地建物取引業者が建物の貸借の媒介を行う場合において，当該建物が既存の住宅であるときは，宅建業法第34条の2第1項第4号に規定する建物状況調査を実施しているかどうか，及びこれを実施している場合におけるその結果の概要を説明しなければならない。(H30)	（ ◯ ）
Q4 宅地建物取引業者は，昭和55年に新築の工事に着手し完成した建物の売買の媒介を行う場合，当該建物が地方公共団体による耐震診断を受けたものであるときは，その内容を説明しなければならない。(R2)	（ ◯ ）

吉野先生のワンポイントアドバイス

通勤時間，休憩時間等，「スキマ時間をうまく活用」して勉強しましょう。無駄に携帯・スマホをいじって過ごすより，有意義な時間となります (^^)♪

35条 重要事項説明書 II

▶▶▶ 取引士はどんなことを説明するの？

学習のポイント

区分所有建物（マンション）の追加事項では，貸借か貸借以外かで説明事項が大きく異なるため，注意して学習しましょう。

1 35条書面の記載・説明事項 《区分所有建物の追加事項》

　規約に関しては，案の段階であるときでも，その案を説明する必要があります。なお，貸借にあっては，**1**・**2**のみの説明で足ります。

1 専有部分の用途・利用制限に関する規約 [売買・交換] [貸借]

　専有部分の用途その他の利用の制限に関する規約の定めがあるときは，その内容

⚠️ たとえば，ペット飼育禁止，楽器演奏禁止，事務所使用禁止等です。

2 管理委託を受けている者の氏名・住所 [売買・交換] [貸借]

　管理が委託されているときは，その委託を受けている者の氏名および住所（管理会社等の法人の場合，商号または名称，主たる事務所の所在地）

⚠️ 氏名・住所のみで足りるため，具体的な業務内容等の説明は不要です。

3 敷地に関する権利（敷地利用権）の種類・内容 [売買・交換]

　一棟の建物の敷地に関する権利の種類（所有権・地上権・賃借権）および内容（対象面積・存続期間等）

4 共用部分に関する規約 [売買・交換]

　共用部分（エレベーター・集会室等）に関する規約の定めがあるときは，その内容

5 建物・敷地の専用使用権に関する規約 [売買・交換]

　一棟の建物または敷地の一部を特定の者にのみ使用を許す旨の規約の定めがあるときは，その内容

⚠️ たとえば，マンションの敷地内にある駐車場についての専用使用権がある場

合，その駐車場の使用料等について，説明が必要となります。なお，使用している者の氏名・住所の説明は不要です。

6 修繕積立金に関する規約 売買・交換

一棟の建物の計画的な維持修繕のための費用の積立てを行う旨の規約等の定めがあるときは，その内容（例：毎月の負担額や，滞納があるときの滞納額）および既に積み立てられている額

7 維持修繕の実施状況 売買・交換

一棟の建物の維持修繕の実施状況が記録されているときは，その内容

(!) たとえば，マンションの過去の修繕記録等です。

8 管理費用 売買・交換

建物の所有者が負担しなければならない通常の管理費用の額

(!) たとえば，月々負担する管理費等です。

9 維持修繕のための費用・通常の管理費用等の減免に関する規約 売買・交換

一棟の建物の計画的な維持修繕のための費用，通常の管理費用その他の当該建物の所有者が負担しなければならない費用を特定の者にのみ減免する旨の規約等の定めがあるときは，その内容

(!) たとえば，マンションが売れ残った場合，宅建業者は，そのマンションの修繕積立金については負担しないという規約です。

2 35条書面の記載・説明事項 《取引条件に関する事項》

1 代金・交換差金・借賃以外に授受される金銭 売買・交換 貸借

代金，交換差金および借賃以外に授受される金銭の額および当該金銭の授受の目的（例：手付金・権利金等）

2 契約の解除 売買・交換 貸借

契約の解除に関する事項

(!) たとえば，手付による解除の方法・期間等です。

3 損害賠償額の予定等 売買・交換 貸借

損害賠償額の予定または違約金に関する事項

4 手付金等の保全措置の概要 〔売買・交換〕

てつけきん

手付金等を受領しようとする場合における，手付金等の保全措置の概要

⚠ たとえば，保証委託契約・保証保険契約・指定保管機関の別や，保全措置の実施機関の名称等です（保全措置の詳細はP203参照）。

5 支払金・預り金の保全措置の概要 〔売買・交換〕〔貸借〕

支払金または預り金を受領しようとする場合において，保全措置を講ずるかどうか，およびその措置を講ずる場合におけるその措置の概要

⚠ 支払金・預り金とは，代金，交換差金，権利金等の名称を問わず，宅建業者が取引に関し受領する金銭のことをいいます。なお，「受領額が50万円未満のもの・保全措置が講じられている手付金等・登記後に受領するもの・報酬」は，支払金・預り金に該当しません。

6 金銭貸借のあっせん内容・不成立時の措置 〔売買・交換〕

代金または交換差金に関する金銭の貸借のあっせんの内容および当該あっせんに係る金銭の貸借が成立しないときの措置

⚠ たとえば，金融機関・融資額・利率等の融資条件や，融資承認が得られなかったときの契約解除について等です。

7 担保責任（契約不適合責任）の履行に関する措置の概要 〔売買・交換〕

当該宅地・建物が種類・品質に関して契約の内容に適合しない場合におけるその不適合を担保すべき責任の履行に関し保証保険契約の締結その他の措置で一定のものを講ずるかどうか，およびその措置を講ずる場合におけるその措置の概要

⚠ たとえば，担保責任に関する保険契約等の締結をするかどうかや，締結する場合におけるその概要（保険金額や保険期間等）です。

3 35条書面の記載・説明事項《貸借の場合の追加事項》

1 台所・浴室等の設備 [貸借]

台所，浴室，便所その他の建物の設備の整備の状況

2 契約期間・更新 [貸借]

契約期間および更新に関する事項

3 定期借地権・定期建物賃貸借 [貸借]

借地借家法に規定する定期借地権の適用を受けるものを設定しようとするときや，定期建物賃貸借の適用を受けようとするときは，その旨

4 終身建物賃貸借 [貸借]

高齢者の居住の安定確保に関する法律に規定する終身建物賃貸借の適用を受けるものをしようとするときは，その旨

5 用途・その他の利用制限（区分所有建物を除く） [貸借]

宅地・建物の用途その他の利用に係る制限に関する事項

⊙ たとえば，ペット飼育禁止，楽器演奏禁止，事務所使用禁止等です。

6 敷金等の精算 [貸借]

敷金その他いかなる名義をもって授受されるかを問わず，契約終了時において精算することとされている金銭の精算に関する事項

7 管理委託を受けている者の氏名・住所（区分所有建物を除く） [貸借]

宅地・建物の管理が委託されているときは，その委託を受けている者の氏名および住所（管理会社等が法人の場合，商号または名称，主たる事務所の所在地）

⚠ 下記の問題の説明相手は，宅建業者以外と考えて解答して下さい。

問題	解答
区分所有建物の売買において，宅地建物取引業者である売主は，当該一棟の建物に係る計画的な維持修繕のための修繕積立金積立総額及び売買の対象となる専有部分に係る修繕積立金額の説明をすれば，滞納があることについては説明をしなくてもよい。(H25)	滞納額も説明が必要。 （ × ）
宅地建物取引業者は，区分所有権の目的である建物の売買の媒介を行う場合，当該建物が借地借家法第22条に規定する定期借地権の設定された土地の上に存するときは，当該定期借地権が登記されたものであるか否かにかかわらず，当該定期借地権の内容について説明しなければならない。(H28)	敷地利用権の種類及び内容は，説明しなければならない。 （ ○ ）
Q3 重要事項説明では，代金，交換差金又は借賃の額を説明しなければならないが，それ以外に授受される金銭の額については説明しなくてよい。(R1)	代金・交換差金・借賃の額の説明は不要だが，それ以外に授受される金銭の額については説明が必要。 （ × ）

CHAP 2 宅建業法

吉野先生のワンポイントアドバイス

重要事項説明の項目は，多くの方が苦手とされる分野ですが，合格している方は，クリアしています。受験者であれば「誰もが通らないといけない道」です。合格後の楽しいことを想像して，乗り越えましょう！

37条契約書等

▶▶▶ **不動産取引において大切な契約書！**

学習のポイント

37条契約書は，３大書面の１つです。契約書の記載事項が問われますが，細かいところまでしっかり押さえるようにしましょう。必要的記載事項と任意的記載事項を区別して覚えることが大切です。

1 37条契約書の交付義務

　宅建業者は，宅地・建物の取引に関する契約を締結したときは，契約当事者に対して，遅滞なく，一定事項（**2** 37条契約書の記載事項を参照）を記載した契約書面を交付しなければなりません。

交付者	宅建業者
交付時期	契約成立後，遅滞なく
交付場所	制約なし（どこでもOK）
交付相手方	契約の相手方等
交付書面	取引士（専任である必要なし）の記名押印がある書面

※取引士は，契約内容を説明する義務はありません。

■交付相手方

　重要事項説明書の交付先と異なり，買主や借主へはもちろん，**売主や貸主へも交付**しなければなりません。また，**相手方が宅建業者であっても，省略することはできません。**

まとめ …媒介契約書・重要事項説明書・37条契約書

	記名押印	内容説明	交付場所	貸借
媒介契約書	宅建業者	説明義務なし	どこでもOK	作成義務なし
重要事項説明書	取引士	取引士が説明	どこでもOK	作成義務あり
37条契約書	取引士	説明義務なし	どこでもOK	作成義務あり

2 37条契約書の記載事項

必要的記載事項（必ず記載する事項）	貸借
① 当事者の氏名（法人は名称）・住所	必要
② 宅地・建物を特定するために必要な表示	必要
③ 代金・交換差金・借賃の額　その支払時期・方法	必要
④ 宅地・建物の引渡し時期	必要
⑤ 既存建物であるときは，建物の構造耐力上主要な部分等の状況について当事者双方が確認した事項	不要
⑥ 移転登記の申請時期	不要
任意的記載事項（定めがあれば記載する事項）	貸借
⑦ 代金・交換差金・借賃以外の金銭の授受に関する定めがあるときは，その額・授受の時期・授受の目的	必要
⑧ 契約の解除に関する定めがあるときは，その内容	必要
⑨ 損害賠償額の予定・違約金に関する定めがあるときは，その内容	必要
⑩ 天災その他不可抗力による損害の負担（危険負担）に関する定めがあるときは，その内容	必要
⑪ 種類・品質に関して契約の内容に適合しない場合におけるその不適合を担保すべき責任（担保責任）またはその履行に関して講ずべき保証保険契約の締結その他の措置についての定めがあるときは，その内容	不要
⑫ 宅地・建物の租税公課の負担に関する定めがあるときは，その内容	不要
⑬ 代金・交換差金についての金銭の貸借のあっせんに関する定めがある場合においては，当該あっせんに係る金銭の貸借が成立しないときの措置	不要

3 供託所等に関する説明

　宅建業者は，宅地・建物の売買契約等が成立するまでの間に，相手方等（宅建業者を除く）に対して，供託所等に関する説明をするようにしなければなりません。なお，取引士が説明する必要はなく，口頭の説明でも足ります。説明事項は以下のとおりです。

宅建業者が保証協会の社員でない場合 （営業保証金を供託）	営業保証金を供託した供託所・その所在地
宅建業者が保証協会の社員である場合	a 保証協会の社員である旨 b 当該保証協会の名称・住所・事務所の所在地 c 当該保証協会が弁済業務保証金を供託している供託所・その所在地

※供託した保証金の額や分担金の納付額は，説明する必要はありません。

厳選超重要過去問 ○×一問一答

問題	解答
Q1 宅地建物取引業者は，37条書面を交付するに当たり，宅地建物取引士をして，その書面に記名押印の上，その内容を説明させなければならない。(H26)	内容を説明させる義務なし。 （ × ）
Q2 宅地建物取引業者は，建物の売買の媒介において，当該建物に係る租税その他の公課の負担に関する定めがあるときは，その内容を37条書面に記載しなければならない。(H26)	（ ○ ）
Q3 宅地建物取引業者が自ら売主として建物の売買を行う場合，当事者の債務の不履行を理由とする契約の解除に伴う損害賠償の額として売買代金の額の10分の2を超えない額を予定するときは，37条書面にその内容を記載しなくてよい。(R1)	当該事項は，任意的記載事項のため予定した（定めた）場合には，記載しなければならない。 （ × ）
Q4 宅地建物取引業者が既存住宅の売買の媒介を行う場合，37条書面に当該建物の構造耐力上主要な部分等の状況について当事者の双方が確認した事項を記載しなければならない。(R1)	（ ○ ）
Q5 宅地建物取引業者Aが，自ら売主として宅地の売買契約を締結した場合，Aは，供託所等に関する事項を37条書面に記載しなければならない。(R2)	当該事項は，37条書面の記載事項ではない。 （ × ）

業務規制・案内所等

SECTION 11

▶▶▶ **不動産会社がやってはいけないことって？**

学習のポイント

宅建業者が行ってはいけない禁止行為や，案内所等のルールを学習します。そこまで難しい内容ではありませんが，案内所等の届出や標識については，細かいヒッカケがよく出題されるため，注意して学習して下さい。

1 広告および契約締結時期の制限

　宅建業者は，宅地の造成または建物の工事の完了前においては，その工事に関して必要とされる開発許可や建築確認等を受けた後でなければ，広告や契約の締結をすることができません。これは，必要な許可等を受けないまま，広告や契約を締結してしまうと，もし許可等が下りなかった場合，消費者に大きな損害を与えてしまう危険性があるからです。

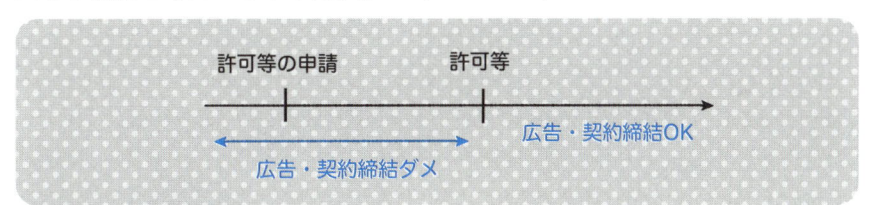

許可等の申請　　　　　許可等

広告・契約締結OK

広告・契約締結ダメ

■1 広告の規制対象
　宅建業の取引全般が規制されます。

■2 契約締結の規制対象
　貸借の媒介・代理以外が規制されます。

2 広告禁止

■1 業務停止処分中の広告の禁止
　宅建業者は，業務停止処分期間中は，業務に関する広告をしてはいけません。

宅建業者は，業務に関して広告をするときは，おとり広告等の著しく事実に相違する表示をしてはいけません。これは，実際におとり広告等によって損害を受けた人がいなくても，誇大広告に該当し，宅建業法違反となります。

3 不当な履行遅延の禁止

宅建業者は，下記❶〜❸を不当に遅延する行為をしてはいけません。

> ❶　宅地・建物の登記
> ❷　宅地・建物の引渡し
> ❸　宅地・建物の取引に係る対価の支払い
> ※禁止される項目は，上記3つに限定されます。

4 守秘義務

宅建業者は，正当な事由がある場合を除き，業務上取り扱った秘密を他に漏らしてはいけません。宅建業を営まなくなった後も同様です。

正当な事由とは，裁判の証人になる場合，取引相手に真実を告げなければならない場合，依頼者の承諾があった場合等のことです。

5 断定的判断・威迫行為等の禁止

宅建業者は，以下の行為をしてはいけません。

> ❶　将来の利益・環境・利便に関する断定的判断
> 　例：この土地の南側には，マンションが建築されることは絶対にありません！
> ❷　宅建業に係る契約を締結させ，または宅建業に係る契約の申込みの撤回・解除を妨げるため，威迫（いはく）する行為
> ❸　宅建業者の相手方等が契約の申込みの撤回を行うに際し，既に受領した預り金を返還することを拒むこと

❹ 宅建業者の相手方等が手付を放棄して契約の解除を行うに際し，正当な理由なく，当該契約の解除を拒み，または妨げること

6 手付について貸付けその他信用の供与の禁止

宅建業者が手付金を貸し付けたり，分割払いや後払いを容認することは禁止されます。これは，手付金を持ち合わせていない相手方に対して，「手付金払えないなら，特別に後日でいいですから，契約をしましょう！」と，不当に契約を誘引する行為を規制するためです。

⚠ 手付金に関する金銭貸借のあっせんや，手付金の減額は信用の供与に該当しません。

7 宅地建物取引士の設置

1 設置義務

宅建業者は，事務所・案内所（申込み・契約を行う）に，法定数の成年者である専任の取引士を置かなければなりません。

① 法定数

事務所	宅建業者の業務に従事する者の5人に1人以上の割合。たとえば，業務に従事する者が11名の事務所のケースでは，少なくとも3名は専任の宅建士でなければなりません。なお，業務に従事する者には，パート・アルバイト等の補助的な事務に従事する者も含まれます。
案内所（申込み・契約を行う）	1名以上

② 成年者

原則として20歳以上でなければなりませんが，婚姻した者や法人の役員等（取引士に限る）であれば，20歳未満であっても成年である取引士とみなされます。

2 専任の取引士の不足

事務所等において，取引士の数が法定数に不足するに至ったときは，2週間以内に法定数になるように補充等の措置を執らなければなりません。

8 帳簿の備付け

宅建業者は，事務所ごとに業務に関する帳簿を備え，宅建業に関し取引の
あったつど，一定事項を記載しなければなりません。

- ⚠ たとえば，取引年月日，取引に係る物件の所在・面積，契約の相手方等の氏名・住所等を記載します。

■保存期間

閉鎖（各事業年度の末日が閉鎖日）後5年間，帳簿を保存しなければなりません。なお，宅建業者が自ら売主となる新築住宅に係るものは，10年間となります。

9 従業者名簿の備付け

宅建業者は，事務所ごとに従業者名簿を備え，従業者に関する一定事項を
記載しなければなりません。

- ⚠ たとえば，従業者の氏名・生年月日，従業者証明書の番号，取引士であるか否かの別を記載します。

1 保存期間

最終の記載をした日から10年間保存しなければなりません。

2 閲　覧

宅建業者は，取引の関係者から請求があったときは，従業者名簿を閲覧させなければなりません。

- ⚠ 帳簿には，このような閲覧させる義務はありません。

10 従業者証明書

宅建業者は，従業者（会社代表者・非常勤役員・補助的な事務に従事する者・一時的に事務を補助する者等）に，その従業者であることを証する証明書を携帯させなければなりません。

また，従業者は，取引の関係者の請求があったときは，従業者証明書を提示しなければなりません。

11 申込・契約を行う案内所等の届出

　宅建業者は，申込み・契約を行う案内所等については，一定事項を，❶および❷に届け出なければなりません。なお，この届出を行うのは，案内所等を設置した宅建業者です。

---

❶　免許権者（都道府県知事・国土交通大臣）

　　※国土交通大臣に届け出る場合，下記❷の知事を経由してしなければなりません。

❷　当該案内所等の所在地を管轄する都道府県知事

期限　…業務を開始する日の10日前まで

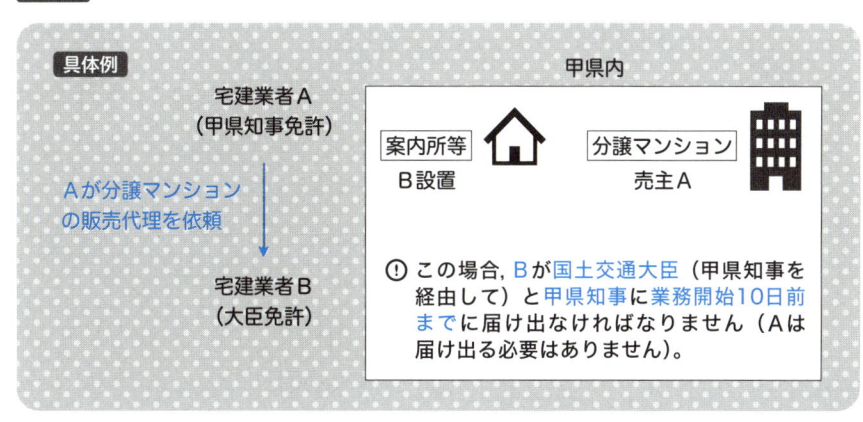

具体例

甲県内

宅建業者A
（甲県知事免許）

Aが分譲マンション
の販売代理を依頼

宅建業者B
（大臣免許）

案内所等　🏠
B設置

分譲マンション　🏢
売主A

⊙ この場合，Bが国土交通大臣（甲県知事を経由して）と甲県知事に業務開始10日前までに届け出なければなりません（Aは届け出る必要はありません）。

12 標識の掲示義務

① **標識を掲示する場所**

　宅建業者は，下記❶〜❸の場所に一定事項を記載した標識（ひょうしき）を掲げなければなりません。

⊙ 媒介・代理を依頼された宅建業者が案内所を設ける場合，その依頼された宅建業者が当該案内所に標識を掲示します。そして，依頼した宅建業者（売主）の物件が所在する場所（現地）には，売主である宅建業者が標識を掲示します。現地も案内所等として標識の掲示義務があります。

---

❶　事務所

❷　申込・契約を行う案内所等

❸　申込・契約を行わない案内所等

② **標識に記載する事項**
一定事項とは，主に下記❶❷のことをいいます。

❶　専任の取引士を設置すべき場所については，その取引士の氏名
❷　売主である宅建業者の商号・名称・免許証番号（媒介・代理を依頼された宅建業者が案内所を設ける場合）

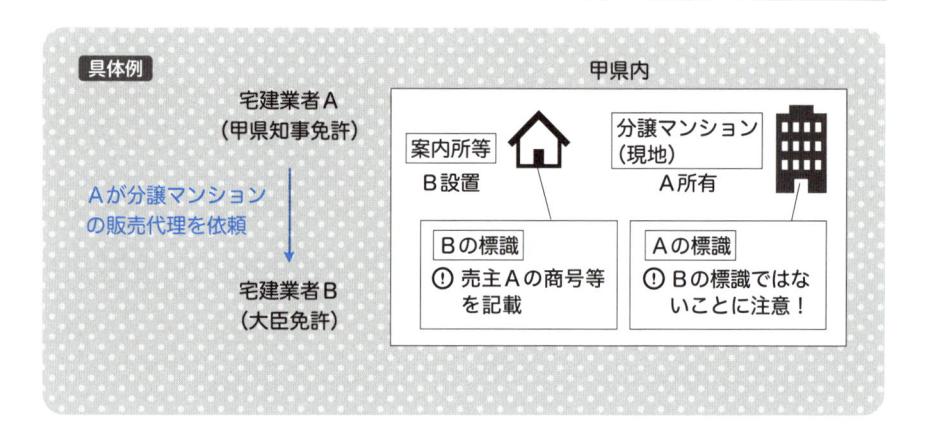

13　取引態様の明示義務

　宅建業者は，広告をするとき・注文を受けたときには，取引態様の別を明らかにしなければなりません。なお，取引態様の明示とは，宅建業者が当該取引にどのように関わっているのか（売主なのか，媒介業者なのか，代理業者なのか）を明らかにすることです。

　(!) 注文者が宅建業者であっても，取引態様の明示を省略することはできません。

厳選超重要過去問 ○×一問一答

問題	解答
Q1 宅地建物取引業者が，買主として，造成工事完了前の宅地の売買契約を締結しようとする場合，売主が当該造成工事に関し必要な都市計画法第29条第1項の許可を申請中であっても，当該売買契約を締結することができる。(H30)	「許可を申請中」とあり，許可を受けているわけではないため，売買契約は締結できない。 （×）
Q2 宅地建物取引業者は，その業務に関する帳簿を，一括して主たる事務所に備えれば，従たる事務所に備えておく必要はない。(H29)	帳簿は，従たる事務所にも備えなければならない。 （×）
Q3 宅地建物取引業者A（甲県知事免許）が乙県内に所在するマンション（100戸）を分譲する場合（ケース1）において，Aが宅地建物取引業者Bに販売の代理を依頼し，Bが乙県内に案内所を設置する場合，Aは，その案内所に，法第50条第1項の規定に基づく標識を掲げなければならない。(H27)	当該案内所に標識を掲げなければならないのは，案内所を設置した「B」。 （×）
Q4 ケース1において，Aが甲県内に案内所を設置して分譲を行う場合において，Aは甲県知事及び乙県知事に，業務を開始する日の10日前までに法第50条第2項の規定に基づく届出をしなければならない。(H27)	Aは，免許権者かつ案内所の管轄知事である「甲県知事」へ届け出なければならない。 （×）

吉野先生のワンポイントアドバイス

「不屈」の精神で頑張りましょう。どんな困難にぶつかっても意志を貫いて下さい。合言葉は「絶対合格!!」

8種制限Ⅰ

SECTION 12

▶▶▶ **不動産会社が規制される8つの制限**

学習のポイント

8種制限の適用場面を正確に押さえましょう。状況によって，宅建業法（8種制限）が適用されるか，それとも民法が適用されるかが異なります。この判断がとても大切です。

1 8種制限の概要

　宅建業者が売主となり，一般消費者である買主と不動産売買契約を締結する場合，不動産取引のシロウトである一般消費者は，どうしてもプロである宅建業者と比べ，立場が不利となります。そこで，不動産取引に慣れていない一般消費者を保護するため，宅建業者を規制する8つの制限（①担保責任の特約の制限，②他人物売買等の制限，③損害賠償額の予定・違約金の制限，④クーリング・オフ，⑤割賦販売契約の解除等の制限，⑥所有権留保の禁止，⑦手付の額の制限等，⑧手付金等の保全措置）を設けています。

2 8種制限 適用場面

　売主が宅建業者，買主が宅建業者でない者との間で締結される売買契約のみが対象です。

　　売主　　　　　　　売買契約　　　　　　買主
　宅建業者　　　　　　　　　　　　　　宅建業者以外

⚠ 上記以外（例：売主・買主ともに宅建業者）の場合，宅建業法（8種制限）は適用されず，民法が適用されます。

SECTION 13 8種制限Ⅱ

▶▶▶ 担保責任の特約の制限・他人物売買の
制限・損害賠償額の予定の制限

学習のポイント

それぞれ民法の規定をしっかり復習しましょう。民法の理解がカギを握っています。民法と宅建業法の違いに注意しながら学習して下さい。

1 担保責任の特約の制限

　民法では，売主が担保責任を負わない旨の特約も認められています。しかし，そのような特約を無制限に認めてしまうと，立場が弱い一般消費者が，契約内容に適合しない物件を購入しても責任追及ができず，泣き寝入りとなってしまう可能性があります。そこで，宅建業法では買主を保護するため，特約を制限する規定が設けられています。

◈ 民法の規定における担保責任（復習）

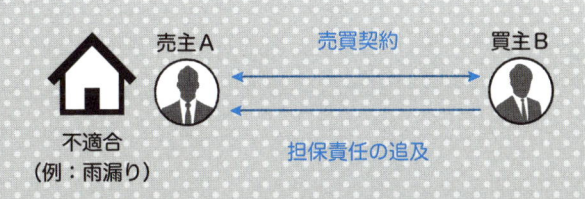

　不適合
（例：雨漏り）

　売主A　　　　売買契約　　　　買主B

　　　　　　担保責任の追及

　① 一定の担保責任（種類・品質の不適合）の追及は，原則として，買主がその不適合を知った時から1年以内に売主に通知しなければなりません。

🔳 宅建業法の規定

　宅建業者が自ら売主となる宅地・建物の売買契約において，一定の担保責任（種類・品質に関して契約の内容に適合しない場合におけるその不適合を担保すべき責任）に関し，民法の規定より，買主に不利となる特約をしてはいけません。

例外　…通知期間の特約

　買主の通知期間（期間制限P77参照）につき，引渡しの日から２年以上とする特約を有効にすることができます。

　⚠️ これらに違反する特約は，無効となり，民法の規定が適用されます。

🔳 特約の具体例

> ❶　売主である宅建業者は，目的物の引渡しの日から１年間，担保責任を負う　⇨　無効
>
> 　　※買主は，不適合を知った時から１年以内に通知すれば，売主はその責任を負います（民法が適用）。
>
> ❷　売主である宅建業者は，契約の解除には応じない　⇨　無効
>
> 　　※売主は，一定の場合には，契約の解除にも応じないといけません（民法が適用）。

2　他人物売買の制限

　他人物売買において，売主は，他人から物件を取得し買主に所有権を移転させる義務が生じます。もし，この義務を履行できない場合，買主は責任を追及できますが，売主が悪質な宅建業者で，他人の不動産をあたかも自分の不動産のように装っていたとしたら……。その後，代金の返金等は困難となり，買主が泣き寝入りとなる可能性があります。そこで，宅建業法では，他人物売買を制限しています。

復習　…民法の規定

　他人の所有物を売買契約の目的物とする場合でも，その売買契約は有効となります。しかし，売主がその他人から不動産を取得できず，買主に引渡しができなかったときは，問題となります。

⒈ 宅建業法の規定

宅建業者は，他人が所有する等の自己の所有に属しない宅地・建物について，自ら売主となる売買契約・売買予約契約を締結してはなりません。

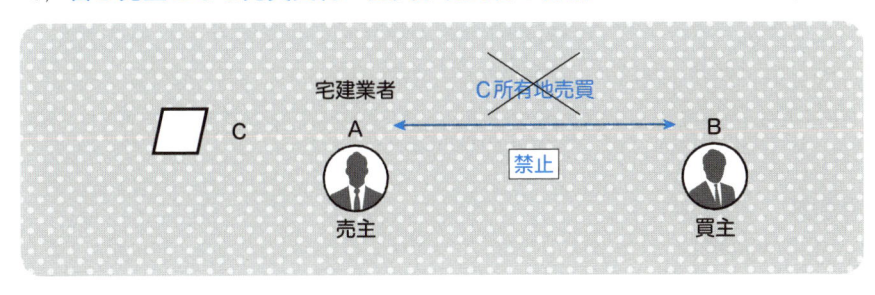

例外　…他人物売買OK

宅建業者は，他人との間で宅地・建物の取得契約を締結しているときは，自ら売主となる売買契約・売買予約契約を締結することができます。

⒉ 取得契約

取得契約は，売買予約であってもOKです。

⚠ 停止条件がついている場合は，NG（引渡しができる保証がないため）。

また，取得契約をしていれば，その物件の引渡しや移転登記，代金支払い等が未済であってもOKとなります。

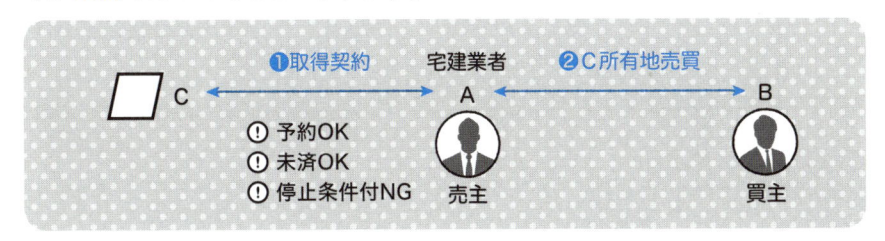

3 損害賠償額の予定・違約金の制限

　当事者の一方に債務不履行があった場合，その相手方は，損害賠償を請求することができますが，あらかじめその額を予定しておくことができます。これを損害賠償額の予定といいます。また，これとは別に違約金（例：契約違反があったときに，損害の有無にかかわらず請求できるお金）を定めることもできます。

復習 …民法の規定

　損害賠償額の予定は，契約と同時に行う必要はありません。また，この額が予定された場合，実際の損害額が予定された額と異なる場合でも，当事者は増減を主張することはできません。

■ 宅建業法の規定

　宅建業者が自ら売主となる宅地・建物の売買契約において，当事者の債務不履行を理由とする契約の解除に伴う損害賠償額を予定しまたは違約金を定めるときは，これらを合算した額が代金の額の10分の2を超えることとなる定めをしてはなりません。この規定に違反する特約は，代金額の10分の2を超える部分について，無効となります。

■ 損害賠償額の予定・違約金を定めなかった場合

　損害賠償額の予定や違約金を定めなかった場合，売買代金額の20％に制限されることなく，実損額（実際に生じた損害額）を請求することができます。

まとめ …民法と宅建業法

①損害賠償額の予定 ②違約金	民法	宅建業法
定めあり	①・②合算OK ※額の制限なし	①・②合算OK ※売買代金額の20％まで
定めなし	実損額	実損額

問題	解答

Q1 宅地建物取引業者Aが宅地建物取引業者ではないEとの間で締結する建物の売買契約において，Aは当該建物の種類又は品質に関して契約の内容に適合しない場合におけるその不適合を担保すべき責任を一切負わないとする特約を定めた場合，この特約は無効となり，Aが当該責任を負う期間は当該建物の引渡日から2年となる。(R2)

特約が無効となった場合，民法の通知期間（買主は，不適合を知った時から1年以内に通知）が適用される。

（ ✕ ）

Q2 宅地建物取引業者Aが自ら売主として，B所有の甲宅地建物を，宅地建物取引業者でない買主Cに売却する場合において，Aは，甲宅地建物の造成工事の完了後であれば，Bから甲宅地建物を取得する契約の有無にかかわらず，Cとの間で売買契約を締結することができる。(H21)

宅建業者Aは，Bと取得契約を締結していなければ，Cとの間で売買契約を締結することはできない。

（ ✕ ）

Q3 宅地建物取引業者Aが，自ら売主として宅地建物取引業者でない買主Bとの間で宅地の売買契約を締結した場合において，当事者の債務不履行を理由とする契約の解除に伴う損害賠償の予定額を定めていないとき，損害賠償の請求額は売買代金の額を超えてはならない。(H22)

予定額を定めていないときは，その額に制約はなく，実損額を請求できる。

（ ✕ ）

8種制限III

▶▶▶ クーリング・オフ，割賦販売契約の解除等の制限，所有権留保の禁止

学習のポイント

クーリング・オフを中心に学習しましょう。本試験において１問出題されることが多く，８種制限の中でも重要度は高いです。クーリング・オフができない「場所」と，できない「場面」をしっかり理解しましょう。

1 クーリング・オフ

　不動産売買契約においては，クーリング・オフ（申込みの撤回・売買契約の解除）を認めています。これは，不動産営業マンの訪問販売や，旅行等の招待先で安易に不動産購入をしてしまった一般消費者を保護するためです。

1 クーリング・オフができない場所

　下記に規定する事務所等で買受けの申込みや売買契約の締結をした場合，クーリング・オフをすることができません。クーリング・オフができるか否かは，「場所」において判断します。

① 事務所等

> ❶ 事務所（本店・支店等）
> ❷ 宅地建物の分譲を行う案内所（モデルルーム等）
>
> 売主の宅建業者から，代理・媒介の依頼を受けた宅建業者が，❶または❷を設置する場合も，その場所はクーリング・オフができない場所（事務所等）に該当します。
>
> ※❷は，土地に定着するものに限られるため，テント張りの案内所は該当しません。
>
> ❸ 相手方（申込者・買主）が申し出た場合の，相手方の自宅または勤務先

② 申込み場所と契約締結場所が異なる場合

　申込み場所と契約締結場所が異なる場合，クーリング・オフができるか否かは申込み場所で判断します。たとえば，申込み場所が事務所で，契約締結場所がレストランだった場合，申込み場所がクーリング・オフできない事務

所のため，相手方はクーリング・オフをすることができません。

2 クーリング・オフができない場面

上記1に該当しない場合でも，下記❶または❷に該当した場合，クーリング・オフができません。

> ❶ 相手方が宅建業者からクーリング・オフができる旨およびその方法を，書面で告げられた日から起算して8日を経過したとき
> ❷ 相手方が宅地・建物の引渡しを受け，かつ，その代金の全部を支払ったとき

まとめ …クーリング・オフの可否

事務所等で申込み・契約
➡クーリング・オフできない

事務所等以外（例：ホテル，レストラン，喫茶店）で申込み・契約
➡クーリング・オフできる

2 クーリング・オフできない場面に該当する。
➡クーリング・オフできない

2 クーリング・オフできない場面に該当しない。
➡クーリング・オフできる

3 クーリング・オフの方法・効果

① 方 法

クーリング・オフは，相手方がクーリング・オフをする旨の書面を発した時に，効力が生じます（発信主義）。したがって，発信した証拠があれば，何らかの事情で宅建業者にその書面が届いていなくても，クーリング・オフされたことになります。

② 効 果

クーリング・オフされた場合，宅建業者は，損害賠償や違約金を請求することができません。また，相手方から受領したもの（手付金等）があれば，速やかにすべてを返還しなければなりません。

4 特 約

クーリング・オフの規定に関し，相手方にとって不利となる特約は，すべて無効となります。

2 割賦販売契約の解除等の制限

　宅建業者は，自ら売主となる宅地・建物の割賦販売の契約について賦払金の支払の義務が履行されない場合においては，30日以上の相当の期間を定めてその支払を書面で催告し，その期間内に履行されないときでなければ，当該契約の解除等をすることができません。

1 割賦販売契約

　売主（宅建業者）が代金を分割して受け取る分割払い契約のことです。

2 賦払金

　割賦販売契約において，分割して支払う際の代金の支払分です。

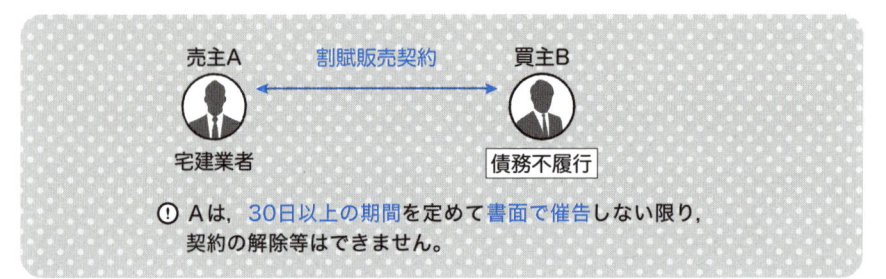

3 所有権留保の禁止

　宅建業者は，自ら売主として宅地・建物の割賦販売を行った場合は，当該割賦販売に係る宅地・建物を買主に引き渡すまでに，登記等の売主の義務を履行しなければなりません。

　割賦販売においては，物件の引渡し後においても，宅建業者が所有権移転登記に協力せず，所有権を留めておく可能性があります。この場合，宅建業者が破産したときに，買主に予期せぬ損害が及ぶため，無制限に認めるのは危険です。

　ただし，例外として，宅建業者が宅地・建物を引き渡すまでに代金の額の10分の3を超える額の金銭の支払いを受けていない場合にあっては，宅建業者は，代金の額の10分の3を超える額の金銭の支払いを受けるまでは，所有権を留保（登記等の義務を履行しなくてよい）することができます。

問題	解答
Q1 宅地建物取引業者Aが，自ら売主として宅地建物取引業者でない買主Bとの間で締結した宅地の売買契約について，Bがクーリング・オフによる契約の解除をする場合において，Aは，喫茶店でBから買受けの申込みを受け，その際にクーリング・オフについて書面で告げた上で契約を締結した。その7日後にBから契約の解除の書面を受けた場合，Aは，代金全部の支払を受け，当該宅地をBに引き渡していても契約の解除を拒むことができない。(H26)	全額の支払と宅地の引渡しがなされているため，クーリング・オフ不可（Aは解除を拒める）。 （ × ）
Q2 宅地建物取引業者である売主Aが，宅地建物取引業者Bの媒介により宅地建物取引業者ではない買主Cと新築マンションの売買契約を締結した場合（ケース1）において，Cは，Bの事務所で買受けの申込みを行い，その3日後に，Cの自宅近くの喫茶店で売買契約を締結したとき，クーリング・オフによる契約の解除はできない。(H30)	クーリング・オフの可否は，「申込み場所」で判断するため，クーリング・オフ不可。 （ ○ ）
Q3 ケース1において，Cは，Bからの提案によりCの自宅で買受けの申込みを行ったが，クーリング・オフについては告げられず，その10日後に，Aの事務所で売買契約を締結した場合，クーリング・オフによる契約の解除はできない。(H30)	宅建業者（B）から申し出た場合の自宅は，事務所等に該当しないため，クーリング・オフ可。 （ × ）

8種制限IV
手付の額の制限等・手付金等の保全措置

SECTION 15

▶▶▶ **手付金の仕組みを知ろう！**

学習のポイント

手付金等の保全措置の理解が大切です。保全措置の要不要について，しっかりと判断できるようにするため，時間をかけて学習して下さい。

1 手付の額の制限等

　民法上，売主が受領できる手付の額に制限はありません。しかし，宅建業者が高額な手付金を受領してしまうと，一般消費者を不当に拘束してしまうことになりかねません。そこで，一般消費者の保護のため，宅建業法では，宅建業者が受領できる手付の額を制限しています。

1 民法の規定　復習

① **契約解除の方法**

　買主は，交付した手付を放棄する（諦める）ことで，契約を解除することができます。一方，売主は，交付を受けた手付の倍額を現実に提供（倍返し）することで，契約を解除することができます。

② **契約解除の期間**

　相手方が契約の履行に着手するまで（約束にとりかかるまで）であれば，手付による解除ができます。

③ **契約解除の効果**

　手付解除がなされた場合，当事者は損害賠償請求をすることができません。

2 宅建業法の規定

① **性質の制限**

　宅建業者が自ら売主となる宅地・建物の売買契約の締結に際して，手付を受領したときは，その手付がいかなる種類のものであっても，解約手付の性質が与えられます。なお，契約解除の方法・期間・効果については，民法と同様です。

202

② 　額の制限

　宅建業者は，自ら売主となる宅地・建物の売買契約の締結に際して，代金の額の10分の2を超える額の手付を受領することができません。

　⚠ ①，②に反する特約で，買主に不利となるものは，無効となります。

2 　手付金等の保全措置

　売主である宅建業者が，対象不動産の引渡し前に買主から代金等を受け取り，その後，宅建業者が破産してしまうと，お金を支払った買主は，そのお金を戻してもらえず，また，対象不動産の引渡しも受けられない可能性があります。こういった危険を考慮し，買主を保護するために，保全措置という制度があります。保全措置を講ずることで，万が一のことがあっても，買主が支払った代金等は戻ってきます。

1 手付金等

　8種制限が適用される場面において，宅建業者は，原則として保全措置を講じなければ，買主から手付金等を受領することができません。

　手付金等とは，保全措置が必要となるお金です。契約締結日以後，物件の引渡し前までに支払われる金銭で，売買代金に充当されるものが対象となります。手付金だけが対象となるわけではないので，注意しましょう。

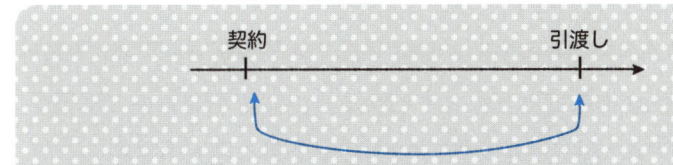

契約　　　　　　　　　　　　　引渡し

この間に支払われる金銭（中間金等）が保全措置が必要となる手付金等です。名称は問いません。

　⚠ 売買契約締結前に受領する申込証拠金であっても，売買代金に充当される場合は，手付金等に該当します。なお，宅建業者が手付金等を受領する前に保全措置を講じない場合，手付金等の支払を履行しなくとも，債務不履行の責任は負いません。

② 保全措置の種類

❶ 保証委託契約によるもの
（銀行等がバックアップ）

❷ 保証保険契約によるもの
（保険会社等がバックアップ）

❸ 指定保管機関によるもの
（保証協会等がバックアップ）

未完成物件（工事完了前）の売買では，**❶または❷**の保全措置しか利用できません。**完成物件**（工事完了後）の売買では，**❶～❸のすべて**を利用できます。

③ 保全措置が不要となる例外

下記**❶または❷**のいずれかに該当する場合，宅建業者は，保全措置を講じなくとも手付金等を受領できます。

❶ 宅建業者が受領する手付金等の額が，一定額以下の場合

一定額	未完成物件の売買	代金額の**5％以下**かつ**1,000万円以下**
一定額	完成物件の売買	代金額の**10％以下**かつ**1,000万円以下**

❷ 買主が所有権の登記（所有権移転・所有権保存）を備えた場合

④ 保全措置の要不要の判断の具体例

宅建業者Aと宅建業者でないBとで，未完成物件の売買契約（売買代金3,000万円）を締結した。売買契約時に手付金として150万円を受領し，その後，引渡し前に中間金として300万円を受領する場合

⇨　手付金の150万円は代金額の5％以下かつ1,000万以下のため，手付金受領時には保全措置は不要です。しかし，中間金を受領する際には，受領額トータル（450万円）で代金額の5％を超えているため，Aは，450万円全額につき，保全措置が必要となります。

⚠ 中間金の300万円のみ保全措置を講じればよいわけではありませんので注意して下さい。

問題	解答
Q1 宅地建物取引業者A社が，自ら売主として宅地建物取引業者でない買主Bとの間で締結する建築工事完了後の建物の売買契約に関して，当該契約の締結に際し，BがA社に手付金を支払い，さらに中間金を支払った場合，Bは，A社が契約の履行に着手しないときであっても，支払った手付金を放棄して契約の解除をすることができない。(H23)	A社（相手方）が履行に着手していないため，Bは手付解除できる。 （ × ）
Q2 宅地建物取引業者である売主は，宅地建物取引業者ではない買主との間で，戸建住宅の売買契約（所有権の登記は当該住宅の引渡し時に行うものとする。）を締結した（ケース1）。当該住宅が建築工事の完了後で，売買代金が3,000万円であった場合，売主は，買主から手付金200万円を受領した後，当該住宅を引き渡す前に中間金300万円を受領するためには，手付金200万円と合わせて保全措置を講じた後でなければ，その中間金を受領することができない。(H30)	中間金を受領するときには，既に受領した手付金と中間金を合わせると，手付金等の額が代金額の10％（300万円）を超えるため，両方につき保全措置が必要（完成物件のケース）。 （ ○ ）
Q3 ケース1において，当該住宅が建築工事の完了前で，売買代金が2,500万円であった場合，売主は，当該住宅を引き渡す前に買主から保全措置を講じないで手付金150万円を受領することができる。(H30)	未完成物件の場合で，手付金等の額が代金額の5％（125万円）を超えるため，保全措置が必要。 （ × ）

CHAP
2
宅建業法

手付金等の保全措置は，理解に時間がかかる場合があります。「焦らずじっくり」取り組んでください。マスターできるまで何度も繰り返しやりましょう。急がば回れ！

報酬Ⅰ

▶▶▶ **不動産会社がもらえる仲介手数料 売買編**

> **学習のポイント**
>
> 報酬では，報酬額を計算させる計算問題が出題されます。計算問題に対応できるように，計算式をしっかりマスターしましょう。この項目では，主に，売買の計算について学んでいきます。

1 報酬の受領

　宅建業者は，売買・交換・貸借の媒介や代理をすることによって，契約を成立させた場合，その依頼者から報酬を受領することができます。

■報酬額の掲示

　宅建業者は，事務所ごとに，公衆の見やすい場所に，国土交通大臣が定めた報酬額を掲示しなければなりません。

2 消費税

1 物件の消費税

　取引物件の価格に消費税（10%）が含まれている場合，その税額分を差し引いて税抜き価額を算出する必要があります。その後，報酬額の計算をします。

具体例 …税抜き価額

　代金5,500万円（消費税等相当額を含む）の建物の売買の媒介をした場合，税抜き価額は5,000万円（5,500万円÷1.1＝5,000万円）となります。

　⚠ 土地の取引や，居住用建物の賃貸借では，消費税は課税されません。

2 報酬の消費税

　宅建業者が，課税事業者である場合，算出した報酬額に10%を上乗せ（報酬額×1.1）して受領することができます。

参考 …課税事業者について

　年間の売上が1,000万円を超える事業者を課税事業者，1,000万円以下の事業者を免税事業者と呼びます。なお，免税事業者の場合，算出した報酬額に4％を上乗せして受領することができます。

3 売買・交換の報酬

1 速算式

　下記❶〜❸をベースに報酬額を計算します。

> ❶　宅地・建物の価額（税抜き価額）が200万円以下の場合
> 　⇨税抜き価額×5％
> ❷　宅地・建物の価額（税抜き価額）が200万円超〜400万円以下の場合
> 　⇨税抜き価額×4％＋2万円
> ❸　宅地・建物の価額（税抜き価額）が400万円超の場合
> 　⇨税抜き価額×3％＋6万円

2 媒介に関する報酬

　宅建業者（課税事業者）が依頼者の一方から受領できる報酬限度額は，「速算式」で算出した額に10％（消費税）を上乗せした額となります。

　なお，交換の場合，価額に差があるときは，大きい価額を使用して計算します（例：価額5,000万円の土地と価額4,000万円の土地を交換する場合，5,000万円をベースに計算します）。

① 売買の媒介の具体例1

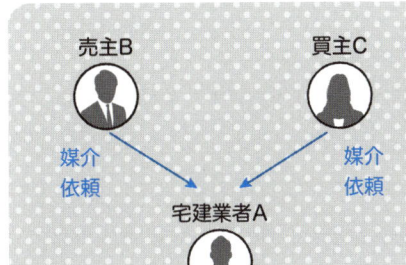

宅建業者A（課税事業者）は，BおよびCから媒介の依頼を受け，売買契約を成立させた。なお，土地付建物の代金は，価額5,300万円（土地代金は2,000万円）で，消費税額および地方消費税額を含むものとする。

手順1 …建物の税抜き価額を求める

5,300万円−2,000万円（土地代金）＝3,300万円（建物代金）

3,300万円÷1.1＝3,000万円（税抜き価額）

手順2 …依頼者の一方から受領できる報酬限度額を求める

5,000万円（土地代金2,000万円＋建物の税抜き価額3,000万円）×3％＋6万円＝156万円

156万円×1.1（10％の消費税上乗せ）＝171万6,000円

手順3 …BおよびCから受領できる合計報酬限度額を求める

171万6,000円＋171万6,000円＝343万2,000円

② **売買の媒介の具体例2**

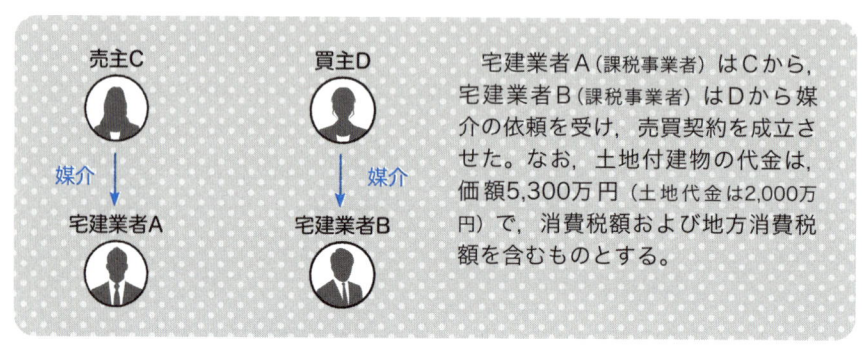

売主C　買主D

媒介　媒介

宅建業者A　宅建業者B

宅建業者A（課税事業者）はCから，宅建業者B（課税事業者）はDから媒介の依頼を受け，売買契約を成立させた。なお，土地付建物の代金は，価額5,300万円（土地代金は2,000万円）で，消費税額および地方消費税額を含むものとする。

手順1 …建物の税抜き価額を求める

5,300万円−2,000万円（土地代金）＝3,300万円（建物代金）

3,300万円÷1.1＝3,000万円（税抜き価額）

手順2 …宅建業者AがCから受領できる報酬限度額を求める

5,000万円（土地代金2,000万円＋建物の税抜き価額3,000万円）×3％＋6万円＝156万円

156万円×1.1＝171万6,000円

手順3 …宅建業者BがDから受領できる報酬限度額を求める

5,000万円（土地代金2,000万円＋建物の税抜き価額3,000万円）×3％＋6万円＝156万円

156万円×1.1＝171万6,000円

3 代理に関する報酬

　一取引で，宅建業者（課税事業者）が依頼者から受領できる報酬限度額は，媒介報酬限度額の2倍以内となります。

① 売買の代理の具体例１

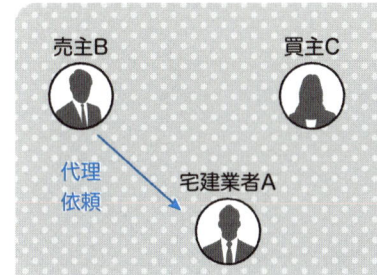

宅建業者Ａ（課税事業者）は，Ｂから代理の依頼を受け，ＢＣ間の売買契約を成立させた。なお，土地付建物の代金は，価額5,300万円（土地代金は2,000万円）で，消費税額および地方消費税額を含むものとする。

CHAP
2
宅建業法

手順1 …建物の税抜き価額を求める

5,300万円－2,000万円（土地代金）＝3,300万円（建物代金）

3,300万円÷1.1＝3,000万円（税抜き価額）

手順2 …宅建業者ＡがＢから受領できる報酬限度額を求める

5,000万円（土地代金2,000万円＋建物の税抜き価額3,000万円）×3％＋6万円＝156万円

代理　156万円×2＝312万円

312万円×1.1＝343万2,000円

② 売買の代理の具体例２

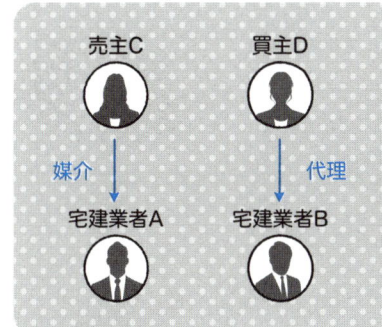

宅建業者Ａ（課税事業者）はＣから媒介の依頼を，宅建業者Ｂ（課税事業者）はＤから代理の依頼を受け，売買契約を成立させた。なお，土地付建物の代金は，価額5,300万円（土地代金は2,000万円）で，消費税額および地方消費税額を含むものとする。

手順1 …建物の税抜き価額を求める

5,300万円－2,000万円（土地代金）＝3,300万円（建物代金）

3,300万円÷1.1＝3,000万円（税抜き価額）

手順2 …宅建業者AがCから受領できる報酬限度額を求める

5,000万円（土地代金2,000万円＋建物の税抜き価額3,000万円）×3％＋6万円＝156万円

156万円×1.1＝**171万6,000円**（①）

手順3 …宅建業者BがDから受領できる報酬限度額を求める

5,000万円（土地代金2,000万円＋建物の税抜き価額3,000万円）×3％＋6万円＝156万円

代理　156万円×2＝312万円

312万円×1.1＝**343万2,000円**（②）

(!) ABが受領できる一取引の報酬合計額は，媒介報酬限度額の2倍以内でなければならないため，AがCから①を，BがDから②を受領し，一取引の合計を「③（514万8,000円）」とすることはできません。ABが受領できる合計報酬限度額は，343万2,000円以内にしなければなりません。

厳選超重要過去問 ○×一問一答

問題

Q1 宅地建物取引業者A及び宅地建物取引業者B（ともに消費税課税事業者）が受領する報酬に関して，Aは売主から代理の依頼を，Bは買主から媒介の依頼を，それぞれ受けて，代金5,000万円の宅地の売買契約を成立させた場合，Aは売主から343万2,000円，Bは買主から，171万6,000円，合計で514万8,000円の報酬を受けることができる。（R2）

解答

AB双方が受け取ることができる報酬合計額は媒介報酬限度額の2倍（税込343万2,000円）を超えられない。

（ ✕ ）

吉野先生のワンポイントアドバイス　友人，知人，親族等に，宣言しましょう。「絶対に今年の宅建試験，合格するから！」と。後戻りはできません。強い意志をもって試験に挑みましょう。

SECTION 17　報酬Ⅱ

▶▶▶ **不動産会社がもらえる仲介手数料 賃貸編**

学習のポイント

この項目では，主に貸借について学びます。貸借では，複雑な計算問題はあまり出題されないため，考え方をしっかり学習すれば，すぐにマスターできます。

1　貸借の報酬

1 貸借の媒介

　宅建業者（課税事業者）が，貸借の媒介に関して依頼者の双方から受領できる報酬の合計額は，借賃の1ヵ月分に消費税10%を上乗せした金額以内となります。

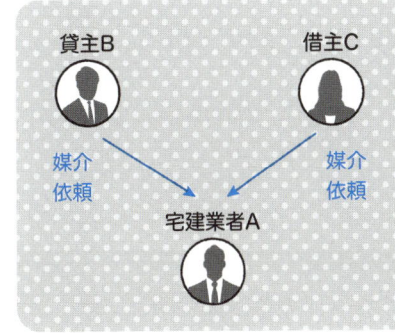

〈具体例〉
　宅建業者A（課税事業者）が，貸主Bと借主Cの双方から媒介の依頼を受け，月額賃料33万円（消費税等相当額を含む）の店舗用建物の賃貸借契約を成立させた。

手順1　…店舗用建物の税抜き借賃を求める

　33万円÷1.1＝30万円（税抜き借賃）

手順2　…BおよびCから受領できる合計報酬限度額を求める

　30万円×1.1＝33万円

⚠ 33万円の配分（B・Cの支払金額）については，特に規制はないため，契約等で自由に決めることができます。B，C双方からそれぞれ33万円を受領することはできません。

2 貸借の代理

　宅建業者（課税事業者）が，貸借の代理に関して依頼者から受領できる報酬の合計額は，借賃の1ヵ月分に消費税10%を上乗せした金額以内となります。

　⚠ 一取引の中で，借賃1ヵ月（＋消費税）しか受領できないという考え方は，貸借の媒介と同様です。

2 　貸借の報酬の特例

1 居住用建物の貸借の媒介の特例

　宅建業者（課税事業者）が，居住用建物の賃貸借の媒介に関して，依頼者の**一方から受領することができる報酬額は，依頼者の承諾がある場合を除き，借賃の0.5ヵ月分に消費税10%を上乗せした金額以内**となります。

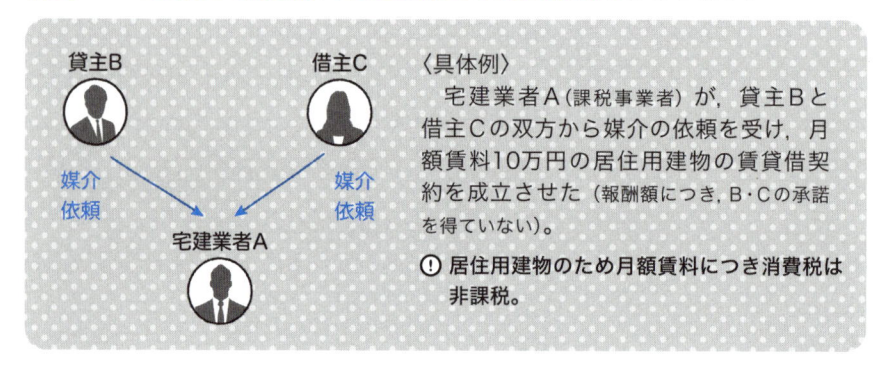

〈具体例〉
　宅建業者A（課税事業者）が，貸主Bと借主Cの双方から媒介の依頼を受け，月額賃料10万円の居住用建物の賃貸借契約を成立させた（報酬額につき，B・Cの承諾を得ていない）。

　⚠ 居住用建物のため月額賃料につき消費税は非課税。

手順1　…依頼者の一方から受領できる報酬限度額を求める

　5万円（借賃の0.5か月分）×1.1＝5万5,000円

手順2　…BおよびCから受領できる合計報酬限度額を求める

　5万5,000円＋5万5,000円＝11万円

　⚠ 報酬額につき，依頼者であるBまたはCの一方から承諾を得ている場合は，その一方から11万円を受領することができます。ただし，この場合，もう一方からは報酬を受領することはできません。

❷ 権利金の授受がある場合の特例

　下記の条件を満たした場合，権利金を売買代金とみなして計算した報酬額と，通常の貸借の媒介・代理に関する報酬額を比較し，高い方を依頼者から受領することができます。ただし，以下が条件となります。

❶　居住用建物以外の賃貸借
❷　返還されない権利金の授受（全額返還されるような保証金等は対象外）

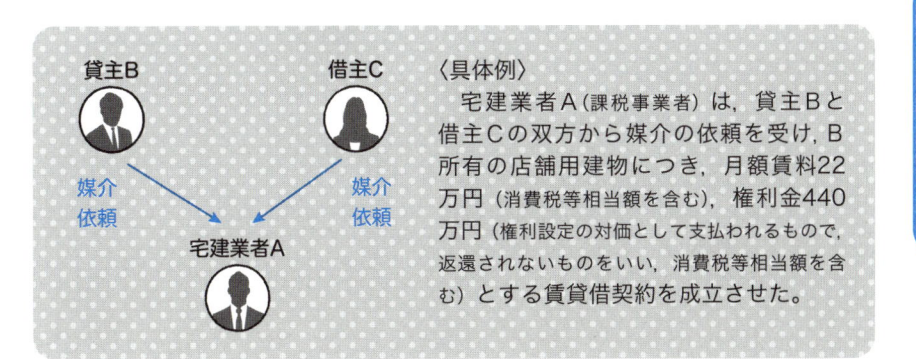

貸主B　　借主C

媒介
依頼　　　　　媒介
　　　　　　　依頼

宅建業者A

〈具体例〉
　宅建業者A（課税事業者）は，貸主Bと借主Cの双方から媒介の依頼を受け，B所有の店舗用建物につき，月額賃料22万円（消費税等相当額を含む），権利金440万円（権利設定の対価として支払われるもので，返還されないものをいい，消費税等相当額を含む）とする賃貸借契約を成立させた。

① **権利金を売買代金とみなして計算したケース**

手順1 …権利金の税抜き価額を求める
440万円÷1.1＝400万円

手順2 …権利金を売買代金とみなし，売買の媒介の報酬計算をする
400万円×4％＋2万円＝18万円
18万円×1.1＝19万8,000円

手順3 …BおよびCから受領できる合計報酬限度額を求める
19万8,000円＋19万8,000円＝39万6,000円

② **通常の貸借の媒介として計算したケース**

手順1 …店舗用建物の税抜き借賃を求める
22万円÷1.1＝20万円（税抜き借賃）

手順2 …BおよびCから受領できる合計報酬限度額を求める
20万円×1.1＝22万円

(!) 上記①・②を比較し，高い方を受領することができます。したがって，宅建業者Aは，39万6,000円を限度として，報酬を受領することができます。

3 報酬の特例

1 依頼者の依頼に基づく広告料金等

宅建業者は，依頼者の依頼に基づく広告の料金については，報酬のほかに別途受領することができます。また，遠隔地における現地調査に要する費用等，依頼者からの依頼による特別な費用についても，同様です。

2 空家等の報酬計算の特例

低廉な空家等（400万円以下）の売買・交換の媒介の場合，宅建業者は，依頼者（売主または交換を行う者）に対して，通常の報酬額に「現地調査等の費用」を上乗せして請求することができます。

① 受領できる額の制限

依頼者から受領できる額は，18万円（消費税10％を上乗せすると19万8,000円）を超えることができません。

② 注意点

a 貸借は対象外です。

b 低廉な空家等には，宅地も含まれます。

c 買主に対しては，通常の報酬額に，「現地調査等の費用」を上乗せして請求することはできません。

d 現地調査等の費用を上乗せして受領する場合，あらかじめ依頼者に説明し，合意する必要があります。

具体例 200万円の空家の売買の媒介をしたケース

①売主から受領できる限度額	11万円（200万円×5％×1.1）＋現地調査等の費用 ⚠ 19万8,000円が上限
②買主から受領できる限度額	11万円（200万円×5％×1.1） ⚠ 通常の報酬限度額と同様

③ 売買・交換の代理のケース

宅建業者が依頼者から受領できる報酬の限度額は，上記具体例の①・②を合計した金額以内となります。

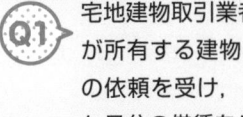

問題	解答

Q1 宅地建物取引業者A（消費税課税事業者）は，Bが所有する建物について，B及びCから媒介の依頼を受け，Bを貸主，Cを借主とし，1か月分の借賃を10万円（消費税等相当額を含まない。），CからBに支払われる権利金（権利設定の対価として支払われる金銭であって返還されないものであり，消費税等相当額を含まない）を150万円とする定期建物賃貸借契約を成立させた（ケース1）。建物が店舗用である場合，Aは，B及びCの承諾を得たときは，B及びCの双方からそれぞれ11万円の報酬を受けることができる。（H30改）

宅建業者は，次の①又は②の「高い方」を受領できる。①・②を考慮しても，それぞれから11万円を受領することはできない。
①借賃1ヵ月分の1.1倍である11万円
②権利金を売買代金とみなして計算した額である16万5,000円（B及びCからそれぞれ8万2,500円（150万 × 5 % × 1.1））。

（ × ）

Q2 土地付中古住宅（代金300万円。消費税等相当額を含まない。）の売買について，宅地建物取引業者A（消費税課税事業者）が買主Cから媒介を依頼され，現地調査等の費用が通常の売買の媒介に比べ4万円（消費税等相当額を含まない。）多く要する場合，その旨をCに対し説明した上で，AがCから受け取ることができる報酬の上限額は198,000円である。（H30改）

低廉な空家等（代金400万円以下の宅地・建物）の売買においては，現地調査等の費用を加算することができるが，これは「売主」から受ける報酬に限られる。買主Cからは受領できない。

（ × ）

監督・罰則

▶▶▶ **不動産会社がワルさしたときの制裁**

学習のポイント

処分内容や細かい罰則内容にとらわれないことが大切です。本書に掲載されている図等のポイントをしっかり押さえましょう。

1 宅建業者に対する監督処分

1 監督処分

監督処分には，指示処分（注意を受ける）・業務停止処分（最長1年間の業務禁止）・免許取消処分（宅建業の免許剥奪）があります。

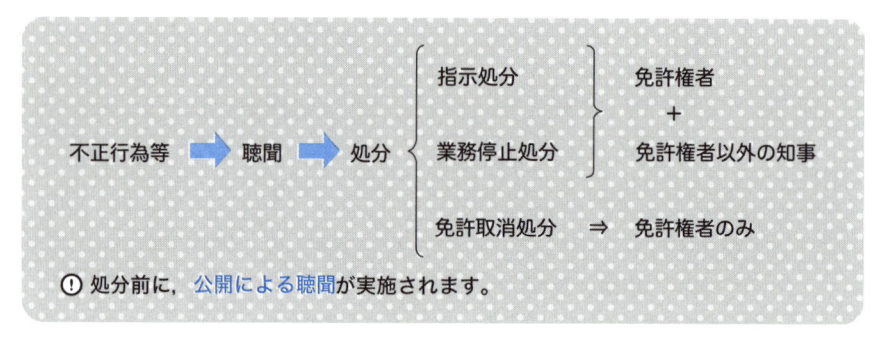

不正行為等 ➡ 聴聞 ➡ 処分

指示処分 ⎫ 免許権者
業務停止処分 ⎬ ＋ 免許権者以外の知事
免許取消処分 ⇒ 免許権者のみ

① 処分前に，公開による聴聞が実施されます。

なお，国土交通大臣は，国土交通大臣の免許を受けた宅建業者に対して，重要事項説明や37条契約書，誇大広告等の禁止に関する一定の規定に違反したことを理由として監督処分をしようとする場合，あらかじめ，内閣総理大臣と協議しなければなりません。

2 公 告

業務停止処分または免許取消処分がされた場合，その旨が公告されます。

3 指示処分

免許権者と免許権者以外の他の都道府県知事は，宅建業者が次の対象事由に該当する場合，必要な指示をすることができます。

●**対象事由**（一部抜粋）

> ❶ 宅建業法の規定に違反したとき
> ❷ 業務に関し他の法令に違反し，宅建業者として不適当であると認められるとき

4 業務停止処分

免許権者と免許権者以外の他の都道府県知事は，宅建業者が，次の対象事由に該当する場合，1年以内の期間を定めて，業務の全部または一部の停止を命ずることができます。

●**対象事由**（一部抜粋）

> ❶ 指示処分に従わないとき
> ❷ 名義貸しの禁止等の宅建業法の重要な規定に違反したとき

5 免許取消処分

免許権者は，宅建業者が，次の対象事由に該当する場合，免許を取り消さなければなりません（必要的取消）。

(!) 免許取消処分は，免許権者のみ行うことができます。

① **対象事由**（一部抜粋）

> ❶ 免許の欠格事由に該当したとき
> ❷ 免許換えの手続きが必要にもかかわらず，怠っていたとき
> ❸ 免許を受けてから1年以内に事業を開始せず，または引き続いて1年以上事業を休止したとき

② **所在不明による免許の取消**

免許権者が宅建業者の事務所所在地等を確知できないときに，官報等で公告し，その公告の日から30日経過しても当該宅建業者から申出がないときは，免許を取り消すことができます（任意的取消）。

6 報告・通知

都道府県知事は，指示処分または業務停止処分をしたときは，遅滞なく，その旨を，宅建業者の免許権者が国土交通大臣の場合には国土交通大臣に報告し，免許権者が他の都道府県知事の場合には，当該他の都道府県知事に通

知しなければなりません。

7 指導等

　国土交通大臣はすべての宅建業者に対して，都道府県知事は当該都道府県の区域内で宅建業を営む宅建業者に対して，宅建業の適正な運営を確保し，または宅建業の健全な発達を図るため必要な指導，助言および勧告をすることができます。

2 取引士に対する監督処分

1 監督処分

　監督処分には，指示処分（注意を受ける）・事務禁止処分（最長1年間の事務禁止）・登録消除処分（宅建士登録の抹消）があります。

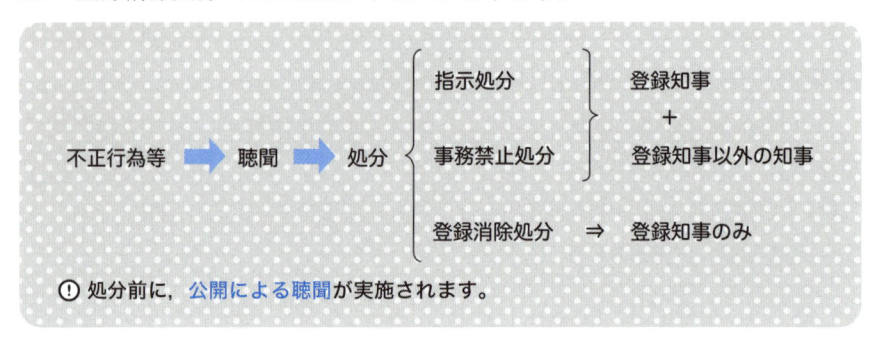

不正行為等 ➡ 聴聞 ➡ 処分 ⎰ 指示処分　　　登録知事
　　　　　　　　　　　　　　　　　　　　　　　＋
　　　　　　　　　　　事務禁止処分　登録知事以外の知事

　　　　　　　　　　　登録消除処分 ⇒ 登録知事のみ

⚠ 処分前に，公開による聴聞が実施されます。

2 通知

　都道府県知事は，取引士に対し指示処分または事務禁止処分をしたときは，遅滞なく，その旨を当該取引士の登録をしている都道府県知事に通知しなければなりません。

3 罰　則

　宅建業法の禁止事項に違反した場合，懲役刑(ちょうえきけい)や罰金刑(ばっきんけい)に処せられます。

　たとえば，不正の手段により免許を受けた者は，3年以下の懲役若しくは300万円以下の罰金またはこれの併科に処せられます。

■取引士に対する過料制裁

下記❶〜❸のいずれかに該当した場合，10万円以下の過料に処せられます。

> ❶ 取引士証を返納しなかった
> ❷ 取引士証を提出しなかった
> ❸ 重要事項の説明時に，取引士証を提示しなかった。

厳選超重要過去問 ○✕一問一答

問題	解答
Q1 丙県知事は，丙県の区域内における宅地建物取引業者（丁県知事免許）の業務に関し，Cに対して指示処分をした場合，遅滞なく，その旨を丙県の公報又はウェブサイトへの掲載その他の適切な方法により公告しなければならない。(H21)	指示処分をした旨の公告はする必要なし。 （ ✕ ）
Q2 宅地建物取引業者A（甲県知事免許）は，乙県内で宅地建物取引業に関する業務において，著しく不当な行為を行った。この場合，乙県知事は，Aに対し，業務停止を命ずることはできない。(H28)	免許権者以外の都道府県知事であっても，業務停止処分ができる。 （ ✕ ）
Q3 国土交通大臣は，すべての宅地建物取引士に対して，購入者等の利益の保護を図るため必要な指導，助言及び勧告をすることができる。(H30)	指導，助言及び勧告の対象は「宅建業者」。 （ ✕ ）
Q4 乙県知事は，宅地建物取引業者B（乙県知事免許）に対して指示処分をしようとするときは，聴聞を行わなければならず，聴聞の期日における審理は，公開により行わなければならない。(R1)	（ ○ ）

SECTION 19 住宅瑕疵担保履行法

▶▶▶ 新築住宅を購入したお客さんを守るルール

学習のポイント

細かい数字等のひっかけ問題が多いため，数字等は正確に覚えましょう。また，資力確保措置の仕組みを理解することも大切です。

1 住宅瑕疵担保履行法の概要

　住宅に欠陥があった場合，買主は，法律上担保責任を追及できますが，売主の宅建業者に肝心のお金がなかったら，その権利は絵に描いた餅となってしまいます。そこで，新築住宅を購入した買主を保護するため，宅建業者は，新築住宅を販売する場合，あらかじめ，一定のお金を供託したり，保険に加入することが義務付けられています。

2 重要用語

1 資力確保措置

　買主に対する担保責任の履行を確保するために，宅建業者は，保険への加入，または，保証金の供託が義務付けられます。この保険への加入や保証金の供託のことを資力確保措置といいます。

2 瑕　疵

　種類または品質に関して契約の内容に適合しない状態のことです。

3 特定住宅瑕疵担保責任

　特定住宅瑕疵担保責任とは，宅建業者である売主が負う責任です。宅建業者は，住宅のうち構造耐力上主要な部分または雨水の侵入を防止する部分において瑕疵があった場合，引き渡した時から10年間，買主に対して責任を負います。

3 適用場面

　宅建業者である売主が，宅建業者でない買主に対して，新築住宅を引き渡す場合に，資力確保措置が義務付けられます。売主・買主ともに宅建業者である場合や，代理・媒介を行う宅建業者には，資力確保措置は義務付けられません。

4 保険への加入

　保険は，宅建業者が，保険会社（住宅瑕疵担保責任保険法人）と保険契約（住宅販売瑕疵担保責任保険契約）を締結し，瑕疵があった場合，その損害（負担費用）につき保険金によっててん補される制度です。

■住宅販売瑕疵担保責任保険契約

　住宅販売瑕疵担保責任保険契約とは，下記❶〜❸（一部抜粋）を満たす契約のことです。

> ❶　宅建業者が保険料を支払うことを約するものであること
> ❷　損害をてん補するための保険金額が2,000万円以上であること
> ❸　保険が新築住宅の引渡しを受けた時から10年以上の期間にわたって有効であること

5 保証金の供託

　宅建業者は，各基準日（毎年3月31日および9月30日）において，当該基準日前10年間に自ら売主となる売買契約に基づき買主に引き渡した新築住宅について，当該買主に対する特定住宅販売瑕疵担保責任の履行を確保するため，

住宅販売瑕疵担保保証金の供託をしていなければなりません。

❶ 供託額

一定の算定式に基づいた金額を供託しなければなりません。

具体例

❶ 供給戸数　5戸　供託額　2,800万円

❷ 供給戸数　50戸　供託額　7,000万円

⚠️ 住宅の床面積が55㎡以下の場合，新築住宅の合計戸数の算定に当たって，床面積55㎡以下の住宅2戸をもって1戸と数えることができます。

❷ 供託場所等

下記については，営業保証金制度（P156〜159参照）と同様に考えて下さい。

❶　供託場所（本店最寄りの供託所）

❷　有価証券での供託が可能

❸　保証金の不足額の供託

❹　保証金の取戻し

❸ 供託所の所在地等に関する説明

宅建業者は，買主に対し，売買契約を締結するまでに，その住宅販売瑕疵担保保証金の供託をしている供託所等について，これらの事項を記載した書面を交付して説明しなければなりません。

6 ▶ 免許権者への届出・売買契約締結の制限

新築住宅を引き渡した宅建業者は，基準日から3週間以内に，当該基準日に係る住宅販売瑕疵担保保証金の供託および住宅販売瑕疵担保責任保険契約の締結の状況について，免許権者に届け出なければなりません。

宅建業者が供託や上記届出を行わなかった場合，当該基準日の翌日から起算して50日を経過した日以後においては，新たに自ら売主となる新築住宅の売買契約を締結してはなりません。

問題	解答
Q1 自ら売主として新築住宅を販売する宅地建物取引業者は，住宅販売瑕疵担保保証金の供託をする場合，宅地建物取引業者でない買主へのその住宅の引渡しまでに，買主に対し，保証金を供託している供託所の所在地等について記載した書面を交付して説明しなければならない。(H27)	供託所の所在地等の説明は，「契約締結まで」に行う。 （ × ）
Q2 宅地建物取引業者は，自ら売主として新築住宅を販売する場合及び新築住宅の売買の媒介をする場合において，住宅販売瑕疵担保保証金の供託又は住宅販売瑕疵担保責任保険契約の締結を行う義務を負う。(H30)	資力確保措置は，新築住宅の売買の「媒介」をする場合には不要。 （ × ）
Q3 自ら売主として新築住宅を宅地建物取引業者でない買主Bに引き渡した宅地建物取引業者A（甲県知事免許）は，基準日ごとに基準日から50日以内に，当該基準日に係る住宅販売瑕疵担保保証金の供託及び住宅販売瑕疵担保責任保険契約の締結の状況について，甲県知事に届け出なければならない。(R2)	当該状況の届出は，「基準日」（毎年3月31日及び9月30日）から3週間以内。 （ × ）

CHAP
2
宅建業法

吉野先生のワンポイントアドバイス

不安になったら「絶対合格」を10回唱えて下さい。それでもまだ不安ならもう10回。自分が合格した気持ちになりましょう！　絶対に合格するためのおまじないです。

2020宅建士合格体験記

テキストをオリジナルバージョンに

久保田由華里さん

主婦業の傍ら，長く一般企業の事務などに従事。吉野塾に通い2度目の挑戦で合格。

◆テキストに書き込みを増やす

本試験前の夏頃，吉野塾に通うにあたり「出るとこ集中プログラム」で勉強を始めました。

生講義はもちろん，自宅などでも先生のYouTube講義をみながら，テキストに書き込んだり，大事な部分，覚えなければいけない部分に繰り返し線を引いたりしました。

線や書き込みで真っ黒になってしまったページもありますが，それだけ重要度が高いという表れだということだと認識しながら，学習を進めました。

◆オリジナルテキストを持ち歩く

結果，権利，業法，法令税，免除全てがまとまった自分オリジナルのテキストが出来上がりました。

本試験までに身つけていなければならない重要な論点が一冊にまとまっているので，特に試験直前期は毎日持ち歩いて仕事の休憩時間などに覚えた知識の確認に役立てていました。

もちろん，本試験にも持参し試験前の最終チェックにも活用しました。

◆47点で合格！

今回2度目の挑戦でしたが，47点で合格することができました。合格したときは，吉野先生をはじめ，周囲の皆への感謝の気持ちで一杯になりました。次なる資格としてマンション管理士や行政書士にも，チャレンジしてみたいと考えるようになりました。

◆基本を大切にすることが合格の秘訣

吉野塾ではみんなで机を並べて勉強するという事が新鮮で，楽しく通塾できました。

講義では宅建の為の試験勉強以外にも，不動産実務での話，弱点ノートの活用方法，勉強の進め方，問題のどういった論点に重点を置くのかなども教えて下さったので，効率よく学習できました。

「基本を大切に」とよく仰っていたのですが，まさにその通りだと思います。その言葉を信じて突き進むことで合格できたのだと思います。ありがとうございました。

CHAPTER

法令上の制限

出題数・目標点

例年8問出題されます。目標点は6～7点です。

目標
6～7点

イントロダクション

📝 学習方法

[1] 用語と制度を理解すること

　法令上の制限では，普段日常で聞きなれない用語や言葉が多々登場します。用語を理解することと，そもそもの制度や仕組に着目して手続きの流れを押さえましょう。

[2] ときには割り切って学習することも大切

　数字等の暗記も多いため，あまり深追いせず，割り切って覚えることも大切です。大切な数字等は，ノートにまとめたり，スマホのアプリ等を活用し，抜けがないようにしましょう。

[3] ひっかけパターンを押さえる！

　法令上の制限は，ひっかけパターンがある程度決まっています。過去問演習等に力を入れ，ドンドン問題を解きましょう。

都市計画法 I

SECTION 1

▶▶▶ まちづくりのプラン（都市計画）を学ぼう①

学習のポイント

本試験において例年2問出題され，法令上の制限の中でも重要度が高い法律です。都市計画法 I では，用語の定義を理解し，また，イメージをつかむことが大切です。

1 都市計画法の概要

　都市計画法は，住みよい街をつくるための法律です。良い街をつくるためには，計画的でなければいけません。そのために，都市計画法では，適正な行政手続きと街をつくるためのルールを規定しています。

全体像

❶ 都市計画区域の指定　⇨　街づくりするエリアを決める。
❷ 都市計画の決定　⇨　街の将来像を描き，プラン（都市計画）を練る。
❸ 都市計画制限　⇨　違反する行為を規制する。
❹ 都市計画事業　⇨　プランに沿って，具体的に街をつくる。

2 都市計画区域（原則 都道府県が指定）

　都市計画区域は，街づくりを行うエリアです。一体の都市として総合的に整備・開発・保全する必要がある区域に指定します。なお，都市計画区域の指定は行政区画とは関係なく行われます（例：A市とB市にまたがって指定）。

3 準都市計画区域（都道府県が指定）

　準都市計画区域は，積極的に街をつくるためのエリアではなく，乱開発を防止するエリアです。たとえば，都市計画区域外にある高速道路のインターチェンジ付近において，無秩序に開発されると，環境悪化等を招くおそれがあります。そこで，都市計画区域外の区域のうち，放置すれば，将来におけ

る都市としての整備，開発および保全に支障が生じるおそれがあると認められる区域を，準都市計画区域として指定し，土地利用の規制をすることができます。

《準都市計画区域に定められるもの》

❶用途地域，❷特別用途地区，❸特定用途制限地域，❹高度地区，❺景観地区，❻風致地区，❼緑地保全地域，❽伝統的建造物群保存地区

《準都市計画区域に定められないもの（代表例）》

区域区分・高度利用地区・市街地開発事業・防火地域・準防火地域・特定街区等（街の開発や大きな建物を建てる都市計画は定められません。）

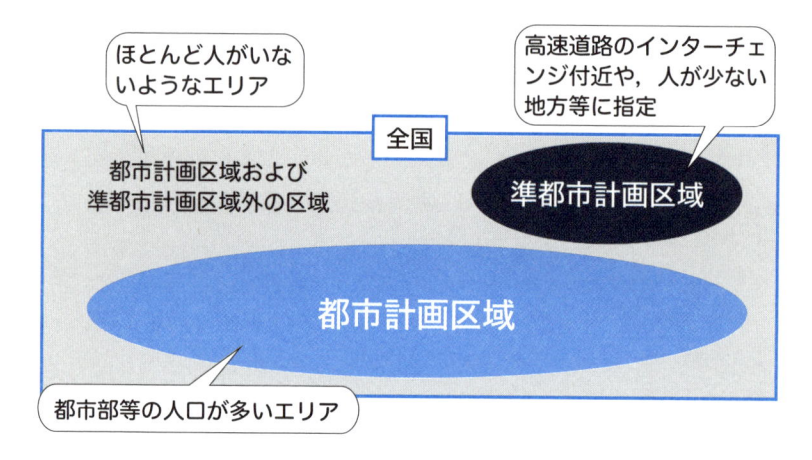

4 区域区分（良い街をつくるためのプランの1つ）

区域区分とは，市街化区域と市街化調整区域の区分を定める都市計画です。

都市計画区域が指定されても，必ず区域区分が定められるとは限らず，地方の実情にあわせて，区域区分を定めないこともできます（「区域区分の定められていない都市計画区域」といいます。非線引き都市計画区域ということもあります）。

① **市街化区域**

すでに市街地を形成している区域，およびおおむね10年以内に優先的かつ計画的に市街化を図るべき区域

② **市街化調整区域**

市街化を抑制すべき区域

5 地域地区（良い街をつくるためのプランの1つ）

　計画的な街づくりを実現しようとするために，建物の用途や構造を規制するものです。地域地区は，大きく分けて，用途地域と補助的地域地区の2つに分かれます。

用途地域	住居系・商業系・工業系あわせて13種類
補助的地域地区 （代表例）	・特別用途地区 ・特定用途制限地域 ・高度地区 ・高度利用地区 ・特定街区 ・防火地域，準防火地域

■用途地域

　用途地域は，建築物の用途を規制する都市計画です。市街化区域には，少なくとも用途地域を定めなければなりません。また，市街化調整区域については，原則として用途地域を定めません。なお，区域区分の定められていない都市計画区域には，用途地域を定めることができます。

《住居系用途地域》

❶　第一種低層住居専用地域

　低層住宅に係る良好な住居の環境を保護するため定める地域

❷　第二種低層住居専用地域

　主として低層住宅に係る良好な住居の環境を保護するため定める地域

❸　田園住居地域

　農業の利便の増進を図りつつ，これと調和した低層住宅に係る良好な住居の環境を保護するため定める地域

❹　第一種中高層住居専用地域

　中高層住宅に係る良好な住居の環境を保護するため定める地域

❺　第二種中高層住居専用地域

　主として中高層住宅に係る良好な住居の環境を保護するため定める地域

❻　第一種住居地域

住居の環境を保護するため定める地域

❼ 第二種住居地域

主として住居の環境を保護するため定める地域

❽ 準住居地域

道路の沿道としての地域の特性にふさわしい業務の利便の増進を図りつつ，これと調和した住居の環境を保護するため定める地域

《商業系用途地域》

❾ 近隣商業地域

近隣の住宅地の住民に対する日用品の供給を行うことを主たる内容とする商業その他の業務の利便を増進するため定める地域

❿ 商業地域

主として商業その他の業務の利便を増進するため定める地域

《工業系用途地域》

⓫ 準工業地域

主として環境の悪化をもたらすおそれのない工業の利便を増進するため定める地域

⓬ 工業地域

主として工業の利便を増進するため定める地域

⓭ 工業専用地域

工業の利便を増進するため定める地域

---

❶第一種低層住居専用地域

低層住宅の環境を守るためのエリアです（閑静な住宅街をイメージ）。

❷第二種低層住居専用地域

主に低層住宅の環境を守るためのエリアです。義務教育施設や一定のお店も建てられます。

❸田園住居地域

農業と低層住宅の環境を守るための
エリアです。農家レストランや農産
物の直売所等も建てられます。

❹第一種中高層住居専用地域

中高層住居（マンション）の環境を守
るためのエリアです。病院や大学等
も建てられます。

❺第二種中高層住居専用地域

主に中高層住居の環境を守るための
エリアです。病院や大学，一定のお
店や事務所も建てられます。

❻第一種住居地域

住環境を守るためのエリアです。一
定の店舗や事務所，ホテル等も建て
られます。

❼第二種住居地域

主に住環境を守るためのエリアです。
ホテル，カラオケボックス，パチン
コ店等も建てられます。

❽準住居地域

国道等の主要道路の沿道にて，自動
車関連施設とこれに調和した住環境
を守るエリアです。

❾近隣商業地域

日用品の購入ができる商店街等のエリアです。住宅や店舗等を建てることができます。

❿商業地域

百貨店，映画館，飲食店，事務所等が立ち並ぶエリアです。大きな駅の周辺は大体商業地域です。

⓫準工業地域

軽工業等の町工場があるエリアです。環境悪化の大きい工場は建てられません。

⓬工業地域

工場中心のエリアです。どんな工場でも建てられ，住宅や一定の店舗も建てられます。

⓭工業専用地域

港近くにあるコンビナート地帯が具体例です。住宅や学校，病院等は建てられません。

6 補助的地域地区（良い街をつくるためのプランの１つ）

1 特別用途地区

特別用途地区とは，用途地域内の一定の地区における当該地区の特性にふさわしい土地利用の増進，環境の保護等の特別の目的の実現を図るため，当該用途地域の指定を補完して定める地区です。

たとえば，商業地域内で建築できるパチンコ店や風俗店を，学校が多いエリアでは建築禁止にするといったことが可能です。

商業地域

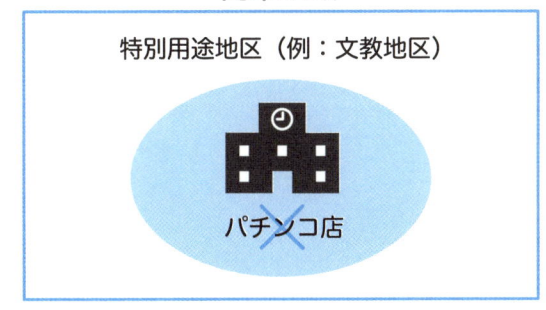

特別用途地区（例：文教地区）

パチンコ店

CHAP
3
法令上の制限

2 特定用途制限地域

特定用途制限地域とは，用途地域が定められていない土地の区域内（市街化調整区域を除く）において，その良好な環境の形成または保持のため，当該地域の特性に応じて合理的な土地利用が行われるよう，制限すべき特定の建築物等の用途の概要を定める地域です。

たとえば，北海道の富良野市で指定されています。観光でも有名な街ですが，大規模な建築物や工場等が建てられないように，具体的に建築できない建物が決められています。

3 高度地区

高度地区とは，用途地域内において，市街地の環境を維持するために建築物の高さの最高限度を定め，または土地利用の増進を図るために最低限度を定めるものです。つまり，建物の高さを調整するエリアです。

たとえば，住居系の用途地域内では，高さの最高限度を定め，商業系の用途地域内では，高さの最低限度を定めたりします。

4 高度利用地区

高度利用地区とは，用途地域内において，市街地における土地の合理的かつ健全な高度利用と都市機能の更新とを図るため，容積率の最高限度および最低限度，建蔽率の最高限度，建築面積の最低限度および壁面の位置の制限を定める地区です。

簡単にいうと，土地を有効活用しようというエリアです。再開発を行う場合等に利用されます。

5 特定街区

特定街区とは，市街地の整備改善を図るため，街区の整備または造成が行われる地区について，その街区内における建築物の容積率，高さの最高限度，および壁面の位置の制限を定める街区です。

特定街区内の建築物については，当該建築物の所在する用途地域を基準とする容積率，建蔽率，斜線制限等の規定は適用されません。具体例として，新宿の超高層ビル街があげられます。

6 防火地域・準防火地域

市街地における火災の危険を防除するため定める地域です。

防火地域・準防火地域では，火災の延焼等を防ぐため建築物の構造等が規制されます。特に駅周辺はこれらの地域に指定されることがあります。

7 風致地区

都市の風致を維持するため定める地区です。京都市内や鎌倉市内などに指定されています。風致地区内における建築物の建築，宅地の造成，木竹の伐採等の行為については，地方公共団体の条例で，必要な規制をすることができます。

問題	解答
Q1 準都市計画区域については，無秩序な市街化を防止し，計画的な市街化を図るため，都市計画に市街化区域と市街化調整区域との区分を定めなければならない。(H30)	準都市計画区域には区域区分は定められない。 （ × ）
Q2 高度利用地区は，用途地域内において市街地の環境を維持し，又は土地利用の増進を図るため，建築物の高さの最高限度又は最低限度を定める地区である。(H28)	高さの最高・最低限度を定める地区は，高度地区。 （ × ）
Q3 用途地域の1つである特定用途制限地域は，良好な環境の形成又は保持のため当該地域の特性に応じて合理的な土地利用が行われるよう，制限すべき特定の建築物等の用途の概要を定める地域とする。(H25)	特定用途制限地域は，用途地域の1つではなく，「補助的地域地区」の1つ。 （ × ）
Q4 特別用途地区は，用途地域が定められていない土地の区域（市街化調整区域を除く。）内において，その良好な環境の形成又は保持のため当該地域の特性に応じて合理的な土地利用が行われるよう，制限すべき特定の建築物等の用途の概要を定める地区とされている。(R1)	特別用途地区は，用途地域「内」で定めるもの。本問は特定用途制限地域について述べたもの。 （ × ）

CHAP 3 法令上の制限

都市計画法Ⅱ

学習のポイント

都市計画法Ⅰで学習した「都市計画」の続きを学びます。特に「手続きの流れ」を意識して，学習することが得点力アップにつながります。

1 都市施設（良い街をつくるためのプランの1つ）

道路，公園，下水道などの公共施設を整備するための都市計画です。都市計画施設ということもあります。

■ 都市施設を定める場所

都市施設に関する都市計画は，原則として，都市計画区域内において決定されます。ただし，道路や鉄道，ダムの建設など，特に必要がある場合は，例外として都市計画区域外にも決定することができます。

■ 道路・公園・下水道・義務教育施設の特則

都市施設については，市街化区域および区域区分が定められていない都市計画区域（非線引き都市計画区域）については，少なくとも道路・公園・下水道を定め，用途地域のうち住居系用途地域については，義務教育施設も定めます。

2 市街地開発事業（良い街をつくるためのプランの1つ）

市街地開発事業とは，ニュータウンをつくったりして，一定の区域を新たに開発・再開発する事業を実施する都市計画です。都市施設が道路等の公共施設「単体」を作る計画であるのに対して，市街地開発事業は，ニュータウンのように，商業施設や住宅，道路等を「総合的・一体的」に作る計画です。

■市街地開発事業が実施される場所

　市街地開発事業は，市街化区域または区域区分が定められていない都市計画区域（非線引き都市計画区域）内において行われます。

▶再開発により高層ビル等が立ち並んでいる東京・秋葉原駅

3 都市計画施設の区域内または市街地開発事業の施行区域内の制限

① 事業の流れ

公共施設やニュータウンは，一般的に次の手順でつくられます。

計画決定 ⟶ 事業認可 ⟶ 工事完了

計画レベル（工事前）　　実行レベル（工事中）

② 計画レベルの制限（都市計画事業の認可の告示前）

都市計画施設の区域または市街地開発事業の施行区域内においては，計画に支障が出ないように，一定の行為が制限されます。

原則　建築物の建築をする場合　⟹　都道府県知事等の許可が必要

例外　…許可不要
1. 軽易な行為
2. 非常災害のため必要な応急措置
3. 都市計画事業の施行としての行為

③ 実行レベルの制限（事業認可後）

工事が始まるためより制限が厳しくなります。都市計画事業地内において，一定の行為が制限されます（認可の告示後は，「都市計画施設・市街地開発事業」のニックネームが「都市計画事業」に変わると考えて下さい）。

原則
1. 建築物の建築
2. 工作物の建設　　都道府県知事等の許可が必要
3. 土地の形質の変更等

例外
なし

(!) 非常災害のための応急措置として行う場合であっても，都道府県知事等の許可が必要となります。

4 ▶ 地区計画等（良い街をつくるためのプランの１つ）

　地区計画は，建築物の建築形態，公共施設その他の施設の配置等からみて，一体としてそれぞれの区域の特性にふさわしい態様を備えた良好な環境の各街区を整備し，開発し，および保全するための計画です（市町村レベルの小さな街づくり）。地区計画は，地域住民の意見も取り入れながら街づくりを行っていく「地域密着型の都市計画」です。その地域にあった柔軟なルールを設定し，きめ細かな対応が可能です。地区計画は，基本的に都市計画区域内において定めることができます。

1 地区整備計画

　地区計画に関する都市計画には，地区整備計画（道路等の公共施設をどこに配置するか，建物の用途の制限をどうするか等の具体的な規制を計画）等を定めます。

2 再開発等促進区

　地区計画の区域内に再開発等促進区を定めることができます。土地の合理的かつ健全な高度利用と都市機能の増進とを図るため，一体的かつ総合的な市街地の再開発または開発整備を実施すべき区域が再開発等促進区です（街の再開発を進めていく場所）。この制度を活用した代表例が，六本木ヒルズや東京ミッドタウンです。

3 開発整備促進区

　第二種住居地域・準住居地域・工業地域・用途地域が定められていない区域（市街化調整区域を除く）内の地区計画については，開発整備促進区を定めることができます。

　劇場，店舗，飲食店等の大規模な建築物（特定大規模建築物）の整備による商業その他の業務の利便の増進を図るため，一体的かつ総合的な市街地の開発整備を実施すべき区域が開発整備促進区です（アウトレットモールやアミューズメント施設等の大規模な商業施設を設置できるエリア）。

④ 地区計画区域内の制限

　地区計画の区域（一定の再開発等促進区・開発整備促進区・地区整備計画が定められている区域）内においては，次のような制限があります。

原則

❶　建築物の建築
❷　工作物の建設
❸　土地の区画形質の変更等

　行為に着手する日の30日前までに，市町村長に届出

例外（届出不要）

❶　非常災害のための応急措置
❷　都市計画事業の施行

⑤ 地区計画区域内の農地における制限

　地区計画の区域（地区整備計画において，現に存する農地で，農業の利便の増進と調和した良好な居住環境を確保するため必要なものにおける土地の形質の変更その他の行為の制限に関する事項が定められている区域）内の農地の区域内において，次の行為をする場合，市町村長の許可を受けなければならないこととすることができます。

※許可制にするか否かは任意です。

①　土地の形質の変更
②　建築物の建築その他工作物の建設
③　土石その他の政令で定める物件の堆積

5　田園住居地域内の制限

　田園住居地域内の農地の区域内においては，下記の制限があります。

原則

❶　土地の形質の変更
❷　建築物の建築その他工作物の建設
❸　土石その他の政令で定める物件の堆積

　市町村長の許可が必要

例外　…許可不要

❶　通常の管理行為，軽易な行為
❷　非常災害のため必要な応急措置
❸　都市計画事業の施行として行う行為

問題	解答
Q1 市街地開発事業の施行区域内においては，非常災害のために必要な応急措置として行う建築物の建築であっても，都道府県知事（市の区域にあっては当該市の長）の許可を受けなければならない。(H21)	非常災害のケースでは，許可は不要（計画レベルの制限の場面）。 （ ✕ ）
Q2 都市計画施設の区域又は市街地開発事業の施行区域内において建築物の建築をしようとする者は，一定の場合を除き，都道府県知事（市の区域にあっては，当該市の長）の許可を受けなければならない。(H29)	（ ◯ ）
Q3 都市計画事業の認可の告示があった後，当該認可に係る事業地内において当該事業の施行の障害となるおそれがある土地の形質の変更，建築物の建築，工作物の建設を行おうとする者は，当該事業の施行者の同意を得て，当該行為をすることができる。(H20)	都道府県知事等の許可が必要（実行レベルの制限の場面）。 （ ✕ ）
Q4 地区計画の区域のうち地区整備計画が定められている区域内において，建築物の建築等の行為を行った者は，一定の行為を除き，当該行為の完了した日から30日以内に，行為の種類，場所等を市町村長に届け出なければならない。(H24)	「着手する日の30日前までに」，届け出なければならない。 （ ✕ ）
Q5 田園住居地域内の農地の区域内において，土地の形質の変更を行おうとする者は，一定の場合を除き，市町村長の許可を受けなければならない。(H30)	（ ◯ ）

都市計画法Ⅲ

▶▶▶ 開発行為ってどんな工事？

学習のポイント

開発許可の要不要については試験で頻出テーマなので，開発行為の定義や，例外規定をしっかり押さえましょう。

1 開発行為

　無秩序に開発行為がなされると，住みよい街づくりに悪影響を与えます。そこで，開発行為を規制することによって，乱開発等を防止します。開発行為をする場合，原則として都道府県知事の許可（開発許可）が必要となります。

1 開発行為の定義

　主として建築物の建築または特定工作物の建設の用に供する目的で行う土地の区画形質の変更をすることを，開発行為といいます。

　開発行為は，土地の地ならしをし，整地にする土地の工事のことです。建築行為ではありません。

2 特定工作物とは

① **第一種特定工作物**

　コンクリートプラント，アスファルトプラント，クラッシャープラント（面積は問いません）

② **第二種特定工作物**

> a　ゴルフコース（面積は問いません）
>
> b　1ha(10,000㎡)以上の野球場，庭球場，陸上競技場，遊園地，動物園等

具体例 …開発行為に該当するか否か

　○　1,000㎡の共同住宅を建築するための土地の区画形質の変更　⇒　○開発行為

　×　7,000㎡の野球場を建設するための土地の区画形質の変更　⇒　×開発行為

3 例外規定（開発許可不要）

下記①〜③のいずれかに該当する場合，開発許可は不要となります。

① 面積例外

開発行為をする規模が一定規模未満の場合，開発許可は不要です。なお，市街化調整区域には，面積例外は存在しません。

> a　市街化区域　⇨　1,000㎡未満
>
> ※市街化区域の面積は，特に必要がある場合には，300㎡まで引き下げることができます。また，三大都市圏の一定エリアでは，500㎡未満とすることができます。
>
> b　非線引き都市計画区域　⇨　3,000㎡未満
>
> c　準都市計画区域　⇨　3,000㎡未満
>
> d　都市計画区域および準都市計画区域外の区域　⇨　10,000㎡未満

② 農林漁業系例外

農林漁業の用に供する建築物（例：畜舎，サイロ，温室等），または農林漁業を営む者の居住用建築物の建築を目的とする開発行為は，開発許可が不要となります。なお，市街化区域には，農林漁業系例外は存在しません。

③ 公益例外

下記のいずれかに該当する場合，開発行為の規模や場所を問わず，開発許可は不要となります。

> a　駅舎その他の鉄道施設
> b　図書館
> c　公民館
> d　変電所
>
> a〜d（公益上必要な建築物）の建築の用に供する開発行為
>
> ※病院，診療所，専修学校は，上記に該当しません。
>
> e　都市計画事業，土地区画整理事業，市街地再開発事業等の施行として行う開発行為
>
> f　非常災害のため必要な応急措置として行う開発行為
>
> g　通常の管理行為，軽易な行為等

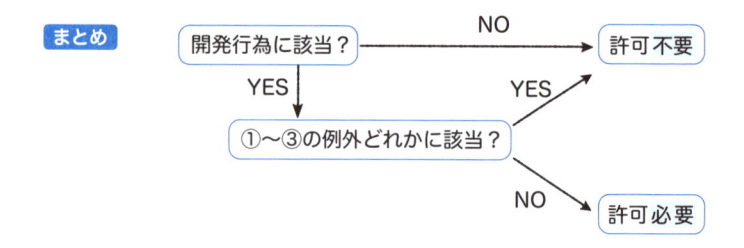

2 開発許可の手続き等

1 開発許可の申請書・添付書類

① **申請書の記載事項**

開発区域の位置・区域・規模，予定建築物等の用途，工事施工者，工事の着手および完了予定年月日等を記載した，申請書を作成します。

② **申請書の添付書類**

a 同意書（開発行為に関係がある公共施設の管理者と協議・同意）

b 協議書（開発行為により設置される公共施設を管理することとなる者等と協議）

2 許可基準

開発許可の申請があった場合，都道府県知事は，その内容を基準に照らして審査（チェック）します。この基準は，技術的基準と立地的基準の2つがあります。

① **技術的基準**

予定建築物等の用途が一定の用途制限に適合していること，排水・給水施設が適当に配置されるように設計が定められていること等，一般的なことを審査します。

② **立地的基準**（市街化調整区域でのみ追加される基準）

市街化調整区域においては，市街化を抑制するため，他の区域よりも基準が厳しくなっています。たとえば，下記の開発行為であれば，基準を満たします。

> a　主として開発区域の周辺地域に居住する者の利用に供する公益上
> 　必要な建築物（学校・病院等）・日常生活に必要な物品の販売等を営む
> 　建築物（スーパー等）の建築の用に供する開発行為
> b　農林漁業の用に供する建築物で，農作物等の処理・貯蔵・加工に
> 　必要な建築物（ビール工場等）の建築等の用に供する開発行為

3 開発許可内容の変更

　許可を受けた者が，申請書記載事項（例：開発区域の位置等）を変更しよう
とする場合には，都道府県知事の許可が必要となります。ただし，工事着手
予定日等の軽微な変更であれば，都道府県知事に届け出れば足ります（事後
届出）。

4 工事廃止の届出

　開発行為の工事を廃止したときは，都道府県知事に届け出る必要がありま
す。

5 地位の承継（開発許可を受けた者の権利の引継ぎ）

① 一般承継（相続・法人合併）

　許可を受けた者の相続人等は，当然に地位を承継するため，そのまま開発
行為を継続できます。

② 特定承継（土地の譲渡）

　許可を受けた者から開発区域内の土地等を取得した者（特定承継人）は，都
道府県知事の承認を受けて，地位を承継できます。

6 公共施設の管理

　開発行為によって設置された道路・公園等の管理については，下記のとお
りです。

原則

　工事完了公告の日の翌日以降（工事が終わった後）　⇨　市町村が管理

例外　…市町村以外が管理
❶　他の法律に基づく管理者が別にある場合
❷　協議により管理者について別段の定めをした場合

7 用途地域が定められていない土地の区域に関する制限

　都道府県知事は，用途地域が定められていない土地の区域（例：市街化調整

区域）における開発許可をする場合，必要があると認めるときは，建蔽率，建築物の高さ，壁面の位置，その他建築物の敷地・構造・設備に関する制限を定めることができます。ここでは，用途地域が定められていないため，建築基準法の用途制限等の規制がありません。そのため，別途規制することができます。

3 建築制限（開発区域内）

1 工事完了公告前（工事中）の建築制限

開発行為に支障がでるため，原則として，建築物の建築・特定工作物の建設が禁止されます。ただし，例外として，下記❶〜❸があります。

> ❶ 工事用の仮設建築物等の建築
> ❷ 都道府県知事が支障がないと認めたとき
> ❸ 開発行為の反対者が，自分の権利行使として行う建築行為

2 工事完了公告後（工事後）の建築制限

工事完了後は，原則として，予定していた建物を建てなければならないため，予定建築物等以外の建築が禁止されます。ただし，例外として，下記❶〜❸があります。

> ❶ 都道府県知事が許可したとき
> ❷ 開発区域内に用途地域等が定められているとき
> ❸ 国等が予定建築物等以外の建築をしようとする場合で，当該国等が関係する都道府県知事と協議があったとき

工事完了公告「前」

| 原則 | 建築物等の建築禁止 |

例外
1. 工事用の仮設建築物等の建築
2. 都道府県知事が認めた
3. 開発行為反対者が自分の権利行使として行う建築

工事完了公告「後」

更地

| 原則 | 予定建築物等以外の建築禁止 |

例外
1. 都道府県知事が許可
2. 用途地域等が定められている
3. 国等が行う建築で，関係する都道府県知事との協議があった

4 建築制限（開発区域以外）

1 市街化調整区域のうち開発許可を受けた開発区域以外の区域内の建築制限

　市街化を抑制する市街化調整区域における独自の規制です。開発許可を受けた区域（開発区域）以外で宅地造成工事をせずに建物を建てる場合（例：宅地造成しなくとも，建築できてしまうラッキーなケース），開発許可等の規制対象外となり，法の適用外となってしまいます。これを防ぐため，市街化調整区域において独自の建築制限を設けています。

市街化区域	市街化調整区域
開発区域以外	開発区域以外
開発区域内	開発区域内

ここで建築を行う場合に，建築制限がなされます。

② 建築制限

原則 市街化調整区域のうち開発許可を受けた開発区域以外の区域内においては，都道府県知事の許可（建築許可）を受けなければ，建築物の新築・用途変更等をすることができません。

例外 …建築許可不要

開発許可の例外規定と似ています。

a　農林漁業の用に供する建築物，農林漁業を営む者の居住用建築物
b　駅舎，図書館，公民館，変電所等
c　都市計画事業等の施行として行うもの
d　非常災害のため必要な応急措置として行うもの
e　仮設建築物の新築　等

厳選超重要過去問　○×一問一答

問題	解答
Q1 市街化区域において，農業を営む者の居住の用に供する建築物の建築を目的とした1,500㎡の土地の区画形質の変更を行おうとする者は，都道府県知事の許可を受けなくてよい。(R1)	市街化区域では，農林漁業系例外は対象外。1,000㎡以上のため，開発許可（知事の許可）が必要。　(✕)
Q2 非常災害のため必要な応急措置として開発行為をしようとする者は，当該開発行為が市街化調整区域内において行われるものであっても都道府県知事の許可を受けなくてよい。(H30)	公益例外に該当。　(○)
Q3 開発許可を申請しようとする者は，あらかじめ，開発行為に関係がある公共施設の管理者と協議しなければならないが，常にその同意を得ることを求められるものではない。(H23)	関係がある公共施設の管理者とは，同意まで必要。　(✕)

Q4	開発許可を受けた者から当該開発区域内の土地の所有権を取得した者は，都道府県知事の承認を受けることなく，当該開発許可を受けた者が有していた当該開発許可に基づく地位を承継することができる。(H28)	特定承継のケースでは，知事の承認が必要。 （ **✕** ）
Q5	開発許可を受けた開発区域内において，当該開発区域内の土地について用途地域等が定められていないとき，都道府県知事に届け出れば，開発行為に関する工事完了の公告があった後，当該開発許可に係る予定建築物以外の建築物を建築することができる。(H19)	キーワードは，「工事完了公告後」。このケースでは，用途地域等が定められていなければ，知事の「許可」が必要。 （ **✕** ）
Q6	都市計画事業の施行として行う建築物の新築であっても，市街化調整区域のうち開発許可を受けた開発区域以外の区域内においては，都道府県知事の許可を受けなければ，建築物の新築をすることができない。(R2)	開発区域以外の建築制限の問題。都市計画事業の施行として行う新築は，例外として，知事の許可（建築許可）は不要。 （ **✕** ）

CHAP
3
法令上の制限

「できない言い訳」より，「できる理由」を考えて下さい。「できない」と思ったらできません。
「どうすればできるだろう？」と考えて工夫しましょう（^^♪

SECTION 4 建築基準法 I

▶▶▶ 建物づくりに欠かせない建築確認を知ろう

学習のポイント

建築基準法は，都市計画法と同様，本試験において例年２問出題されます。細かい数字等の暗記が多いですが，少なくとも１問は得点できるようにしましょう。建築基準法 I では建築確認・道路（集団規定）をしっかり押さえて下さい。

1 建築基準法の概要

建築基準法は，建築物の構造や設備等に関して最低限の基準を定めている法律です。この法律は，主に「単体規定」と「集団規定」で構成されています。

単体規定	個々の建物に関するルール（例：開口部の確保，アスベスト対策等）
集団規定	建物を集団としてとらえて，都市環境の整備を図るためのルール（例：用途制限，建蔽率・容積率等）

⚠ 集団規定は，原則として都市計画区域・準都市計画区域内で適用されます。

2 重要用語

建築	新築・増築・改築・移転の総称です。
主要構造部	壁・柱・はり・床・屋根・階段のことです。
建築主事	建築確認等を担当する公務員のことです。都道府県や人口25万人以上の市では設置が義務付けられています。
指定確認検査機関	建築確認等を担当する民間機関のことです。
特定行政庁	市町村長や都道府県知事（建築行政の責任者）のことです。
建築審査会	都道府県や市町村等に置かれる行政委員会のことです。第三者的な立場から，不服申立ての裁決をしたり，特定行政庁の処分に同意を与えたりします。

次のものは，建築基準法は適用されません。

> ❶ 文化財保護法により，国宝，重要文化財等に指定または仮指定された建築物等
>
> ❷ 既存不適格建築物（建築基準法等の施行・適用の際，現に存する建築物または現に工事中の建築物で，施行後の規定には適合しない部分を有するもの）

4 建築確認の要・不要

違法建築物がないようにするため，事前に建物の図面等をチェックするものです。建築主は，原則として建築主事または指定確認検査機関の確認を受けた後でなければ，建築工事をすることができません。

CHAP 3 法令上の制限

◼ 建築確認が必要なケース（原則）

① **大規模建築物**

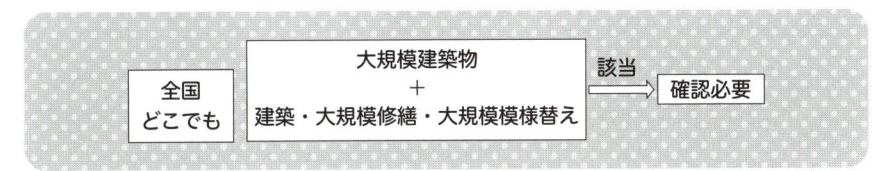

② **小規模建築物**

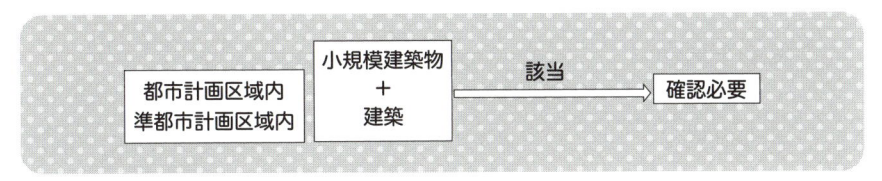

① **大規模建築物**

下記，❶〜❸のいずれかに該当する建築物です。

> ❶ 特殊建築物＋床面積200㎡超
>
> ※1 一般の建築物を上記❶に用途変更する場合も，確認が必要となります。
>
> ※2 特殊建築物とは，共同住宅，百貨店，公会堂，集会場，ホテル，飲食店等，不特定多数の人が出入りする建物が対象です。なお，事務所は特殊建築物には該当しません。
>
> ❷ 下記a〜dのいずれかに該当する木造建築物

a 階数 3 以上　b 延べ面積500㎡超　c 高さ13m超　d 軒の高さ 9 m超

❸　下記 a または b に該当する非木造建築物

a 階数 2 以上　　b 延べ床面積200㎡超

② **小規模建築物**

大規模建築物に該当しない建築物です。小規模建築物は，都市計画区域・準都市計画区域内において建築する場合に，建築確認が必要となります。

② 建築確認が不要なケース（例外）

下記❶または❷に該当する場合は，建築確認は不要となります。

❶　類似の用途変更（似たような造りに変更する場合）

a 劇場⇔映画館　b 百貨店⇔マーケット　　c ホテル⇔旅館

d 美術館⇔図書館等

❷　防火地域および準防火地域外で，床面積の合計が10㎡以内の増築・改築・移転を行う場合

③ 手続きの流れ（一部省略）

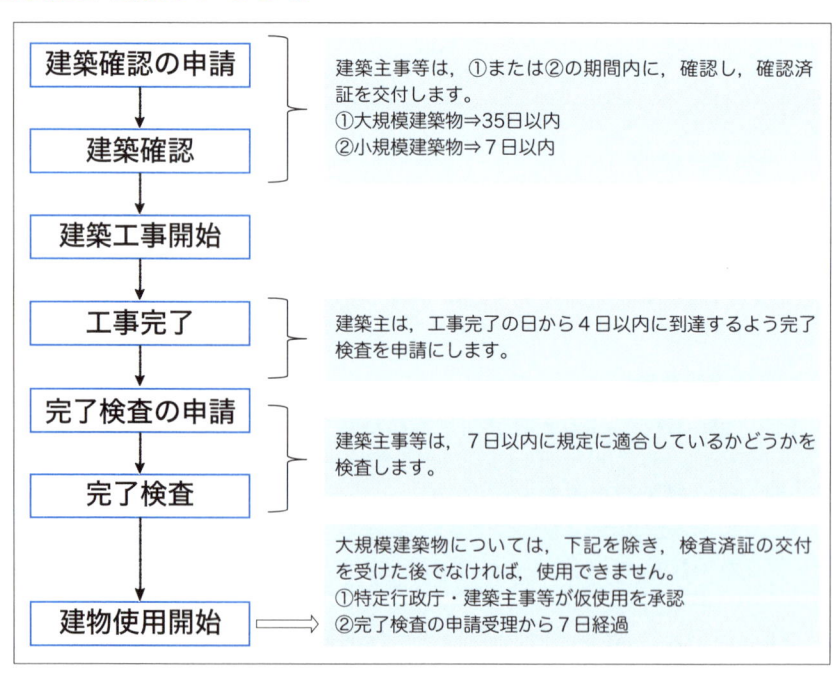

5 単体規定（重要項目の抜粋）

1 防火壁等

　延べ面積が1,000㎡超の建築物は，防火壁または防火床によって，各区画の床面積を1,000㎡以内とするよう区画しなければなりません。ただし，耐火建築物・準耐火建築物等の場合は，防火壁または防火床によって区画する必要はありません。

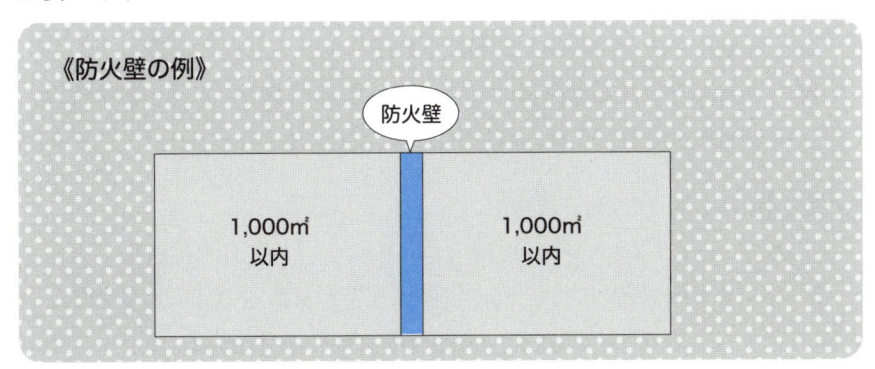

《防火壁の例》

防火壁

1,000㎡以内　　　1,000㎡以内

2 避雷設備・昇降機

　避雷設備は，高さ20m超の建築物に必要です。

　非常用昇降機は，高さ31m超の建築物に必要です。

3 アスベスト（石綿）・シックハウス対策

① **石綿**（すべての建築物が対象）

　建築材料には石綿を添加してはならず，また，石綿をあらかじめ添加した建築材料を原則として使用してはなりません。

② **石綿以外**（居室を有する建築物が対象）

クロルピリホス	建築材料にはクロルピリホスを添加してはならず，また，クロルピリホスをあらかじめ添加した建築材料を原則として使用してはなりません。
ホルムアルデヒド	ホルムアルデヒドの発散量によって規制が異なります。

4 開口部

採光	住宅の居室には，窓その他の開口部を設け，採光に有効な部分の面積は，その居室の床面積に対して，7分の1以上としなければなりません。
換気	居室には，窓その他の開口部を設け，換気に有効な部分の面積は，その居室の床面積に対して，20分の1以上としなければなりません。

6 集団規定 道路

① 建築基準法上の道路（原則）

建築基準法上，道路とは，下記❶〜❸（一部抜粋）のいずれかに該当する幅員4m以上のものをいいます。

> ❶ 道路法・都市計画法等に基づいて設置されたもの（国道，都市計画道路等）
> ❷ 建築基準法（集団規定）が施行される以前から存在する道
> ❸ 事業計画のある道路で，2年以内に事業が執行されるものとして特定行政庁が指定したもの（計画道路）

② 建築基準法上の道路（例外）

集団規定（建築基準法第3章）が適用されるに至った際，現に建物が立ち並んでいる幅員4m未満の道で，特定行政庁が指定したものは，建築基準法上の道路とみなされます。ただし，道路の中心線から2m後退した線（道路の中心から左右2m下がり，4m幅を確保）が，道路と敷地の境界線とみなされ，その道路部分には，原則として建築物を建築できません（いわゆるセットバック）。

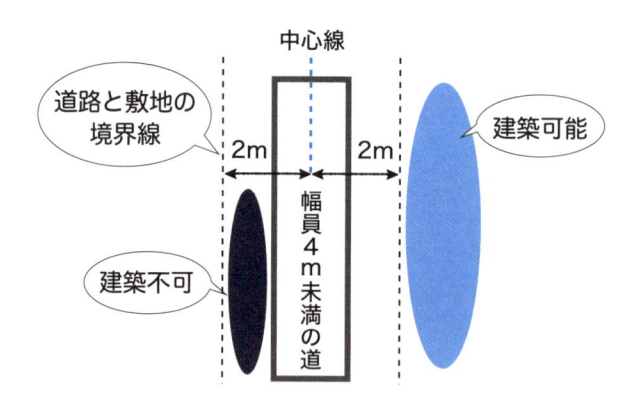

3 接道義務（原則）

　建築物の敷地は，2m以上建築基準法上の道路に接していないといけません。

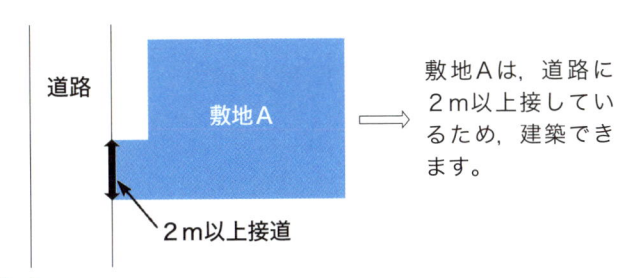

4 接道義務（例外）

　下記❶または❷に該当する場合，敷地が道路に2m以上接していなくても建築できます。

> ❶　敷地が幅員4m以上の道（道路に該当するものを除き，一定の基準に適合するもの）に2m以上接する建築物のうち，農道等の利用者が少数であるものとしてその用途および規模に関し国土交通省令で定める基準に適合するもので，特定行政庁が交通上，安全上，防火上および衛生上支障がないと認めるもの
>
> ❷　敷地の周囲に広い空地（公園・広場等）がある建築物等で，特定行政庁が交通上，安全上，防火上および衛生上支障がないと認めて建築審査会の同意を得て許可したもの

5 接道義務 制限の付加（強化）

　特殊建築物等については，地方公共団体は条例で接道義務等を付加（強化）することができます。

6 道路内の建築制限

　原則として，建築物や擁壁は，道路内に建築してはなりませんが，地盤面下に設ける建築物（例：デパ地下），公衆便所・巡査派出所等公益上必要な建築物，公共用歩廊（アーケード）等は例外として認められます。

問題	解答
Q1 都市計画区域外において高さ12m，階数が3階の木造建築物を新築する場合，建築確認が必要である。(H27)	大規模建築物に該当。 （○）
Q2 防火地域及び準防火地域外において建築物を改築する場合で，その改築に係る部分の床面積の合計が10㎡以内であるときは，建築確認は不要である。(H27)	建築確認が不要な例外に該当。 （○）
Q3 高さ30mの建築物には，非常用の昇降機を設けなければならない。(R2)	高さ「31m超」の建築物に昇降機を設けなければならない。 （×）
Q4 建築基準法第3章の規定が適用されるに至った際，現に建築物が立ち並んでいる幅員2mの道で，特定行政庁が指定したものは，同章の規定における道路とみなされる。(H30)	幅員4m未満の道でも，特定行政庁が指定すれば，建築基準法上の道路となる。 （○）
Q5 延べ面積が1,000㎡を超える準耐火建築物は，防火上有効な構造の防火壁又は防火床によって有効に区画し，かつ，各区画の床面積の合計をそれぞれ1,000㎡以内としなければならない。(R2)	準耐火建築物には，当該制限はない。 （×）

建築基準法II

▶▶▶ 建蔽率・容積率ってどんな数値？

1 集団規定 用途制限

用途地域内で，建築できる建物の用途を規制するのが用途制限です。

1 用途制限（重要な部分の抜粋）

×の箇所は，原則として建てられない用途です。

	1種低層	2種低層	田園住居	1種中高層	2種中高層	1種住居	2種住居	準住居	近隣商業	商業	準工業	工業	工業専用
診療所，保育所，公衆浴場，神社，教会等													
住宅，共同住宅，図書館，老人ホーム等													×
幼稚園～高等学校												×	×
専修学校，大学，病院	×	×	×									×	×
150㎡以下の店舗，飲食店	×	※1	※1	※1	※1								※2
150㎡超～500㎡以下の店舗，飲食店	×	×	※3	※1	※1								※2
ホテル，旅館	×	×	×	×	×	※4						×	×
カラオケボックス ダンスホール	×	×	×	×	×	×	※5	※5				※5	※5
映画館 ナイトクラブ	×	×	×	×	×	×	×	※6				×	×

※1 階数2以下のものに限られます。　※2 物品販売店舗と飲食店は建築できません。

※3 農産物直売所，農家レストラン等（地域で生産された農産物の販売を主たる目的とする店舗その他の農業の利便を増進するために必要な店舗，飲食店等）で階数2以下のものに限られます。

※4 3,000㎡以下であれば建築可能です。

※5 10,000㎡以下であれば建築可能です。

※6 客席およびナイトクラブ等の用途に供する部分の床面積200㎡未満までであれば建築可能です。

2 過半主義

建築物の敷地が異なる用途地域にまたがる場合，その敷地の全部について，敷地の過半が属する地域の用途制限が適用されます。

敷地A		
50㎡ 第二種低層 住居専用地域	100㎡ 第一種中高層住居専用地域	敷地Aは，第一種中高層住居専用地域の用途制限が適用されます。

3 忌避施設

都市計画区域内においては，卸売市場・火葬場・と畜場・汚物処理場・ごみ焼却場等は，用途制限に適合させた上で，都市計画においてその敷地の位置が決定しているものでなければ，新築・増築をしてはなりません。

2 集団規定　建蔽率

建蔽率とは，建築面積の敷地面積に対する割合のことです。敷地に適度な空地があることで，日照や採光，通風を確保でき，火災の延焼を防ぐことができます。

敷地200㎡	
建築面積 100㎡	《建築面積÷敷地面積＝建蔽率》 200㎡の敷地に最大100㎡の建築物の建築ができる場合，建蔽率は50％となります。

1 指定建蔽率

都市計画区域内および準都市計画区域内では，用途地域ごとに建蔽率の最高限度が指定されます（例：低層・高層住居専用⇒30・40・50・60％のうちから都市計画で定めた数値）。

なお，商業地域の指定建蔽率は80％と決まっています。

2 建蔽率の緩和

下記の場合，指定建蔽率に一定の数値を加えることができます（建蔽率のボーナス）。

> ❶ 街区の角にある敷地（角地）等で，特定行政庁が指定したもの
>   ⇨ ＋10％
> ❷ a 建蔽率が80％とされた地域外で，かつ防火地域内にある耐火建築物等 ⇨ ＋10％
>   b 準防火地域内にある建築物で，耐火建築物等または準耐火建築物等 ⇨ ＋10％
> ❸ ❶かつ❷（aまたはb） ⇨ ＋20％

3 建蔽率の適用除外

下記の場合，建蔽率は適用されません（建蔽率100％）。

> ❶ 建蔽率が80％とされた地域内で，かつ防火地域内にある耐火建築物等
> ❷ 公園，広場，道路，川等の内にある建築物で，特定行政庁が，安全上，防火上および衛生上支障がないと認めて建築審査会の同意を得て許可したもの

3 集団規定 容積率

容積率とは，建築物の延べ面積の敷地面積に対する割合のことです。前面道路等に見合った建築物を建築することで，都市の過密化等を防ぐことができます。

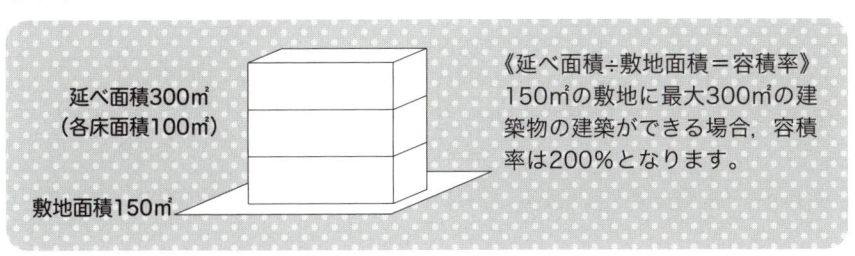

延べ面積300㎡
（各床面積100㎡）

敷地面積150㎡

《延べ面積÷敷地面積＝容積率》
150㎡の敷地に最大300㎡の建築物の建築ができる場合，容積率は200％となります。

1 指定容積率

　都市計画区域内および準都市計画区域内では，用途地域ごとに容積率の最高限度が指定されます（例：低層住居専用　⇨　50・60・80・100・150・200％のうちから都市計画で定めた数値）。

2 計算容積率

　建築物の容積率は，指定容積率の範囲内で，かつ前面道路の幅員が12m未満のときは，計算容積率の範囲内でなければいけません。つまり，指定容積率と計算容積率を比較し，厳しい方が容積率の上限となります。

計算容積率

　前面道路幅員（m）×一定数（住居系用途地域 10分の4，その他の用途地域 10分の6）

(!) 前面道路が2つ以上あるときは，一番「広い道路（最大の数値）」を基準とします。

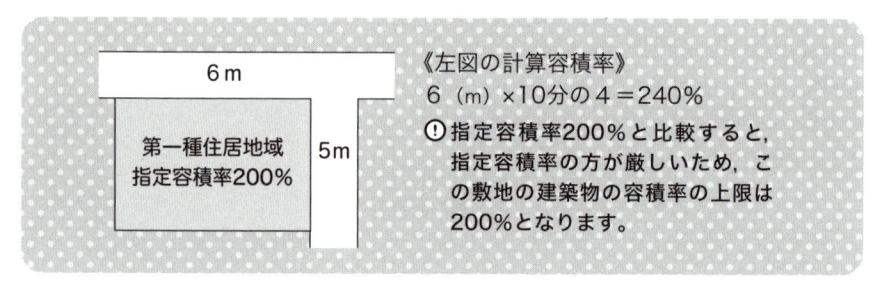

《左図の計算容積率》
6（m）×10分の4＝240％

(!)指定容積率200％と比較すると，指定容積率の方が厳しいため，この敷地の建築物の容積率の上限は200％となります。

3 容積率の特例

① 　エレベーター・共同住宅・老人ホーム等に関する特例

　昇降機（エレベーター）の昇降路の部分，共同住宅もしくは老人ホーム・福祉ホーム等の共用の廊下，階段の用に供する部分の床面積は，原則として，建築物の延べ面積に算入しません。

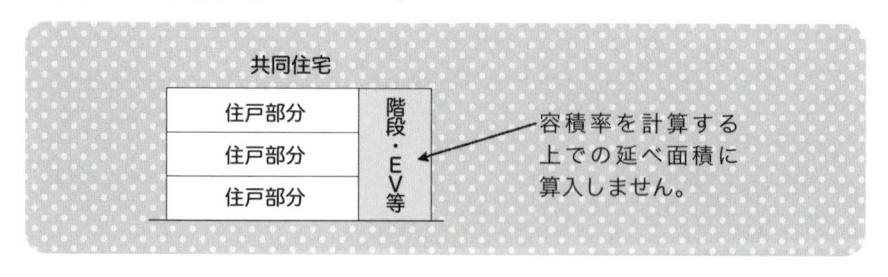

容積率を計算する上での延べ面積に算入しません。

② 地階に関する特例

　一定の住宅の地階の床面積は，住宅の用途に供する部分の床面積の3分の1を限度として，延べ面積に算入しません。この特例は，老人ホーム・福祉ホーム等にも適用されます。

③ 宅配ボックスに関する規定

　宅配ボックス設置部分の床面積は，その敷地内の建築物の各階の床面積の合計の100分の1を限度として，延べ面積に算入しません。

厳選超重要過去問　○×一問一答

問題	解答
Q1 建蔽率の限度が10分の8とされている地域内で，かつ，防火地域内にある耐火建築物等については建蔽率の限度が10分の9に緩和される。(H23改)	80%・防火・耐火で，建蔽率の適用除外（100%）。 （ × ）
Q2 建築物の容積率の算定の基礎となる延べ面積には，老人ホームの共用の廊下又は階段の用に供する部分の床面積は，算入しないものとされている。(R2)	（ ○ ）
Q3 建築物の前面道路の幅員により制限される容積率について，前面道路が2つ以上ある場合には，これらの前面道路の幅員の最小の数値（12m未満の場合に限る。）を用いて算定する。(H29)	前面道路が2つ以上ある場合，最大（広い方）の数値を用いて算定。 （ × ）

建築基準法III

▶▶▶ 高さ制限，火災を防ぐエリア防火・準防火地域等

学習のポイント

特に細かい数字の暗記等が多い項目ですが，テキストの図等を利用し，イメージしながら押さえるようにしましょう。

1 集団規定 高さ制限等

1 斜線制限

① **道路斜線制限**

道路の通風や採光の確保等が目的で，建築物の高さを制限します。道路斜線制限は，都市計画区域内および準都市計画区域内のすべての建築物に適用されます。

② **隣地斜線制限**

隣地の通風や日照の確保等が目的で，建築物の高さを制限します。隣地斜線制限は，低層住居専用地域・田園住居地域以外で適用されます。

③ **北側斜線制限**

北側の敷地や建築物等の日照の確保等が目的で，建築物の高さを制限します。北側斜線制限は，低層住居専用地域・田園住居地域・中高層住居専用地域にのみ適用されます。

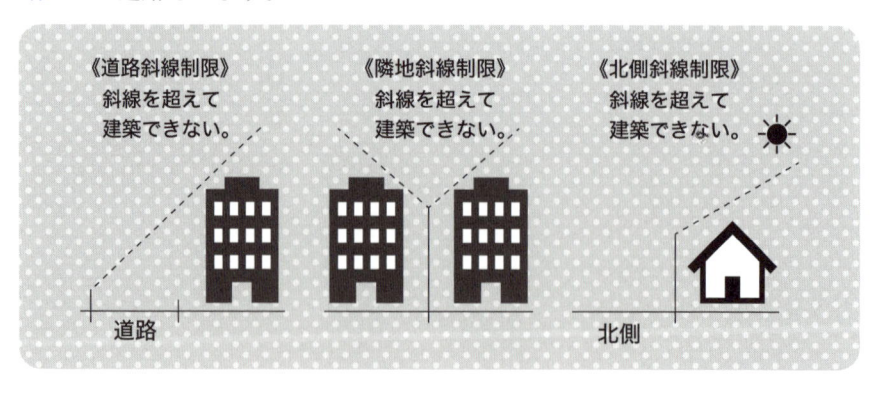

2 日影規制

　周囲の日照を確保するために，一定時間以上の日影が生じないよう建物の高さを制限するものです。規制される建築物は規制対象となる区域により異なります。

対象区域（地方公共団体が条例で指定）	対象建築物
低層住居専用地域・田園住居地域	軒高７m超または階数３以上（地階除く）
その他の用途地域	高さ10m超

※商業地域・工業地域・工業専用地域では，日影規制は指定されません。

3 敷地面積の最低限度（すべての用途地域が対象）

　都市計画により建築物の敷地面積の最低限度を，200㎡を限度に定めることができます。これを定めることにより，無秩序な敷地の分筆を防ぐことができます。

4 低層住居専用地域・田園住居地域の規制

　低層住居専用地域・田園住居地域においては，住環境を特に保護するため，下記が定められます。

① 外壁の後退距離

　都市計画により，建築物の外壁またはこれに代わる柱の面から敷地境界線までの距離を，1.5mまたは1mを限度に定めることができます。

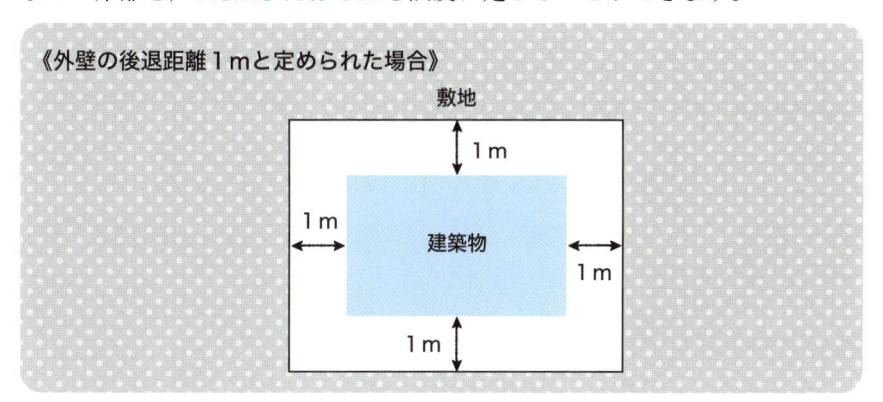

《外壁の後退距離１mと定められた場合》

敷地
1 m
1 m　建築物　1 m
1 m

② 絶対高さ制限

　都市計画により，建築物の高さの最高限度が，10mまたは12mを限度に定められます。

2 集団規定　防火・準防火地域

1 建築物の構造方法

　火災の延焼等を防ぐため，建築物の構造等が制限されます（火事に強い建物でなければダメ）。

　防火地域・準防火地域内にある建築物は，その外壁の開口部（例：窓）で延焼のおそれのある部分に防火戸その他の政令で定める防火設備を設けなければならず，壁，柱，床その他の建築物の部分および防火設備を，通常の火災による周囲への延焼を防止するためにこれらに必要とされる性能に関して防火地域・準防火地域の別や建築物の規模に応じて政令で定める技術的基準（下表参照）に適合する一定のものとしなければなりません。

① 防火地域内で要求される技術的基準

対象建築物	構造制限
階数3以上（地階を含む）または延べ面積100㎡超	耐火建築物
上記以外の建築物	耐火建築物または準耐火建築物

② 準防火地域内で要求される技術的基準

対象建築物	構造制限
階数4以上（地階を除く）または延べ面積1,500㎡超	耐火建築物
延べ面積500㎡超〜1500㎡以下	耐火建築物または準耐火建築物

2 防火地域・準防火地域共通ルール

屋根	建築物の屋根の構造は，一定の技術的基準に適合するものでなければなりません。
外壁	外壁が耐火構造の建築物は，その外壁を隣地境界線に接して設けることができます。
外壁の開口部	外壁の開口部で延焼のおそれのある部分に防火戸その他の政令で定める防火設備を設けなければならない。

3 防火地域限定のルール

　防火地域内にある看板・広告塔等は，下記❶または❷に該当する場合，その主要な部分を不燃材料で造り，またはおおわなければなりません。

> ❶　建築物の屋上に設けるもの
> ❷　高さ3m超のもの

④ 建築物が防火地域と準防火地域にまたがるケース

建築物が防火地域と準防火地域にまたがる場合，その全部について規制の厳しい方（防火地域）の規定が適用されます。ただし，防火壁で区画されているときは，その防火壁の外について，準防火地域の規制を適用します。

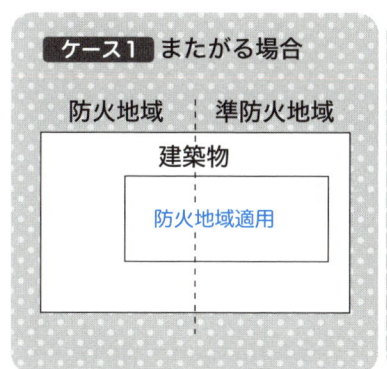
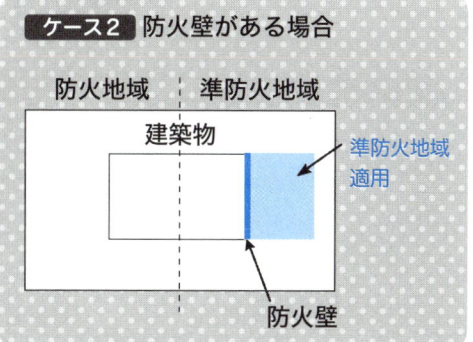

3 建築協定

住民たちの合意により，地域独自の建築物のルール（例：建築物の敷地，位置，構造，用途，意匠，建築設備等）を定めることができるものです。

① 建築協定の手続き

① 建築協定条例

建築協定を締結するためには，建築協定を締結できる旨の市町村の条例（建築協定条例）が定められていなければなりません。

② 建築協定の締結

建築協定を締結するには，土地所有者および借地権者の全員の合意が必要です。そして，建築協定の認可の申請をしなければなりません。

② 建築協定の効力

建築協定の効力は，建築協定の認可の公告後に，区域内の土地の所有者等となった者に対しても及びます。

③ 建築協定の変更

建築協定の内容を変更する場合，土地所有者等の全員の合意＋特定行政庁の認可が必要となります。

4 建築協定の廃止

　建築協定を廃止する場合，土地所有者等の過半数の合意＋特定行政庁の認可が必要となります。

厳選超重要過去問　○×一問一答

問題	解答
Q1 田園住居地域内における建築物に対しては，法第56条第1項第3号の規定（北側斜線制限）は適用されない。(R2)	田園住居地域内の建築物に適用される。 （ **×** ）
Q2 田園住居地域内においては，建築物の高さは，一定の場合を除き，10m又は12mのうち当該地域に関する都市計画において定められた建築物の高さの限度を超えてはならない。(H30)	（ **○** ）
Q3 防火地域にある建築物で，外壁が耐火構造のものについては，その外壁を隣地境界線に接して設けることができる。(H28)	（ **○** ）
Q4 建築協定区域内の土地の所有者等は，特定行政庁から認可を受けた建築協定を変更又は廃止しようとする場合においては，土地所有者等の過半数の合意をもってその旨を定め，特定行政庁の認可を受けなければならない。(H24)	建築協定の変更は，「全員の合意」が必要。 （ **×** ）

吉野先生のワンポイントアドバイス

「もう限界！」と思ったところから，「あともう10分頑張ろう！」が効きます。この10分の積み重ねで，他の受験生と差をつけることができます。限界は自分で勝手に設定しているだけです。限界を突破しましょう！

国土利用計画法・その他諸法令

▶▶▶ **地価の高騰を抑制する法律**

国土利用計画法では，出題頻度が高い事後届出のルールを重点的に学習しましょう。その他諸法令は，暗記要素が強い項目ですが，ボリュームは少ないためしっかりインプットして下さい。

1 国土利用計画法

　国土利用計画法は，地価の高騰を抑制し，合理的な土地利用を図るために「土地取引の規制」を定めています。具体的には，一定の土地取引を行う場合，届出等が必要となります。

■事後届出

　土地売買等の契約を締結した場合，土地に関する権利の移転または設定を受けた者（権利取得者）は，その契約を締結した日から2週間以内に，当該土地が所在する市町村長を経由して，都道府県知事等に，一定の事項を届け出なければなりません。

規制対象となる土地売買等の契約

該当するもの （代表例）	売買（予約）契約，交換契約，権利設定の対価がある地上権・賃借権の設定
該当しないもの （代表例）	抵当権設定契約，贈与契約，相続，遺贈，遺産分割，時効取得

※停止条件が付いている契約も，土地売買等の契約に該当します。なお，条件成就の際に届け出る必要はありません。

① 面積例外

　下記a〜cの土地取引の場合，事後届出は不要です。

a	市街化区域 ⇒ 2,000㎡未満
b	市街化調整区域・非線引き都市計画区域 ⇒ 5,000㎡未満
c	都市計画区域外（準都市計画区域・都市計画区域および準都市計画区域外）

CHAP
3

法令上の制限

$\Rightarrow$　10,000㎡未満

※面積例外に該当するか否かの判断は，権利取得者が取得した面積で判断します。

② その他の例外

下記a〜cのいずれかに該当する場合，事後届出は不要です。

a　当事者の一方または双方が，国・地方公共団体等である場合
b　農地法第3条の許可を受ける場合
c　農事調停法による調停による場合

2　事後届出の手続き

事後届出は，権利取得者が，契約を締結した日から起算して2週間以内に行います。

① 主な届出事項

当事者双方の氏名・住所，契約締結年月日，取得後の土地の利用目的，対価の額等が主な届出事項です。

② 勧　告

a　勧告（原則：届出があった日から3週間以内にする）

都道府県知事は，事後届出があった場合，利用目的を審査し，利用目的の変更について勧告することができます。

b　勧告に従わない場合

勧告に従わない場合，都道府県知事は，その旨およびその勧告内容を公表することができます。

c　勧告に従った場合

都道府県知事は，勧告に基づいて当該土地の利用目的が変更された場合で，必要があると認めるときは，当該土地に関する権利の処分のあっせんその他の措置を講ずるよう努めなければなりません。

③ **助　言**

　都道府県知事は，届出をした者に対し，届出に係る土地の利用目的について必要な助言をすることができます。

　⚠ 助言に従わない場合でも，公表されることはありません。

3　事後届出をしなかった場合

① **契約の効力**

　契約自体の効力は有効です。

② **罰　則**

　6月以下の懲役，または100万円以下の罰金が科されます。

4　その他諸法令

　それぞれの法令に規定されている制限に対しての許可権者等が問われます。「誰の許可が必要なのか？」・「誰に届け出る必要があるのか？」という点を意識して学習しましょう。この分野における許可権者は原則として「都道府県知事」と考えて下さい。

① **都道府県知事の許可が必要なケース**（代表例）

急傾斜地崩壊防止法	急傾斜地崩壊危険区域内で水の放流・停滞させる等の行為，土石の採取等を行う場合
地すべり等防止法	地すべり防止地域内で地表水を放流・停滞させる行為，ぼた山崩壊防止区域内の土石の採取等を行う場合
森林法	保安林内の立木の伐採等を行う場合

② **都道府県知事以外の許可等が必要なケース**

河川法	河川区域内で工作物を新築・改築・除却，土砂の採取等を行う場合：河川管理者の許可
海岸法	海岸保全区域内で土地の掘削・盛土・切土等を行う場合：海岸管理者の許可
津波防災地域づくり法	津波防護施設区域内で土地の掘削，津波防護施設以外の施設等の新築・改築等を行う場合：津波防護施設管理者の許可

生産緑地法	生産緑地地区内で建築等を行う場合：市町村長の許可
都市緑地法	緑地保全地域内で建築物の新築・改築・増築等を行う場合：都道府県知事等への届出 ※特別緑地保全地区内においては，都道府県知事等の許可
土壌汚染対策法	形質変更時要届出区域内で土地の形質の変更を行う場合：都道府県知事への届出（行為着手14日前までに）
景観法	景観計画区域内で建築物の新築・増築・改築・移転等を行う場合：景観行政団体の長への届出（あらかじめ）

厳選超重要過去問 ○×一問一答

問題	解答
Q1 個人Dが所有する市街化区域内の3,000㎡の土地を，個人Eが相続により取得した場合，Eは事後届出を行わなければならない。(R1)	相続は，土地売買等の契約に該当しないため事後届出不要。 **（×）**
Q2 都市計画区域外に所在し，一団の土地である甲土地（面積6,000㎡）と乙土地（面積5,000㎡）を購入する契約を締結した者は，事後届出を行わなければならない。(H28)	一団の土地パターンは，権利取得者が取得した合計面積で判断（11,000㎡）。面積例外には該当しないため，事後届出が必要。 **（○）**
Q3 Aが，市街化区域において，2,500㎡の工場建設用地を確保するため，そのうち，1,500㎡をB社から購入し，残りの1,000㎡はC社から贈与で取得した。この場合，Aは，事後届出を行う必要はない。(H23)	一団の土地パターンは，権利取得が取得した合計面積で判断するが，贈与により取得した1,000㎡は，土地売買等の契約に該当せず，事後届出は不要。また，Bから取得した1,500㎡も面積例外の対象。 **（○）**

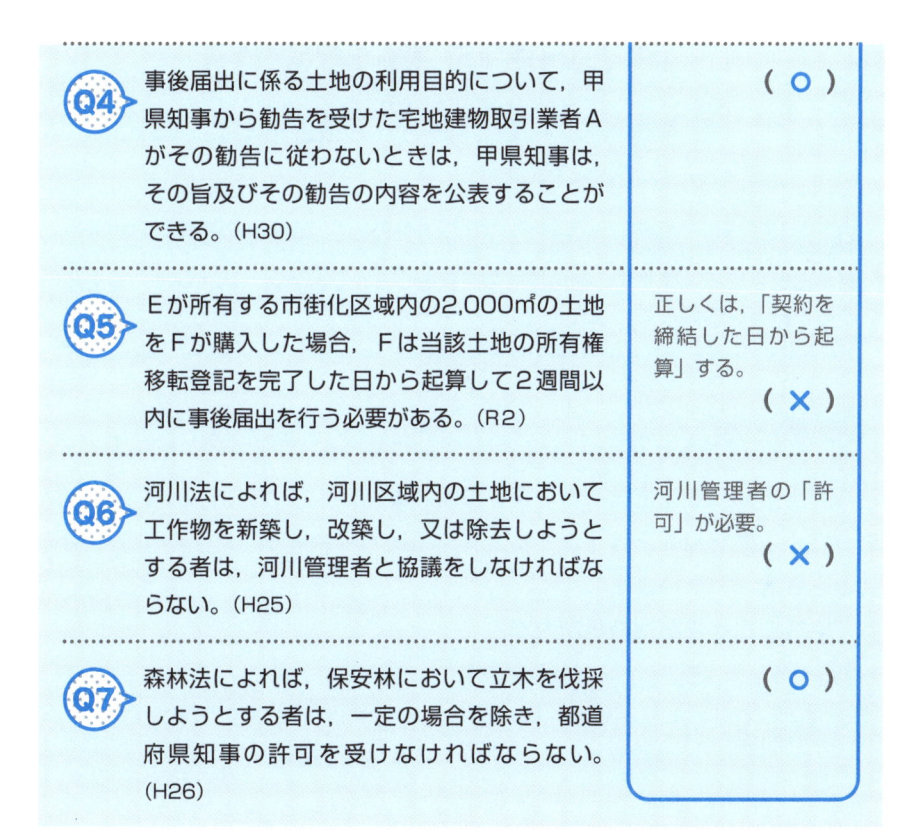

Q4 事後届出に係る土地の利用目的について，甲県知事から勧告を受けた宅地建物取引業者Aがその勧告に従わないときは，甲県知事は，その旨及びその勧告の内容を公表することができる。(H30)

(〇)

Q5 Eが所有する市街化区域内の2,000㎡の土地をFが購入した場合，Fは当該土地の所有権移転登記を完了した日から起算して2週間以内に事後届出を行う必要がある。(R2)

正しくは，「契約を締結した日から起算」する。

(✕)

Q6 河川法によれば，河川区域内の土地において工作物を新築し，改築し，又は除去しようとする者は，河川管理者と協議をしなければならない。(H25)

河川管理者の「許可」が必要。

(✕)

Q7 森林法によれば，保安林において立木を伐採しようとする者は，一定の場合を除き，都道府県知事の許可を受けなければならない。(H26)

(〇)

吉野先生のワンポイントアドバイス

「覚えられない〜…」と嘆いていても覚えられません。「どうしたら覚えられるかな？」と考えて下さい。時間を有意義に使いましょう（^^♪

宅地造成等規制法

▶▶▶ **工事による崖崩れを防止**

学習のポイント

毎年出題される法律です。宅地造成の定義をしっかり押さえ，許可制度・届出制度の仕組みを理解しましょう。

1 概　要

　この法律は，宅地造成工事に伴う崖崩れまたは土砂の流出による災害の防止のため必要な規制を行うことにより，国民の生命および財産の保護を図ることを目的としています。

宅地造成等規制法の規制内容

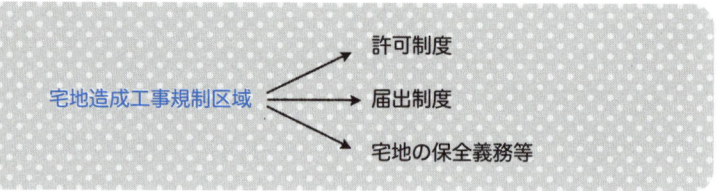

宅地造成工事規制区域 → 許可制度
宅地造成工事規制区域 → 届出制度
宅地造成工事規制区域 → 宅地の保全義務等

2 宅地造成工事規制区域

　宅地造成工事規制区域（規制区域）とは，宅地造成に伴い災害が生ずるおそれが大きい市街地または市街地となろうとする土地の区域であって，宅地造成に関する工事について規制を行う必要があるものについて，都道府県知事が指定したものをいいます。

3 許可制度

　規制区域内で宅地造成に関する工事をする場合，造成主は，当該工事に着手する前に，原則として都道府県知事の許可を受けなければなりません。

■1 宅地の定義

下記❶および❷以外の土地を宅地といいます。

> ❶ 農地・採草放牧地・森林
>
> ❷ 道路・公園・河川その他の公共施設用地

■2 宅地造成の定義

宅地造成とは，宅地以外の土地を宅地にするため，または宅地において行う（宅地を宅地以外の土地にするために行うものを除く）もので，次の❶～❹のいずれかの土地の形質の変更をいいます。

❶　高さ2m超の崖を生じる切土（きりど）の場合

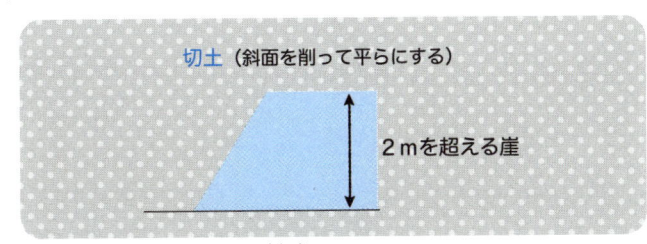

❷　高さ1m超の崖を生じる盛土（もりど）の場合

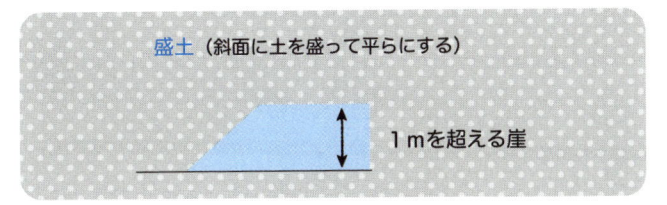

❸　切土と盛土を同時にする場合は，盛土部分に1m以下の崖を生じ，かつ，切土と盛土で高さ2m超の崖を生ずる場合

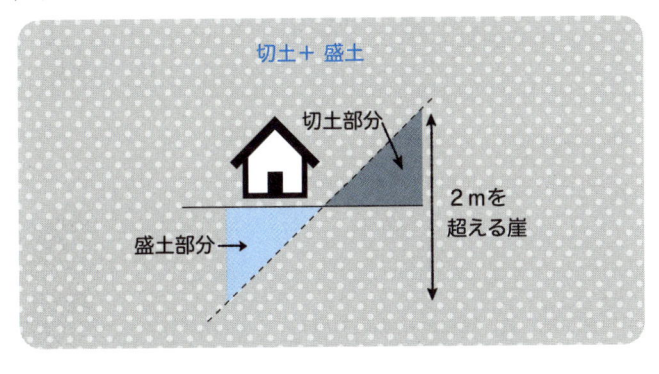

❹ 盛土，切土をする土地の面積が**500㎡超**の場合

造成面積**500㎡超**（崖の高さは問わない）

3 変更の許可等

　宅地造成に関する工事の計画を変更しようとするときは，都道府県知事の許可を受けなければなりません。ただし，軽微な変更については，遅滞なく，都道府県知事に届け出れば問題ありません。

4 ▶ 届出制度

　次の行為をする場合，都道府県知事に届け出なければなりません。

内　　容	届出期間
①　規制区域指定の際，当該規制区域内において宅地造成に関する工事を行っている場合※1	指定があった日から**21日**以内
②　規制区域内で，高さ２mを超える擁壁または排水施設の全部または一部の除却工事をする場合（許可を受ける場合を除く）	工事に着手する日の**14日**前まで（事前届出）
③　規制区域内で，宅地以外の土地を宅地に転用する場合（許可を受ける場合を除く）※2	転用した日から**14日**以内に届出

※1　宅地造成工事開始時点では，規制区域には指定されていませんでしたが，工事途中で規制区域に指定された場合です。
※2　宅地造成工事に該当しない小規模な工事です。

5 ▶ 宅地の保全義務等

　規制区域内の宅地の所有者，管理者，占有者等に課せられます。

保全義務	宅地の所有者等は，宅地造成に伴う災害が生じないよう，その宅地を常時安全な状態に維持するよう努めなければなりません。
勧　　告	都道府県知事は，宅地造成に伴う災害の防止のため必要があると認めるときは，所有者等に対して，擁壁または排水施設の設置または改造等の防災上必要な措置をとることを勧告することができます。
改善命令	都道府県知事は，擁壁や排水施設等が設置されていないか，不完全なため災害が発生するおそれが大きいと認められる場合は，所有者等に対して，相当の猶予期限を付けて，擁壁または排水施設の設置等を行うよう命ずることができます。

6 造成宅地防災区域

　造成宅地防災区域とは，既に造成されている宅地で，地震等の災害により危険性の高い地域について，安全を確保するために指定されるものです。

■1 指定

　都道府県知事は，宅地造成に伴う災害で相当数の居住者その他の者に危害を生ずるものの発生のおそれが大きい一団の造成宅地の区域であって一定の基準に該当するものを，造成宅地防災区域として指定することができます。なお，宅地造成工事規制区域内には指定することはできません。

■2 指定の解除

　都道府県知事は，擁壁等の設置または改造その他宅地造成に伴う災害の防止のため必要な措置を講ずることにより当該区域の指定の事由がなくなったと認めるときは，造成宅地防災区域の指定を解除します。

■3 災害防止義務等

災害防止義務	造成宅地防災区域内の造成宅地の所有者，管理者または占有者は，災害が生じないよう，その造成宅地について擁壁等の設置または改造その他必要な措置を講ずるように努めなければなりません。
勧　　告	都道府県知事は，造成宅地防災区域内の造成宅地について，災害の防止のため必要があると認める場合においては，その造成宅地の所有者，管理者または占有者に対し，擁壁等の設置または改造その他災害の防止のため必要な措置をとることを勧告することができます。
改善命令	都道府県知事は，造成宅地防災区域内の造成宅地で，災害の発生のおそれが大きいと認められるものがある場合，一定の限度において，当該造成宅地または擁壁等の所有者，管理者または占有者に対して，擁壁等の設置等の工事を命ずることができます。

問題	解答
Q1 宅地を宅地以外の土地にするために行う土地の形質の変更は，宅地造成に該当しない。（R2）	最終的に宅地とならない行為は，宅地造成には該当しない。 （ ◯ ）
Q2 宅地造成工事規制区域内において，切土であって，当該切土をする土地の面積が400㎡で，かつ，高さ1mの崖を生ずることとなるものに関する工事を行う場合には，一定の場合を除き，都道府県知事の許可を受けなければならない。（H30）	切土で，「面積400㎡」・「高さ1m」は，宅地造成には該当しないため，知事の許可は不要。 （ × ）
Q3 宅地造成工事規制区域の指定の際に，当該宅地造成工事規制区域内において宅地造成工事を行っている者は，当該工事について都道府県知事の許可を受ける必要はない。（R1）	このケースでは，指定があった日から21日以内に知事に届出。 （ ◯ ）
Q4 宅地造成工事規制区域内において，宅地以外の土地を宅地に転用した者は，一定の場合を除き，その転用した日から14日以内にその旨を都道府県知事に届け出なければならない。（H28）	宅地造成に該当しない小規模な工事。 （ ◯ ）
Q5 都道府県知事は，関係市町村長の意見を聴いて，宅地造成工事規制区域内で，宅地造成に伴う災害で相当数の居住者その他の者に危害を生ずるものの発生のおそれが大きい一団の造成宅地の区域であって一定の基準に該当するものを，造成宅地防災区域として指定することができる。（H24）	宅地造成工事規制区域内の土地に，重ねて造成宅地防災区域として指定することはできない。 （ × ）

土地区画整理法

▶▶▶ 生活しやすい整ったキレイなまちに

若干複雑な事業内容を学習しますが，用語を理解し，仮換地・換地処分にまつわるルールを優先的に着手しましょう。

1 土地区画整理事業とは

　土地区画整理事業とは，道路，公園等の公共施設の整備改善および宅地の利用増進を図るため行われる，土地の区画形質の変更および公共施設の新設または変更に関する事業をいいます。ゴチャゴチャした街並みを整理整頓していくのが土地区画整理事業です。

2 土地区画整理事業の方法

　減歩と換地処分によって行われます。

1 減歩

　減歩とは，施行地区内（土地区画整理事業を行うエリア）の土地の所有者が，無償で一定割合の土地を提供することをいいます。それをもって，道路，公園，広場等の公共施設を新設したりします。なお，土地を無償で提供したとしても，事業後の宅地は通常地価が上昇するため，損失は生じません。

2 換地処分

　事業（工事）後の新しい宅地のことを換地といいます。そして，事業前の従前の宅地に代えて，換地を交付することを換地処分といいます。

CHAP
3
法令上の制限

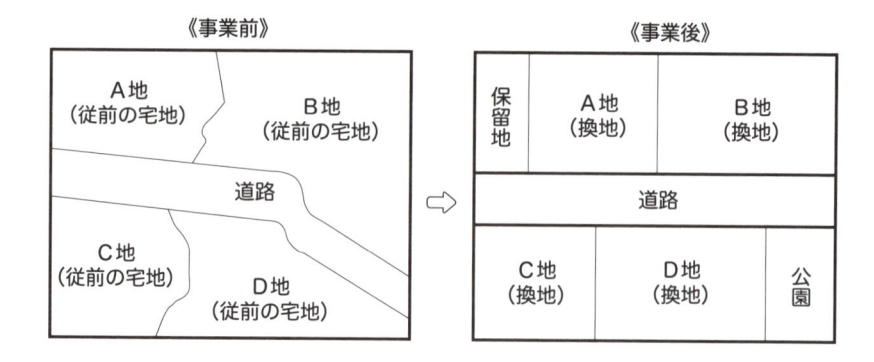

3 事業の流れ

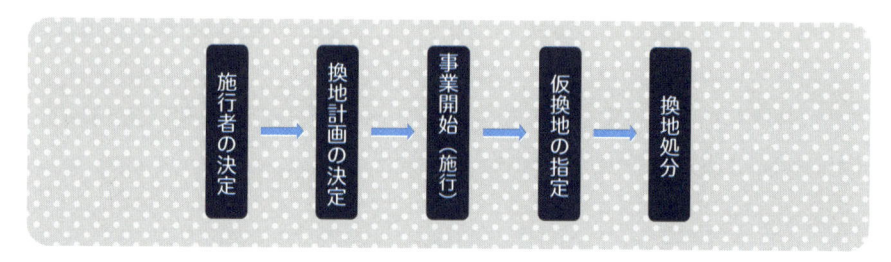

3 ▶ 施行者

　施行者は，個人，土地区画整理組合，区画整理会社，公的機関と様々です
が，試験の出題の中心は土地区画整理組合です。以下，本書においては，土
地区画整理組合による事業を前提に進めていきます。

1 土地区画整理組合の設立

　土地区画整理組合とは，宅地の所有権者，借地権者が7名以上共同して，
定款および事業計画を作成し，都道府県知事の認可を受けて事業を行います
（組合施行）。

2 強制加入

　設立の認可後は，施行地区内の宅地の所有者，借地権者はすべて組合員と
なります。

4 換地計画

　事業施行後の換地や，減歩等の内容を定めるのが換地計画です。施行者は，換地計画について都道府県知事の認可を受けなければなりません。

　換地計画には，従前の宅地と換地との価格に不均衡が認められる場合等に清算する清算金が定められます。なお，換地計画において換地を定める場合は，換地および従前の宅地の位置，地積，土質，水利，利用状況，環境等が照応するように定めなければなりません（換地照応の原則）。

■保留地

　施行者が第三者に売却等して，事業の費用にあてるため確保する土地です。この保留地は換地計画において定められます。

5 認可後の制限

　設立の認可の公告があった後，換地処分の公告があるまで（工事が始まってから，工事が終わるまで）の間は，施行者の事業の障害とならないよう，施行地区内において事業の施行の障害となるおそれがある下記❶〜❸を行う場合，都道府県知事等の許可が必要となります。

CHAP **3** 法令上の制限

> ❶　土地の形質の変更（造成工事等）
> ❷　建築物その他の工作物の新築等
> ❸　重量5トンを超える物件の設置・堆積

6 仮換地

❶仮換地

　土地区画整理事業は，道路・公園等の公共施設を整備したり，土地の区画を整えたりする大規模な事業のため，換地処分がなされるまでは時間がかかります。そこで，事業を進める間，工事が終わっている宅地等を必要に応じて仮の換地として指定することができます。仮換地の指定は，従前の宅地の所有者および仮換地となるべき宅地の所有者に，一定事項を通知して行います。

2 仮換地の指定の効果

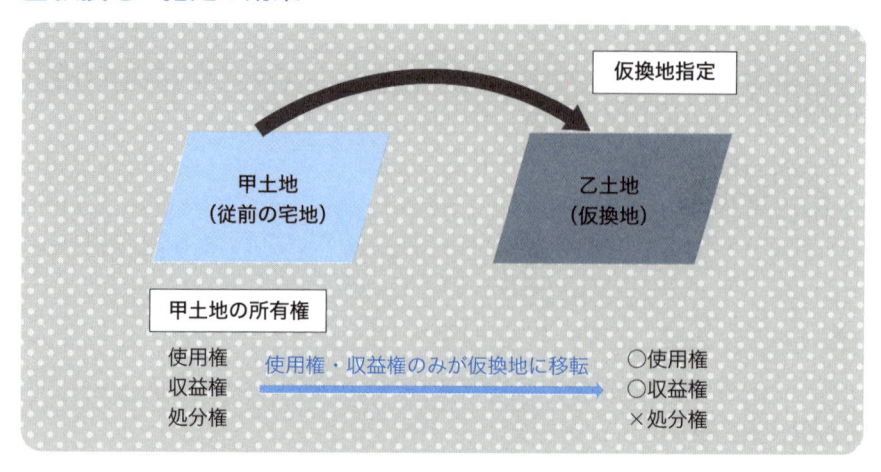

　従前の宅地について権原（けんげん）に基づき使用または収益できる者は，仮換地の指定の効力の発生の日から換地処分の公告がある日まで，仮換地について，従前の宅地について有する権利の内容である使用または収益と同じ使用または収益をすることができ，従前の宅地については，使用または収益することができなくなります。

　たとえば，A（従前の宅地について権原に基づき使用収益できる者）が所有している甲土地（従前の宅地）の仮換地として，乙土地が指定された場合，Aの所有権（使用権・収益権・処分権）が分離されます。

具体例

❶ 甲土地所有者Aが抵当権の設定や売却ができる土地 ⇨ 甲土地
❷ 甲土地所有者Aが建築物の建築や賃貸ができる土地 ⇨ 乙土地

3 使用または収益日を別に定める場合

　施行者は仮換地の指定にあたり，特別の事情があるときは，仮換地の使用または収益日を仮換地の指定の効力発生日と別に定めることができます。たとえば，先の事例でいえば，乙土地の仮換地の効力発生日が3月1日で，別に定めた日が6月1日だとすると，Aは通常3月1日に乙土地を使用または収益ができるところ，6月1日にならないと使用または収益ができないことになります。

7　換地処分

　換地処分とは，従前の宅地の所有者に**換地を割り当てる処分**をいいます。換地処分は，土地区画整理事業の終了の合図だと考えて下さい。

1　換地処分の時期・方法・公告

　換地処分は，換地計画に係る**区域の全部**について**事業の工事完了後**において，遅滞なく，しなければなりません。ただし，**定款等に別段の定めがある場合**においては，**工事が完了する以前**においても換地処分をすることができます。換地処分は，**関係権利者に換地計画で定められた関係事項を通知**することによって行います。また，施行者が換地処分を行ったあとは，その旨を都道府県知事に届け出なければならず，その後，**都道府県知事**がその旨を**公告**します。

2　換地処分の効果

①　権利関係

　換地計画において定められた換地は，公告のあった日の翌日から従前の宅地とみなされます。

ポイント　…地役権（例：公道に出るために他人の土地を利用できる通行地役権）

　従前の宅地にあった地役権は，原則として消滅せず従前の宅地の上に残りますが，必要のなくなった地役権は消滅します。

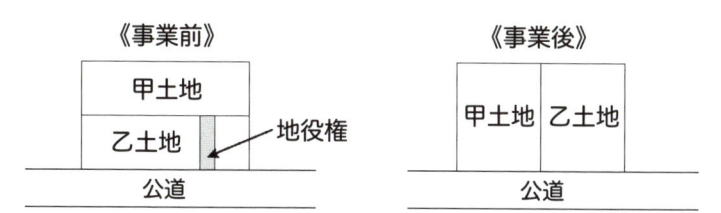

(!) 事業後の甲土地は，公道に面していて地役権の必要がないため，地役権は消滅します。

②　保留地

　換地計画において定められた保留地は，換地処分の公告があった日の翌日において，**施行者が取得**します。

③ **設置された公共施設**

　換地処分の公告の日の翌日において，原則として，その公共施設の存する市区町村の管理に属します。ただし，管理する者について他の法律等に別段の定めがある場合は，その者の管理に属します。

3 登　記

　施行者は，施行地区内の土地等について変動があったときは，遅滞なく，変動に係る登記の申請等をしなければなりません。この登記がされるまでは，原則として他の登記をすることはできません。

厳選超重要過去問　○×一問一答

問題	解答
Q1 土地区画整理組合が施行する土地区画整理事業に係る施行地区内の宅地について借地権のみを有する者は，その組合の組合員とはならない。(H29)	所有権者・借地権者はすべて組合員となる。（ **×** ）
Q2 施行者は，施行地区内の宅地について換地処分を行うため，換地計画を定めなければならない。この場合において，当該施行者が土地区画整理組合であるときは，その換地計画について市町村長の認可を受けなければならない。(H26)	「都道府県知事」の認可。（ **×** ）
Q3 土地区画整理組合の設立の認可の公告があった日以後，換地処分の公告がある日までは，施行地区内において，土地区画整理事業の施行の障害となるおそれがある建築物その他の工作物の新築を行おうとする者は，都道府県知事及び市町村長の許可を受けなければならない。(H30)	市町村長の許可は不要。（ **×** ）

Q4 仮換地が指定された場合においては，従前の宅地について権原に基づき使用し，又は収益をすることができる者は，仮換地の指定の効力発生の日から換地処分の公告がある日まで，仮換地について，従前の宅地について有する権利の内容である使用又は収益と同じ使用又は収益をすることができる。(H28)

仮換地指定の効力を参照。

（ ○ ）

Q5 土地区画整理事業の施行者は，仮換地を指定した場合において，当該仮換地について使用又は収益を開始することができる日を当該仮換地の効力発生の日と同一の日として定めなければならない。(H30)

使用収益日は，仮換地の指定の効力発生日と別に定めることができる。

（ ✕ ）

Q6 換地計画において換地を定める場合においては，換地及び従前の宅地の位置，地積，土質，水利，利用状況，環境等が照応するように定めなければならない。(R2)

換地照応の原則。

（ ○ ）

CHAP
3
....
法令上の制限

勉強最中に，「今日のお夕飯何食べようかな〜」，「昨日の飲み会は楽しかったな〜」と意識が飛んでしまったりすることはありませんか？　この時間が多いと，無駄に座っているだけの時間を過ごすことになります。
目の前のことに100％集中できるようにしましょう（^^♪

SECTION 10 農地法

▶▶▶ 生きていく上で大切な農地を守ろう

学習のポイント

例年1問出題されます。農地法は，学習量は少ないですが本試験で細かいヒッカケが出題されることがあるため，知識の精度を高めましょう。

1 農地法の概要

　農地法は，国内の農業生産の基盤である農地を守るため，権利移動や転用等の行為を規制します（許可制度）。

2 重要用語

1 農　地

　農地とは，田や畑等の耕作の目的に供される土地をいいます。なお，農地か否かは，客観的な事実状態（現状）で判断します（例：登記簿上で宅地と登記されていても，現況が農地なら農地として扱う）。

2 採草放牧地

　採草放牧地とは，牧場等の農地以外の土地で，主として耕作または養畜の事業のための採草または家畜の放牧の目的に供されるものをいいます。

3 権利移動

　権利移動とは，所有権の移転や地上権，賃借権等の設定をする行為をいいます（農地や採草放牧地の利用者が変わる）。なお，抵当権の設定は権利移動に該当しませんが，抵当権の実行により競売にて農地等の所有権が移転する場合には，権利移動に該当します。

4 転　用

　転用とは，農地を宅地にする等，本来の目的とは異なる用途にすることです。

3 権利移動の規制　3条許可

1 原　則

農地，採草放牧地について，権利移動する場合，農業委員会の許可を受けなければなりません。

2 例外（許可不要）

次の場合は，3条許可は不要です（一部抜粋）。

> ❶ 国または都道府県が，権利を取得する場合
>
> ❷ 民事調停法による農事調停による場合
>
> ❸ 土地収用法等により収用または使用される場合
>
> ❹ 相続・遺産分割・包括遺贈・相続人に対する特定遺贈・法人合併
> 等により権利が取得される場合（遅滞なく農業委員会に届出が必要）

3 無許可で行った場合

無許可で行った場合，無効となります。また，罰則（3年以下の懲役または300万円以下の罰金）の対象です。

4 転用の規制　4条許可

1 原　則

農地を農地以外に転用する場合，都道府県知事等の許可を受けなければなりません。なお，国・都道府県が行う場合でも，原則として4条許可が必要となりますが，関係する知事等との協議が成立すれば，許可があったものとみなされます。

2 例外（許可不要）

次の場合，4条許可は不要です（一部抜粋）。

> ❶ 土地収用法等により収用または使用した農地を，その目的に供す
> る場合
>
> ❷ 2アール（200㎡）未満の農地を農業用施設に供する場合

❸ 国または都道府県等が道路・農業用用排水施設その他の地域振興
上または農業振興上の必要性が高いと認められる一定の施設の用に
供するため農地を転用する場合

❹ 市街化区域内に所在する農地を転用する場合（あらかじめ農業委員会
に届出が必要）

❸ 無許可で行った場合

　無許可で行った場合，原状回復命令等を受けます。また，罰則（3年以下
の懲役または300万円以下の罰金）の対象です。

5　転用目的の権利移動の規制　5条許可

❶ 原　則

　農地，採草放牧地について，転用目的で権利移動する場合は，原則として
都道府県知事等の許可を受けなければなりません。なお，国・都道府県が行
う場合でも，原則として5条許可が必要となりますが，関係する知事等との
協議が成立すれば，許可があったものとみなされます。

❷ 例外（許可不要）

　次の場合，5条許可は不要です（一部抜粋）。

❶ 土地収用法等により収用または使用される場合
❷ 国または都道府県等が道路・農業用用排水施設その他の地域振興
上または農業振興上の必要性が高いと認められる一定の施設の用に
供するため農地，採草放牧地を転用目的で権利移動する場合
❸ 市街化区域内に所在する農地，採草放牧地についての転用のため
の権利移動（あらかじめ農業委員会に届出が必要）

❸ 無許可で行った場合

　無許可で行った場合，無効であり，無断で転用したときは，原状回復命令
等を受けます。また，罰則（3年以下の懲役または300万円以下の罰金）の対象で
す。

6　賃貸借

1 対抗力

　農地または採草放牧地の賃貸借は，その登記がなくても，農地または採草放牧地の引渡しがあったときは，第三者（農地または採草放牧地を取得した）に対抗することができます。

2 存続期間

　農地または採草放牧地の賃貸借の存続期間については，民法の規定通り，最長50年です。更新も可能ですが，更新後の期間も最長50年です。

まとめ …3条許可・4条許可・5条許可

	3条許可	4条許可	5条許可
対象土地	農地 採草放牧地	農地	農地 採草放牧地
対象行為	権利移動	転用	転用＋権利移動
許可権者	農業委員会	都道府県知事等	都道府県知事等
例　外 （許可 不要）	【代表例】 ①相続・遺産分割・包括遺贈・法人合併等 ②国・都道府県	【代表例】 ①市街化区域内の例外 ②2アール未満の農業用施設への転用 ③国・都道府県による道路・農業用用排水施設等への転用	【代表例】 ①4条の①と同様 ②4条の③と同様
違反行為	無効＋罰則	原状回復命令＋罰則	無効＋原状回復命令＋罰則

厳選超重要過去問　○×一問一答

問題	解答
Q1 登記簿上の地目が山林となっている土地であっても，現に耕作の目的に供されている場合には，農地法に規定する農地に該当する。(H24)	農地か否かは現況で判断。 （ ○ ）
Q2 銀行から500万円を借り入れるために農地に抵当権を設定する場合，農地法第3条第1項又は第5条第1項の許可を受ける必要がある。(H29)	抵当権の「設定」は権利移動に該当しない。 （ × ）
Q3 市街化区域内の農地を宅地とする目的で権利を取得する場合は，あらかじめ農業委員会に届出をすれば農地法第5条の許可は不要である。(H30)	市街化区域内の例外。 （ ○ ）
Q4 耕作目的で原野を農地に転用しようとする場合，農地法第4条第1項の許可は不要である。(R1)	農地法4条の許可が必要となる転用は，「農地を農地以外」にするものが対象。 （ ○ ）
Q5 相続により農地を取得することとなった場合，農地法第3条第1項の許可を受ける必要がある。(R2)	相続では3条許可不要。ただし，農業委員会に届出が必要。 （ × ）

吉野先生のワンポイントアドバイス

人間は忘れる生き物です。「すぐ忘れちゃう…」と忘れることを嘆く方は多いですが，人間の機能として健全なことです。大丈夫！　繰り返すことで長期記憶になります。
忘れることに対して，ストレスを感じないようにしましょう（^^♪

CHAPTER

税金・価格評定

 イントロダクション

学習方法

[1] 税金では，税金の負担が軽減されるお得な制度を中心に学習

　税金に関して計算問題は例年出題されていません。どのような「要件」を満たせば税金がお得になるのかという点に着目して学習して下さい。

[2] 価格評定では，手続きの流れを意識

　地価公示法ではどのように地価公示がなされるのか，不動産の鑑定評価ではどのように不動産の鑑定がなされるのか，という点に着目して学習して下さい。

税金　算定方式・用語

　税金においては計算問題の出題は見られませんが，基本的な計算式は知っておきましょう。また，登場する基本用語も覚えておいて下さい。

[1] 算定方式（定率課税）

　課税標準　×　税率　＝　税額
例：お店で1,000円の商品を購入した場合の消費税
　1,000円　×　10%　＝　100円　☞この100円が納税額です。

[2] 用語

課税標準	税率をかける対象となる数値
納税義務者	税金を納める者
申告納付	納税義務者が申告して納付する方法（例：確定申告）
普通徴収	税金を徴収する国等から送られてくる納税通知書に従い納付する方法（例：固定資産税）

国税 譲渡所得税・住宅ローン控除

▶▶▶ **不動産を譲渡する人は課税されちゃう？**

学習のポイント

譲渡所得税がお得になる「買換え特例・特別控除・軽減税率」に着目し，適用要件やそれぞれの制度の組合せの可否についてしっかり学習しましょう。

1 譲渡所得税の概要・重要用語

譲渡所得とは，資産を譲渡して得た利益のことをいいます。たとえば3,000万円で取得した不動産を4,000万円で売却した場合，取得する際の費用等を考慮しなければ，1,000万円の利益が出たことになります。この利益を譲渡所得といい，これに課せられる税を譲渡所得税（じょうとしょとくぜい）といいます。

1 譲渡所得税の計算式

計算式 …課税譲渡所得金額×税率＝税額

(!) 課税譲渡所得金額とは，収入金額（譲渡価額）から取得費（例：購入代金）や譲渡費用（例：仲介手数料・登録免許税）を差し引いた金額のことです。

2 短期譲渡所得・長期譲渡所得

譲渡した不動産の所有期間によって，譲渡所得を区分します。なお，短期譲渡所得の方が税率は高くなります。

- 短期譲渡所得　⇨　所有期間5年以内
- 長期譲渡所得　⇨　所有期間5年超

CHAP
4
税金・価格評定

3 居住用財産

下記❶または❷を満たすものが居住用財産（マイホーム）です。

❶　現に居住しているもの

❷　居住しなくなった日以後3年を経過する日の属する年の12月31日までに譲渡したもの

2 買換え特例 （特定の居住用財産の買換え）

買換え特例とは，たとえば，今住んでいる不動産（譲渡資産）を譲渡し，別の不動産（買換え資産）に買い換える場合に税負担を軽減する措置です。

譲渡資産3,000万円　　新しく購入　　買換え資産4,000万円

⊕ 買い替えた結果，利益どころか1,000万円の損失が生じています。このケースでは，課税が繰り延べられ，今回は課税されません。

主な適用要件

譲渡資産	買換資産
① 居住用財産	① 家屋の床面積 50㎡以上
② 所有期間10年超	② 土地の面積 500㎡以下
③ 居住期間10年以上	③ 譲渡資産を譲渡した年の前年1月1日から，譲渡した年の翌年12月31日までに取得
④ 配偶者等の親族への譲渡でない。	
⑤ 譲渡の対価が1億円以下	

3 特別控除

譲渡所得の課税標準から所定の額を差し引いて，税負担を軽減するものです。

❶ 居住用財産の3,000万円特別控除

この特例を利用するためには，下記の要件を満たす必要があります。

主な適用要件

❶ 居住用財産

❷ 配偶者等の親族への譲渡でない。

❸ 特例を受ける年，前年・前々年に，この特例や買換え特例を受けていないこと

⊕ 所有期間は問いません（短期譲渡所得・長期譲渡所得関係なし）。

　収用交換等の5,000万円特別控除は，土地収用法，都市計画法等により土地等が収用され，補償金等を取得した場合に利用することができます。

4 　軽減税率

　不動産を譲渡した場合，原則として短期譲渡所得では30％，長期譲渡所得では15％の税率が適用されるところ，一定の要件を満たせば，税率が軽減されます。

1 居住用財産を譲渡した場合の長期譲渡所得の軽減税率

　下記を満たすと，税率が6,000万円までについては10％，6,000万円超については15％となります。

主な適用要件

❶　居住用財産
❷　所有期間10年超
❸　配偶者等の親族への譲渡でない。

2 優良住宅地造成等のために譲渡した場合の長期譲渡所得の軽減税率

　下記を満たすと，税率が2,000万円までについては10％，2,000万円超については15％となります。

主な適用要件

❶　国，地方公共団体等に対する譲渡等であること
❷　所有期間5年超

CHAP
4
税金・価格評定

5 特例の併用（お得な制度の組合せ）

　前述した買換え特例，特別控除，軽減税率において，**特別控除と軽減税率**（居住用財産の軽減税率）**が併用可能**と覚えて下さい。一定の場合には買換え特例とも併用が可能ですが，試験対策上としては細かいため，深追いは禁物です。

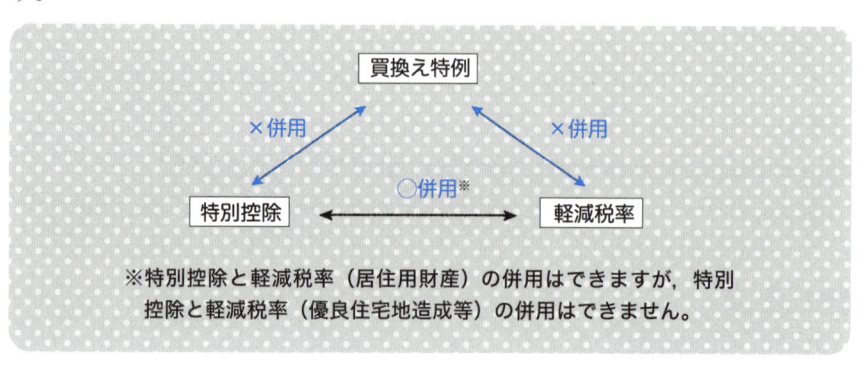

6 空き家に係る譲渡所得の特別控除の特例

　被相続人が居住していた家屋や敷地を相続や遺贈によって取得した個人は，一定の耐震改修工事をして譲渡するか，家屋を取り壊して土地を譲渡する場合，3,000万円の特別控除の適用を受けることができます。

主な適用要件

❶ 昭和56年5月31日以前に建築された家屋（区分所有建物は含まない）

❷ 相続開始の直前において被相続人以外に居住をしていた者がいない。

❸ 譲渡の対価の額が1億円以下

❹ 配偶者等の親族への譲渡でない。

❺ 相続開始のあった日から3年を経過する日の属する年の12月31日までの間に譲渡したもの

❻ 相続から譲渡・取壊しまで，事業・貸付け・居住の用に供されていないこと

7 住宅ローン控除

住宅ローン控除とは，個人がマイホーム購入資金として金融機関で住宅ローンを組んだ場合に，その者の所得税を軽減する制度です。なお，給与所得者が住宅ローン控除の適用を受けるには，最初の年だけ確定申告が必要です。

主な適用要件

❶ 金融機関と10年以上の住宅ローンを組む。

❷ 住宅の取得から6ヵ月以内に居住

❸ 取得する住宅の床面積が50㎡以上[※]

❹ 年間の合計所得金額が3,000万円以下[※]

　⚠ 3,000万円を超えた年分については，住宅ローン控除の適用不可

❺ 住宅ローン控除の適用を受ける年度，その適用を受ける年度の前2年および後3年に，買換え特例・居住用財産の3,000万円特別控除・軽減税率の適用を受けていないこと

※一定の場合（住宅の取得等で特別特例取得に該当するものとした個人が，その特別特例取得をした家屋を令和3年1月1日から令和4年12月31日までの間にその者の居住の用に供した場合において，住宅借入金等を有するとき）には，床面積が40㎡以上50㎡未満でも適用されます。ただし，その年分の合計所得金額が1,000万円を超える年については，適用されません。

CHAP
4
税金・価格評定

厳選超重要過去問 ○×一問一答

問題	解答
Q1 特定の居住用財産の買換えの場合の長期譲渡所得の課税の特例に関して，買換資産とされる家屋については，その床面積のうち自己の居住の用に供する部分の床面積が50㎡以上のものであることが，適用要件とされている。(H19)	（ ○ ）
Q2 個人が居住用財産を譲渡した場合における譲渡所得の課税に関して，所有期間が10年以下の居住用財産については，居住用財産の譲渡所得の3,000万円特別控除を適用することができない。(H24)	3,000万円特別控除については，所有期間の要件なし。 （ × ）
Q3 個人が令和3年中に令和3年1月1日において所有期間が10年を超える居住用財産を譲渡した場合のその譲渡に係る譲渡所得の課税に関して，その譲渡について収用交換等の場合の譲渡所得等の5,000万円特別控除の適用を受ける場合であっても，その特別控除後の譲渡益について，居住用財産を譲渡した場合の軽減税率の特例の適用を受けることができる。(R1)	収用交換等の特別控除と居住用財産の軽減税率は，併用可。 （ ○ ）
Q4 住宅ローン控除の適用を受けようとする者のその年分の合計所得金額が3,000万円を超えるときは，その超える年分の所得税について住宅ローン控除の適用を受けることはできない。(H18)	（ ○ ）

吉野先生のワンポイントアドバイス

税金は暗記の要素が強いですが，覚えるべきポイントを明確にしましょう。税金で大切なのは，税金を納める金額が「お得になる制度」です。適用要件を優先的に押さえて下さい。優先すべき点がわかると学習意欲も湧いてきます♪

国税 贈与税・登録免許税

▶▶▶ 税金がお得になる制度を学ぼう！

学習のポイント

贈与税のポイントは，住宅取得等資金の贈与を受けた場合の「非課税制度」と「相続時精算課税制度」を比較・区別することです。登録免許税については，住宅用家屋の軽減税率に注意して学習しましょう。

1 贈与税

1 概　要

　贈与税は，不動産等を贈与によりもらった場合に，もらった側（受贈者）に課される税です。なお，贈与税は，個人が個人から贈与を受けた場合に課されます。

●暦年課税制度（原則）

　贈与税は1月1日から12月31日までの1年間で贈与により受けた財産が課税の対象です。なお，基礎控除額は，年間110万円です。

2 直系尊属から住宅取得等資金の贈与を受けた場合の非課税制度

　住宅取得のための資金を直系尊属（年齢制限なし）からの贈与により受けた場合に，一定額が非課税となる制度です。

主な適用要件

受贈者	① 20歳以上の直系卑属（孫や養子も含む） ② 合計所得金額 2,000万円以下※
贈与により取得するもの	住宅取得等（新築，取得，増改築，敷地用土地等）のための資金（お金）
新築・取得する家屋等	① 床面積50㎡以上240㎡以下で，床面積の2分の1以上が受贈者の居住用であること※ ② 既存住宅の場合，20年以内（耐火建築物は25年以内）に建築されたものまたは一定の耐震基準等に適合するもの

※合計所得金額が1,000万円以下の場合には，床面積の下限は40㎡以上となります。

3 相続時精算課税制度

　生前贈与の際に2,500万円まで贈与税を非課税（贈与財産の価額から2,500万円

CHAP **4** 税金・価格評定

を控除）にしますが，贈与者が死亡した時には，生前贈与した財産と贈与者の遺産を合わせて相続税を課税します。これを相続時精算課税制度といいます。この相続時精算課税制度を利用すると暦年課税による基礎控除（110万円）を受けることができなくなります。

なお，相続時精算課税制度は，一般の相続時精算課税制度と住宅取得等資金の贈与を受けた場合の相続時精算課税制度がありますが，試験では主に後者が出題の対象となります。

●**住宅取得等資金の贈与を受けた場合の相続時精算課税制度**

住宅取得のための資金を親・祖父母（年齢問わず）からの贈与により受けた場合に，一定額が控除されます。なお，一般の相続時精算課税制度の場合，贈与者である親・祖父母の年齢は60歳以上であることが条件です。

主な適用要件

受贈者	・20歳以上の推定相続人（子，孫等） ※合計所得金額に制限なし
贈与により 取得するもの	・住宅取得等（新築，取得，増改築，敷地用土地等）のための資金（お金）
新築・取得 する家屋等	① 床面積40㎡以上で，床面積の2分の1以上が受贈者の居住用であること ② 既存住宅の場合，20年以内（耐火建築物は25年以内）に建築されたものまたは一定の耐震基準等に適合するもの
特別控除の限度額	2,500万円

※非課税制度と上記の相続時精算課税制度では，合計所得金額の制限の有無と家屋等の床面積の要件が異なりますので注意しましょう。

2 登録免許税

1 概　要

登録免許税は，不動産登記等を受けるときに納める税金です。納税義務者は登記等を受ける者ですが，2人以上（例：売買による所有権移転登記における買主・売主）いる場合は連帯して納付する義務を負います。

2 納税方法

現金納付（国に納付し，その領収書を登記申請書に貼り付けて登記所に提出）が原則ですが，税額が3万円以下の場合には収入印紙での印紙納付による方法も認められます。

3 課税標準

　不動産登記の場合，課税標準は不動産の価額です。これは固定資産課税台帳の登録価格となります（×取引価格）。なお，課税標準が1,000円未満の場合，1,000円として計算します。

4 非課税

> ❶　国，地方公共団体等が登記権利者となるとき
>
> ❷　表示に関する登記をするとき（例外あり）

5 住宅用家屋の軽減税率

　権利に関する登記の税率は，登記の目的ごとに異なりますが，住宅用家屋に関する登記には特例（軽減措置）があります。

登記の目的	課税標準	一般税率	軽減税率
所有権保存	不動産の価額	4/1,000	1.5/1,000
所有権移転	不動産の価額	20/1,000	3/1,000
抵当権設定	債権金額	4/1,000	1/1,000

※この特例の対象は住宅用家屋であり，土地には適用されません。
　また，以前にこの軽減税率の適用を受けた者であっても，再度適用を受けることができます。

適用要件

❶　自己居住用で個人が受ける登記

　※法人が受ける登記や社宅用の登記は適用対象外

❷　床面積50㎡以上

❸　新築または取得後1年以内に登記

❹　既存住宅の場合，20年以内（耐火建築物は25年以内）に建築されたものまたは一定の耐震基準等に適合するもの

　※所有権の移転登記に係るものにあっては，売買または競落により取得した場合にのみ適用されます。

CHAP
4
税金・価格評定

厳選超重要過去問 ○×一問一答

問題	解答
Q1 特定の贈与者から住宅取得等資金の贈与を受けた場合の相続時精算課税の特例に関して，住宅取得のための資金の贈与を受けた者について，その年の所得税法に定める合計所得金額が2,000万円を超えている場合でも，この特例の適用を受けることができる。(H22)	合計所得金額の制限なし。なお，「非課税制度」には制限あり。 （○）
Q2 直系尊属から住宅取得等資金の贈与を受けた場合の贈与税の非課税に関して，贈与者が住宅取得等資金の贈与をした年の1月1日において60歳未満の場合でも，この特例の適用を受けることができる。(H27)	贈与者の年齢制限なし。 （○）
Q3 住宅用家屋の所有権の移転登記に係る登録免許税の税率の軽減措置に関して，この軽減措置は，個人が自己の経営する会社の従業員の社宅として取得した住宅用家屋に係る所有権の移転の登記にも適用される。(H26)	社宅は対象外。個人の住宅用家屋に限定。 （×）
Q4 住宅用家屋の所有権の移転登記に係る登録免許税の税率の軽減措置に関して，この軽減措置は，登記の対象となる住宅用の家屋の取得原因を限定しており，交換を原因として取得した住宅用の家屋について受ける所有権の移転登記には適用されない。(H30)	取得原因は売買又は競売に限定。 （○）

吉野先生のワンポイントアドバイス

「1日1点伸びる！」10月の超直前期になったら意識して下さい。10日で10点アップできます。
最後まで諦めず「1点」に貪欲になりましょう！

SECTION 3 国税 印紙税

▶▶▶ 印紙を貼り付ける書面って？

学習のポイント

国税の中では出題頻度が高い項目です。課税文書の種類とその記載金額について
しっかり理解できるように学習しましょう。

1 国税 印紙税の概要

印紙税は，課税文書を作成した場合に，その作成者に対して課せられる税
金です。課税文書を2人以上で共同して作成した場合，連帯して納付する義
務を負います。

国・都道府県・市町村等が作成する文書は非課税です。

2 納付方法

課税文書に収入印紙を貼り付けて消印をします。消印は，課税文書の作成
者のほか，その代理人や従業者等でも行うことができます。

3 過怠税

❶ 印紙税を納付しなかった（印紙を貼り付けなかった）場合
⇨ 納付しなかった印紙税額とその2倍の金額の合計額（実質3倍）
❷ 印紙税を納付しなかったことを自己申告した場合
⇨ 納付しなかった印紙税額とその1割の金額の合計額（実質1.1倍）
❸ 消印をしなかった場合
⇨ 消印していない印紙税額と同額の金額

CHAP
4
税金・価格評定

4 課税文書

契約書や受取書（領収書）が主な課税文書となります。不動産譲渡に関する契約書，請負に関する契約書等にて，消費税額等が明らかである場合は，消費税額等は記載金額に含めません。

1 課税文書の種類と記載金額等

① **売買（予約）契約書**

記載金額は，売買金額となります。

(!) 代金を増額する変更契約書を作成する場合，増額部分を記載金額とします。なお，代金を減額する変更契約書を作成する場合，記載金額のないものとして200円課税されます。

② **交換契約書**

記載金額は，金額が高い方となります。

(!) 交換差金のみが記載されている場合は，交換差金が記載金額となります。

③ **地上権・土地賃借権の設定契約書**

記載金額は，後日返還されない権利金等の額となります。

(!) 敷金等，後日返還が予定されているものや，賃料は記載金額に含まれません。

④ **贈与契約書**

記載金額がないものとして，200円課税されます。

⑤ **土地の譲渡契約と建築請負契約が1通の契約書に併記**

記載金額は，譲渡金額となります。

(!) 請負契約の金額の方が高い場合は，記載金額は請負金額となります。

⑥ **受取書（領収書）**

記載金額が5万円未満または営業に関しない受取書（例：自宅を譲渡し，代金を受け取った際に作成した領収書）は，課税されません。

2 仮契約書等

仮契約書であっても課税されます。また，正本・副本等のように2通以上の文書が作成された場合でも，契約を証するものであればすべて課税対象となります。さらに，不動産仲介会社が保存する契約書も課税対象です。

5 非課税文書

課税文書に該当しない（印紙を貼り付ける必要のない）主な文書は，建物賃貸借契約書，抵当権設定契約書，委任状です。

厳選超重要過去問 ○×一問一答

問題	解答
Q1 国を売主，株式会社Cを買主とする土地の売買契約において，共同で売買契約書を2通作成し，国とC社がそれぞれ1通ずつ保存することとした場合，C社が保存する契約書には印紙税は課されない。(R2)	国等と株式会社（私人）が共同して作成した場合，私人（C社）が保存する文書は，「国等が作成したものとみなされる」ため，非課税となる。 （ ○ ）
Q2 一の契約書に土地の譲渡契約（譲渡金額4,000万円）と建物の建築請負契約（請負金額5,000万円）をそれぞれ区分して記載した場合，印紙税の課税標準となる当該契約書の記載金額は，5,000万円である。(H25)	譲渡契約と請負契約を兼ねる場合，大きい方が記載金額。 （ ○ ）
Q3 「Aの所有する甲土地（価額3,000万円）をBに贈与する」旨の贈与契約書を作成した場合，印紙税の課税標準となる当該契約書の記載金額は，3,000万円である。(H28)	贈与契約書の場合，記載金額はなし。 （ × ）
Q4 「Aの所有する甲土地（価額3,000万円）とBの所有する乙土地（価額3,500万円）を交換する」旨の土地交換契約書を作成した場合，印紙税の課税標準となる当該契約書の記載金額は3,500万円である。(H28)	交換契約書の記載金額は，「高い方」。 （ ○ ）

CHAP
4
税金・価格評定

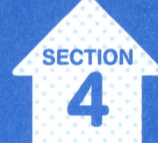

地方税 不動産取得税・固定資産税

SECTION 4

▶▶▶ **不動産にまつわる税金とは？**

学習のポイント

毎年どちらか1問出題されます。それぞれ税負担を軽減するお得な制度（特例）を中心に学習しましょう。数字等が似ているため注意して下さい。

1 不動産取得税

1 概　要

不動産取得税は，**不動産**（土地・家屋）を**取得**した場合に課せられる税金です。課税主体は取得した不動産が所在する**都道府県**です。また，徴収方法は**普通徴収**です。なお，国・地方公共団体等が取得した場合には非課税となります。

● **不動産の取得についてのポイント**

> ❶　有償無償，登記の有無は問わない
>
> ❷　増築や改築（価格が増加した場合に限る）のケースも含む
>
> ❸　相続（包括遺贈・相続人への特定遺贈含む），法人合併，一定の共有物分割による取得を除く
>
> ❹　家屋の新築後6ヵ月を経過しても最初の使用または譲渡が行われない場合，6ヵ月経過後に当該家屋の所有者が納税者となる（課税の猶予）
>
> ※宅建業者のケースでは，6ヵ月が1年に延長されます。

2 課税標準

固定資産課税台帳の登録価格が課税標準となります。

① **免税点**

課税標準が，**土地**の取得は**10万円**未満，**家屋**の取得は，建築に係るものは**23万円**未満，建築以外（例：売買）は**12万円**未満の場合は，課税されません。

② **住宅取得の特例**

新築住宅の取得　⇨　価格から**1,200万円**控除

既存住宅の取得　⇨　価格から**一定額**（100万円～1,200万円）控除

主な適用要件

a　床面積 **50㎡以上240㎡以下**

b　新築住宅の場合は，個人・法人ともに適用（既存住宅は個人のみ）

③ **宅地取得の特例**

宅地の取得　⇨　その宅地の価格の**2分の1**の額となります。

3 税　率

標準税率は**100分の4**（4%）です。なお，**住宅**や**土地**を取得した場合は，特例により**100分の3**（3%）となります。たとえば，商業ビル（住宅以外の家屋）の取得は税率100分の4ですが，その敷地（土地）の取得は100分の3となります。

2 固定資産税

1 概　要

固定資産税は，土地・家屋等の固定資産を所有している者に課せられる税金です。課税主体は固定資産が所在する**市町村**です。また，徴収方法は**普通徴収**です。なお，国・地方公共団体等が所有する固定資産は非課税となります。

●納税義務者についてのポイント

> ❶　賦課期日（1月1日）現在に所有者として登記・登録されている者
>
> ❷　質権または100年より永い存続期間の地上権が設定されている場合は，質権者または地上権者が納税義務者
>
> ❸　所有者が災害等により行方不明の場合は，使用者が納税義務者

2 課税標準

固定資産課税台帳の登録価格が課税標準となります。

① **免税点**

課税標準の合計が，**土地**は**30万円**未満，**家屋**は**20万円**未満の場合は，課

税されません。

> (!) 免税点は，所有者ごとに判断します（×物件ごと）。

② **住宅用地の特例**

小規模住宅用地（200㎡以下の部分）　⇨　課税標準が**6分の1**

その他の住宅用地（200㎡超の部分）　⇨　課税標準が3分の1

3 税　率

標準税率は**100分の1.4**です。

4 新築住宅の税額の特例

新築住宅に係る税額は，新築の翌年から**3年度間**（3階以上の中高層耐火建築物は5年度間）税額が**2分の1**となります。

主な適用要件　…床面積50㎡以上280㎡以下かつ居住部分が2分の1以上

5 固定資産課税台帳

① **閲　覧**

固定資産課税台帳に登録されている固定資産の所有者・所在・価格等について閲覧（えつらん）できるのは，固定資産税の納税義務者（相続人含む），借家人，借地人等です。なお，固定資産課税台帳は，いつでも閲覧できます。

② **不服申立て**

納税者は固定資産課税台帳の登録価格に不服があるときは，固定資産評価審査委員会に審査の申出をすることができます。

③ **固定資産課税台帳価格の見直し**

3年に1度見直しされます（評価替え）。

④ **固定資産評価基準**

総務大臣は，固定資産評価基準（固定資産の評価基準，評価の実施方法・手続）を定め，これを告示しなければなりません。

6 土地価格等縦覧帳簿・家屋価格等縦覧帳簿

固定資産税の納税者は，**毎年4月1日から一定の日まで**（4月20日または当該年度の最初の納期限の日のいずれか遅い日以後の日まで）**の間**，縦覧帳簿（価格・所在等が記載されている）を閲覧することができます。

> (!) 固定資産課税台帳では，自己（利害関係ある）の土地・家屋の情報しか見られないため，それ以外の周辺の土地・家屋の価格を比較することができません。そこで，自己の土地・家屋と他の土地・家屋の情報を比較できるようにこの縦覧制度が存在します。

厳選超重要過去問 ○✕一問一答

問題	解答
Q1 床面積240㎡である新築住宅に係る不動産取得税の課税標準の算定については，当該新築住宅の価格から1,200万円が控除される。(H28)	（ ○ ）
Q2 個人が取得した住宅及び住宅用地に係る不動産取得税の税率は３％であるが，住宅用以外の土地に係る不動産取得税の税率は４％である。(R2)	住宅及び住宅用地の取得は３％。住宅用以外の土地も３％。（ ✕ ）
Q3 不動産取得税は，不動産取得があった日の翌日から起算して３月以内に当該不動産が所在する都道府県に申告納付しなければならない。(H30)	不動産取得税は普通徴収。（ ✕ ）
Q4 住宅用地のうち小規模住宅用地に対して課する固定資産税の課税標準は，当該小規模住宅用地に係る固定資産税の課税標準となるべき価格の３分の１の額である。(R1)	正しくは「６分の１」。（ ✕ ）
Q5 固定資産税は，固定資産が賃借されている場合，所有者ではなく当該固定資産の賃借人に対して課税される。(H29)	納税義務者は原則として所有者。（ ✕ ）
Q6 固定資産税の納税者は，その納付すべき当該年度の固定資産税に係る固定資産について，固定資産課税台帳に登録された価格について不服があるときは，一定の場合を除いて，文書をもって，固定資産評価審査委員会に審査の申出をすることができる。(H29)	（ ○ ）

CHAP

4

税金・価格評定

SECTION 5 価格評定 不動産の鑑定評価

▶▶▶ 不動産の価格ってどうやって決める？

学習のポイント

鑑定評価によって求められる価格と，価格を求める鑑定評価の手法に着目して学習しましょう。抽象的な内容となりますが，キーワードをしっかりつかむことが大切です。

1 価格評定 不動産の鑑定評価の概要

　この世に全く同じ不動産は存在しません。たとえば形状・面積が同じような土地であっても，都会にある土地と田舎にある土地では経済価値が異なります。また，不動産の取引では当事者の個別的事情が価格に影響を及ぼすこともあり，市場価値（商品の平均的な価値）を形成するのが難しいです。そこで，不動産の適正な価格を求めるために不動産の鑑定評価は，専門家である不動産鑑定士によって行われます。

2 価格形成要因（不動産の価値を決める要因）

　不動産の効用・相対的稀少性・不動産に対する有効需要の三者に影響を与える要因を価格形成要因といいます。これは一般的要因（例：自然災害が多いエリアか否か，治安が良いエリアか否か等），地域要因（例：宅地エリアか否か，農地エリアか否か等），個別的要因（一戸建てなのか，マンションなのか等）の３つに分けられます。

3 鑑定評価によって求める価格

　不動産の鑑定評価によって求める価格は，基本的には正常価格ですが，条件により限定価格・特定価格・特殊価格を求める場合があります。

▮1 正常価格

正常価格は，一般的に売買される不動産の価格（相場）を求めるものだと思って下さい。**市場性**（取引できるものかを示すもの）**を有する**不動産について，現実の社会経済情勢の下で**合理的と考えられる条件を満たす**市場で形成されるであろう市場価値を表示する適正な価格をいいます。

▮2 限定価格

限定価格は，一般的には価値が低い不動産でも，ある人にとってはとても価値が高いという場合に，その人が手に入れるときの適正な価格だと思って下さい。

市場性を有する不動産について，不動産と取得する他の不動産との併合または不動産の一部を取得する際の分割等に基づき正常価格と同一の市場概念の下において形成されるであろう**市場価値と乖離**（かけ離れる）することにより，**市場が相対的に限定**される場合における取得部分の当該市場限定に基づく市場価値を適正に表示する価格をいいます。

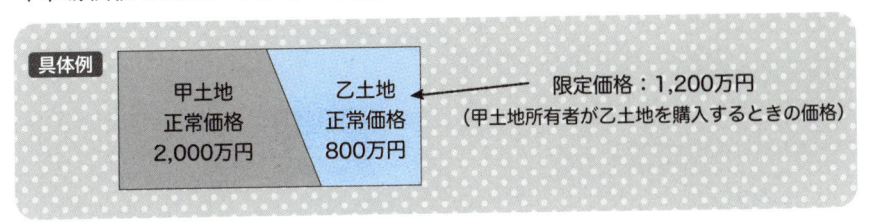

具体例

| 甲土地 正常価格 2,000万円 | 乙土地 正常価格 800万円 |

限定価格：1,200万円
（甲土地所有者が乙土地を購入するときの価格）

▮3 特定価格

たとえば，証券化の対象となる不動産について，投資家に価値を示すために求める価格が特定価格です。

特定価格は，**市場性を有する**不動産について，法令等による社会的要請を背景とする鑑定評価目的の下で，**正常価格の前提となる諸条件を満たさない**ことにより正常価格と同一の市場概念の下において形成されるであろう市場価値と乖離することとなる場合における不動産の経済価値を適正に表示する価格をいいます。

4 特殊価格

たとえば，不動産取引の対象とならない重要文化財に指定されている建築物や宗教建築物等について求める価格が特殊価格です。

特殊価格は，文化財等の一般的に市場性を有しない不動産について，その利用現況等を前提とした不動産の経済価値を適正に表示する価格をいいます。

4 鑑定評価の手法

手法には３つ（原価法・取引事例比較法・収益還元法）あり，複数の鑑定評価の手法をできるだけ参酌するように努める必要があります。

1 原価法

原価法とは，価格を求めたい不動産について，「もう一度同じ不動産を手に入れようとした場合いくら必要なのか」という点に着目した方式です。

方式 …再調達原価－減価修正＝積算価格

① 再調達原価

価格を求めたい対象不動産をその時点において再調達することを想定した場合において必要とされる適正な原価の総額をいいます（同じ不動産を手に入れようとした場合にいくらになるのか？）。

② 減価修正

減価修正の方法には，耐用年数に基づく方法（築年数等で判断）と観察原価法（見た目等で判断）があり，これらを併用します。

③ 原価法の対象となる不動産

対象不動産が建物や土地付き建物である場合だけでなく，土地のみの場合であっても，再調達減価を適切に求めることができるときは原価法を適用することができます。

2 取引事例比較法

取引事例比較法とは，価格を求めたい不動産と状況が似ている不動産のサンプル資料を集め，その資料をベースに評価する方式です。ただし，集めた資料は価格を求めたい不動産とまったく一緒の不動産ではないため，補正したり修正したりし調整します。

多数の事例を収集 事情補正・時点修正

① 収集する取引事例

取引事例は，原則として近隣地域または同一需給圏内の類似地域に存する不動産から選択します（状況が似ているエリアから収集する）。

② 事情補正

売り急ぎ，買い進み等の特殊な事情が存在している場合に，適切な補正をします。

③ 時点修正

取引事例が地価の上昇等で今の価格と異なり，変動がある場合等に，今の価格に修正します。

④ 投機的取引

投機的取引と認められるものは取引事例比較法は適用できません。

3 収益還元法

収益還元法とは，価格を求めたい不動産を誰かに貸すとした場合，どのくらいの収益が得られるのかという点に着目した評価方式です。対象不動産が将来生み出すであろうと期待される純収益の現在価値の総和を求めることにより対象不動産の試算価格を求める手法とされています。

賃貸不動産や賃貸以外の事業用不動産の価格を求める場合には特に有効で，一般的に市場性を有しない不動産以外のものには基本的にすべて適用すべきとされています。たとえ自己居住用の住宅等についても賃貸を想定することにより適用することができます。また，市場における土地の取引価格の上昇が著しいときであっても，収益還元法は適用することができます。

問題	解答
Q1 不動産の鑑定評価によって求める価格は，基本的には正常価格であるが，市場性を有しない不動産については，鑑定評価の依頼目的及び条件に応じて限定価格，特定価格又は特殊価格を求める場合がある。(H28)	「市場性を有しない」ものを対象とするのは特殊価格のみ。 （ ✕ ）
Q2 鑑定評価の基本的な手法は，原価法，取引事例比較法及び収益還元法に大別され，実際の鑑定評価に際しては，地域分析及び個別分析により把握した対象不動産に係る市場の特性等を適切に反映した手法をいずれか1つ選択して，適用すべきである。(H30)	いずれか1つではなく，複数の手法をできるだけ参酌。 （ ✕ ）
Q3 原価法は，対象不動産が建物及びその敷地である場合において，再調達原価の把握及び減価修正を適切に行うことができるときに有効な手法であるが，対象不動産が土地のみである場合には，この手法を適用することはできない。(R2)	原価法は，対象不動産が土地のみである場合でも，適用できる。 （ ✕ ）

価格評定 地価公示法

SECTION 6

▶▶▶ 不動産取引の際に目安となる値段をつけよう！

学習のポイント

地価公示されるまでの手続きの流れを意識して学習しましょう。また，地価公示がなされた後，公示された価格がどう影響を及ぼすかにも着目して下さい。

1 概　要

　土地の価格については，とても評価が難しく適正な価格がわかりづらいです。そこで土地の取引をしやすくするためにも，価格の「目安」が必要です。この目安となるものを公表するのが地価公示（ちかこうじ）です。地価公示は，土地鑑定委員会（国土交通省に置かれる機関の1つ）が中心となり，手続きを進めていきます。

2 全体像

標準地の選定	地価公示する土地（標準地）を選びます。
不動産鑑定士による鑑定	鑑定士が標準地を鑑定評価します。
鑑定結果の審査・判定	鑑定士の鑑定結果を土地鑑定委員会がチェックします。
地価公示	土地鑑定委員会が価格を公表します。
図書の送付・閲覧	公示した地価に関する図書を関係市町村長に送付し，一般に閲覧できるようにします。

CHAP 4 税金・価格評定

3 標準地

　標準地は，土地鑑定委員会が公示区域（都市計画区域その他の土地取引が相当

程度見込まれるとして国土交通省令で定める区域）内で選定します。なお，公示区域は国土交通大臣が定めます。

■ 選定の基準

　自然的および社会的条件からみて類似の利用価値を有すると認められる地域において，土地の利用状況，環境等が通常であると認められる一団の土地において選定します。

4 不動産鑑定士の鑑定

　2人以上の不動産鑑定士が標準地を鑑定します。鑑定は，下記を勘案（熟慮）して行われます。❶〜❸を平均して求めるわけではありません。

> ❶　同等の効用を有する土地の造成に要する推定の費用の額
> ❷　近傍類地の取引価格から算定される推定の価格
> ❸　近傍類地の地代等から算定される推定の価格
> （❶は原価法P310，❷は取引事例比較法P310〜311，❸は収益還元法P311を参照）

5 鑑定結果の審査・判定

　土地鑑定委員会は，鑑定評価の結果を審査し，必要な調整を行い正常な価格を判定します。正常な価格は，上物（建物等）や余計な権利（地上権等）を取り払った更地価格だと思って下さい。正確には，土地について自由な取引が行われるとした場合におけるその取引において通常成立すると認められる価格とされています。

6 地価公示

　土地鑑定委員会は，正常な価格を判定した後，一定事項を官報で公示しなければなりません。

■ 一定事項（一部抜粋）

❶　標準地の単位面積（㎡）当たりの価格および価格判定の基準日
❷　標準地の地積および形状

7 図書の送付・閲覧

土地鑑定委員会は，関係市町村長に対して公示した地価に関する図書を送付します。その後，市町村長は当該図書を一般の閲覧に供します。

8 公示価格

地価公示された価格のことを公示価格といいます。下記，公示された価格についての効力です。

① **指標**

土地の取引を行う者は，取引しようとする土地に類似する標準地について公示価格を指標として取引を行うよう努めなければなりません。

⚠ あくまで努力義務にとどまります。義務ではありません。

② **規準**

下記の場合，公示価格を規準（公示価格と類似する土地の価格との間に均衡を保たせること）としなければなりません。

---

❶ 不動産鑑定士の鑑定評価（不動産鑑定士が，公示区域内の土地の正常な価格を求めるときは，公示価格を規準としなければなりません）

❷ 土地収用法等に基づく取得価格の算定（土地収用法等により土地を収用する事業者が，公示区域内の土地の取得価格を定めるときは，公示価格を規準としなければなりません）

問題	解答
Q1 不動産鑑定士は，土地鑑定委員会の求めに応じて標準地の鑑定評価を行うに当たっては，近傍類地の取引価格から算定される推定の価格，近傍類地の地代等から算定される推定の価格又は同等の効用を有する土地の造成に要する推定の費用の額のいずれかを勘案してこれを行わなければならない。(H25)	「いずれか」が誤り。総合的に勘案。 （ × ）
Q2 土地の取引を行う者は，取引の対象となる土地が標準地である場合には，当該標準地について公示された価格により取引を行う義務を有する。(H29)	公示価格に基づいて取引する義務はない。 （ × ）
Q3 標準地は，都市計画区域外や国土利用計画法の規定により指定された規制区域内からは選定されない。(R1)	都市計画区域外から選定されることもある。 （ × ）
Q4 標準地の正常な価格とは，土地について，自由な取引が行われるとした場合におけるその取引（一定の場合を除く。）において通常成立すると認められる価格をいい，当該土地に関して地上権が存する場合は，この権利が存しないものとして通常成立すると認められる価格となる。(R1)	（ ○ ）

理由付けノートを作ってリベンジ！

前島璃菜さん

> 令和元年は独学で不合格，諦めきれず吉野塾に入塾し令和2年試験にてリベンジを果たす。

◆わからない単語をノートにまとめる

1周目はわからなくてもとにかく読み進め，わからない単語をノートに書き出して辞書作りをしました。

2周目以降は吉野先生のYouTube動画と共に読み理解を深めつつ問題を解き，間違えた箇所や知識が浅い所を読み返しました。

◆過去問を解きながらノート作り

また，過去問を解きながら吉野先生に教えていただいた理由付けノートを作りました。これは，正誤を判断した理由を書くものです。

正誤の理由が曖昧な単元は，またテキストに戻り復習しました。これにより知識が定着したと思います。

暗記ベースではなく出来る限り理解しながら覚えていくことができるテキストだと思いました。

◆合格の感想

とにかく嬉しい！の一言で，合格書証をしばらく眺めていました。ここまで頑張り切れたと実感できたことも大きな喜びでした。

昨年は独学で落ちたこともあり，そこから1年間悔しい思いをしたので喜びは一層でした。

現状不動産業には従事していないのですが，今後宅建での勉強方法を活かし他の不動産資格の取得を目指し最終的にはリノベーション事業に携わりたいと思っています。

◆これから受験される方へ

私は，YouTubeの根抵当権講義動画を見て吉野塾入塾を決めました。民法初心者の自分でも頭に入ってくることに感動したからです。ここでなら私にも合格を掴めるかもしれないと感じました。

私は直前期のみのコースでしたが，インプットから学べるコースもあり，自分に合ったコースが選択できるのも魅力的だと思います。とにかく丁寧で受験生に寄り添った分かりやすい講義でした。試験当日の心得や勉強中のメンタルサポートまで充実しておりコスパ最強の宅建講師だと思います。

今宅建士を目指している方には是非吉野先生を信じて走りきってほしいと思います。

本の内容は「全て」「正確に」インプットする！

鈴木彩文さん

上場企業経理6年目。日商簿記2級，日商珠算1級，賃貸不動産経営管理士等を保有。宅建士受験は3回目。

◆インデックスシールのすすめ

この本を辞書のように活用するため，項目ごとにインデックスシールを貼りました。分からない問題に直面したとき，すぐにテキストの該当ページに戻ることができるため，効率よく学習を進めることができます。

◆問題集とテキストの反復

問題集の解答・解説に，関連するテキストのページ数を書き込みました。そして，問題を解いたらテキストに戻り，周辺情報と合わせてインプットするようにしていました。

この本は情報量が少ないため，最低限記載されている情報は「全て」「正確に」インプットすることを決意して取り組みました。これを意識することで，「見たことあるけれども何となくうろ覚え」というあやふやな知識を徹底的になくすことができました。

◆応用論点にも対応できる

この本は，難しい法律用語が分かりやすい表現に置き換えられており，基礎知識の理解が深まりました。この基礎知識だけでも，応用論点に十分対応できる力が身についていたことには驚きました。

◆7ヵ月かけて計画的に勉強

吉野塾パーフェクト合格コース（通信講座）を受講しました。3月中旬～8月中旬は，「テキストを読む→講義を受ける→問題を解く→テキストに戻る」を繰り返しました。

8月中旬～本試験までは，吉野塾の問題集と，過去問集10年分，各5周を目標に演習を進めました。回数よりも理解度に重点を置いて取り組むことを心がけました。

◆勉強の楽しさがわかった！

吉野塾の最大のポイントは「情報量を少なく」「基礎を大切に」をベースに学習することと，吉野先生の解説講義がとにかくわかりやすいことです。

特に権利関係の解説講義は格別で，YouTubeで吉野先生の動画を観て，1から学び直したいと思い受講を決めました。苦手だった権利関係を克服し，結果9割近く正解して合格することができました。

また，講義の中では「この時期に今，何をすべきか」を適宜確認することができたため，実力を着実に伸ばすことができたと実感しています。

勉強の楽しさを知ることができ，今後も新たな資格試験に挑戦しようと考えています。宅建試験の経験を活かして，より一層のスキルアップを目指していきたいと思っています。

CHAPTER

5問免除

⚠️ この項目は，登録講習修了者の方は，学習する必要はありません。一般受験生のみ学習して下さい。

出題数・目標点

例年5問出題されます。目標点は4点です。

- ●住宅金融支援機構　　　　　　1問
- ●景品表示法　　　　　　　　　1問
- ●統計　　　　　　　　　　　　1問
- ●土地　　　　　　　　　　　　1問
- ●建物　　　　　　　　　　　　1問

目標
4点

 イントロダクション

学習方法

[1] 学習時間のバランスが大切

　学習量としてそこまで多くありません。9月に入ってから勉強を始めても遅くないため，他の科目の学習時間を考えて学習しましょう。

[2] 土地・建物の学習はほどほどに

　土地・建物については，詳細な内容を問われる問題が出題されることもあり，範囲も膨大です。最近は，解きやすい問題が多く見受けられますが，深入りは危険です。

[3] 統計は最新の情報を学習すること

　統計については，最新情報を学習するようにしましょう。

　2021年度対策の統計情報については，吉野塾stores.jp（https://yoshinojuku.stores.jp/）にて，最新のものを無料ダウンロードできるようにいたします（2021年8月下旬に公開予定）。

住宅金融支援機構

▶▶▶ お得な住宅ローンの仕組みを学ぼう！

学習のポイント

住宅金融支援機構のメイン業務である証券化支援業務（特に買取型）と，直接融資業務を中心に学習しましょう。過去問対策をしていれば得点できることが多いため，過去問学習に力を入れて下さい。

1 住宅金融支援機構の概要

独立行政法人住宅金融支援機構は，銀行等の金融機関をサポートし，長期固定金利の住宅ローンを実現できるようにしています（証券化支援業務）。

また，民間の金融機関では対応が難しい分野において，機構は，直接的に融資業務を行います（直接融資業務）。

■住宅金融支援機構の目的

❶ 銀行等の金融機関による住宅の建設等に必要な資金の融通を支援するための貸付債権の譲受け等の業務を行う

❷ 良質な住宅の建設等に必要な資金の調達等に関する情報の提供その他の援助の業務を行う

❸ 災害復興建築物の建設等に必要な資金の貸付けの業務を行う

2 住宅金融支援機構の業務

■証券化支援業務（買取型）

銀行等の民間金融機関が有する住宅ローン債権を機構が買い取り，その買い取った債権を証券化・発行し，投資家に販売します。機構は，この投資家から資金を集めます。

顧客ユーザー

①長期固定金利住宅ローン ←→ 銀行等 ←→ 機構 ←→ 投資家
（例：フラット35）　　②債権買取　　③債権証券化・発行・販売
　　　　　　　　　　　　　　　　　　　　　　　（MBS）

① 住宅ローン金利や融資手数料等は，金融機関によって異なります。

●買取型の対象となる債権

❶ 新築住宅の建設や購入，中古住宅の購入のための貸付債権

※バリアフリー性，省エネルギー性，耐震性，耐久性，可変性に優れた住宅を取得する場合には，貸付金の利率を一定期間引き下げる制度があります。

❷ 住宅の建設や購入に付随する土地や借地権の取得のための貸付債権

❸ 親族の居住用の住宅の建設や購入のための貸付債権（賃貸住宅の建設や購入のための貸付債権は対象外）

❹ 住宅の購入に付随する住宅の改良のための貸付債権

2 証券化支援業務（保証型）

機構が銀行等の民間の金融機関が貸し付けた住宅ローンを保証し，金融機関や投資家を支援します。

3 融資保険業務

機構は，民間の金融機関が貸し付けた住宅ローンについて，顧客ユーザーが債務不履行等に陥った場合でも，金融機関をバックアップ（保険金の支払）できるように住宅融資保険を引き受けています。

4 直接融資業務等

原則として，機構は顧客ユーザーに直接融資をしませんが，例外的に下記について行います。

❶ 災害復興建築物の建設・購入または被災建築物の補修に必要な資金の貸付け

❷ 災害予防代替建築物の建設・購入，災害予防移転建築物の移転に必要な資金，災害予防関連工事に必要な資金または地震に対する安全性の向上を主たる目的とする住宅の改良に必要な資金の貸付け

❸ 合理的土地利用建築物の建設若しくは合理的土地利用建築物で人の居住の用その他その本来の用途に供したことのないものの購入に必要な資金，またはマンションの共用部分の改良に必要な資金の貸付け

❹ 子どもを育成する家庭または高齢者の家庭に適した良好な居住性能および居住環境を有する賃貸住宅の建設・改良に必要な資金の貸付け

❺ 高齢者の家庭に適した良好な居住性能および居住環境を有する住宅とすることを主たる目的とする住宅の改良（高齢者が自ら居住する住宅について行うものに限る）に必要な資金の貸付け
　※高齢者の死亡時に一括して貸付金の償還を行う制度を設けています。

❻ 貸付けを受けた者が死亡した場合や，重度障害となった場合に支払われる生命保険の保険金を当該貸付けに係る債務の弁済に充当する業務（団体信用生命保険業務）

●貸付条件の変更

　機構は，経済情勢の著しい変動に伴い，住宅ローンの元利金の支払が著しく困難となった場合に，償還期間の延長等の貸付条件の変更を行っています（元利金の支払を免除する制度はありません）。

問題	解答
Q1 機構は，住宅の建設又は購入に必要な資金の貸付けに係る金融機関の貸付債権の譲受けを業務として行っているが，当該住宅の建設又は購入に付随する土地又は借地権の取得に必要な資金の貸付けに係る貸付債権については，譲受けの対象としていない。(H30)	買取型の証券化支援業務においては，土地や借地権の取得に係る債権の譲受けも対象。 (**✕**)
Q2 機構は，証券化支援業務（買取型）において，債務者又は債務者の親族が居住する住宅のみならず，賃貸住宅の建設又は購入に必要な資金の貸付けに係る金融機関の貸付債権についても譲受けの対象としている。(H28)	「賃貸住宅の建設や購入」に必要な資金の貸付債権は，買取型の対象外。 (**✕**)
Q3 証券化支援事業（買取型）における民間金融機関の住宅ローン金利は，金融機関によって異なる場合がある。(R2)	(**○**)
Q4 証券化支援業務（買取型）において，機構による譲受けの対象となる住宅の購入に必要な資金の貸付けに係る金融機関の貸付債権には，当該住宅の購入に付随する改良に必要な資金は含まれない。(R2)	買取型においては，当該住宅の購入に付随する改良に必要な資金も含まれる。 (**✕**)

景品表示法

▶▶▶ 誇大広告や豪華すぎる景品はダメ！

学習のポイント

内容的に難しい項目ではありません。知識がなくとも，一般常識の範囲内で判断すれば解答できることもあります。過去問の類似問題も出題されることもあるため，過去問学習を中心に行いましょう。

1 概　要

誇大広告や，豪華すぎる景品の提供は，結果的に一般消費者が不利益を被ることになるため，これらを規制するのが景品表示法です。

■公正競争規約

事業者団体等が設ける業界独自の自主規制です。不動産業界，食品業界，自動車業界など，団体ごとに設けることができるルールです。景品表示法は，取引全般を対象とする一般的な法律のため，業界ごとの細かい制限は設けていません。公正競争規約にてそれぞれ規制をします。

以下，不動産業界の公正競争規約を学習していきます。

2 不動産の表示に関する公正競争規約

この項目では，広告等に関するルールを学習します。

1 特定事項の明示義務

一般消費者にとってわかりづらい内容は，特定事項としてわかりやすく明示する必要があります。

> ❶ 市街化調整区域に所在する土地（開発許可を受けているもの等を除く）については，「市街化調整区域。宅地の造成および建物の建築はできません。」と16ポイント以上の文字で明示する

CHAP
5

5問免除

❷　建築基準法上の道路に2m以上接していない土地については，原則として，「再建築不可」または「建築不可」と明示する

❸　土地の全部または一部が高圧電線路下にあるときは，その旨およびそのおおむねの面積を表示する。この場合において，建築その他の工作物の建築が禁止されているときは，併せてその旨を明示する

❹　道路法による道路区域または都市計画法による都市計画道路等の区域に係る土地については，その旨を明示する

❺　建築工事に着手した後に，同工事を相当の期間にわたり中断していた新築住宅または新築分譲マンションについては，建築工事に着手した時期および中断していた期間を明示する

❷ 物件の内容・取引条件等に係る表示基準

① 交通の利便性

a　原則として，公共交通機関は，現に利用できるものを表示し，特定の時期にのみ利用できるものは，その利用できる時期を明示して表示する

b　新設予定の鉄道，都市モノレールの駅若しくは路面電車の停留場またはバスの停留所は，当該路線の運行主体が公表したものに限り，その新設予定時期を明示して表示できる

② 各種施設までの距離または所要時間

　徒歩による所要時間は，道路距離80mにつき1分間を要するものとして算出した数値を表示しなければなりません。この場合において，1分未満の端数が生じたときは，1分として算出します。

③ 物件の形質

a　採光および換気のための窓その他の開口部の面積の当該室の床面積に対する割合が建築基準法第28条の規定に適合していないため，同法において居室と認められない納戸その他の部分については，「納戸」等と表示しなければならない

　　b　建物を改装または改築したことを表示する場合は，その改装等の
　　　内容および時期を明示しなければならない

④　写真・絵図

　宅地または建物の見取図，完成図または完成予想図は，その旨を明示して
用い，当該物件の周囲の状況について表示するときは，現況に反する表示を
してはいけません。

⑤　生活関連施設

　デパート，スーパーマーケット，商店等の商業施設は，現に利用できるも
のを物件までの道路距離を明示して表示しなければなりません。ただし，工
事中である等その施設が将来確実に利用できると認められるものにあっては，
その整備予定時期を明示して表示することができます。

⑥　価格・賃料

　　a　住宅（マンションにあっては，住戸）の価格については，1戸当たり
　　　の価格を表示しなければならない。この場合において，すべての住
　　　戸の価格を示すことが困難であるときは，新築分譲住宅および新築
　　　分譲マンションの価格については，1戸当たりの最低価格，最高価
　　　格および最多価格帯並びにその価格帯に属する住宅または住戸の戸
　　　数を表示する必要がある。この場合において，販売戸数が10戸未満
　　　であるときは，最多価格帯の表示を省略することができる
　　b　賃貸される住宅（マンションにあっては，住戸）の賃料については，
　　　1ヵ月当たりの賃料を表示しなければならない。ただし，新築賃貸
　　　マンションの賃料について，すべての住戸の賃料を表示することが
　　　困難である場合は，1住戸当たりの最低賃料および最高賃料を表示
　　　する必要がある

CHAP
5
· · · · · · · · · ·
5問免除

3　不動産業における景品類の提供の制限に関する公正競争規約

　この項目では，豪華すぎる景品等を制限するルールを学習します。

■景品類の提供制限・禁止

下記の掲げる範囲を超えて，景品類を提供してはいけません。

❶ 懸賞により提供する場合（例：クジを引いて当選者にプレゼント）

⇨ 取引価額の20倍または10万円のいずれか低い価額の範囲

※提供できる景品類の総額は，当該懸賞に係る取引予定総額の100分の2を超えてはいけません。

❷ 懸賞によらないで提供する場合（例：もれなく皆さんにプレゼント）

⇨ 取引価額の10分の1または100万円のいずれか低い価額の範囲

厳選超重要過去問　〇✕一問一答

問題	解答
Q1 建築基準法で規定する道路に2m以上接していない土地に建築物を建築しようとしても，原則として建築基準法第6条第1項の確認を受けることはできないため，「建築不可」又は「再建築不可」と明示しなくてもよい。(H21)	接道義務を満たしていないため，「建築不可」又は「再建築不可」と明示しなければならない。（✕）
Q2 不動産物件について表示する場合，当該物件の近隣に，現に利用できるデパートやスーパーマーケット等の商業施設が存在することを表示する場合は，当該施設までの徒歩所要時間を明示すれば足り，道路距離は明示せずに表示してもよい。(H22)	デパート等の商業施設は，物件までの道路距離を明示しなければならない。（✕）
Q3 新築住宅を販売するに当たり，当該物件から最寄駅まで実際に歩いたときの所要時間が15分であれば，物件から最寄駅までの道路距離にかかわらず，広告中に「最寄駅まで徒歩15分」と表示することができる。(R2)	徒歩による所要時間は，道路距離80mにつき1分間として算出する。実際に歩いたときの所要時間を表示することはできない。（✕）

1　宅地に適しているもの

下記については，比較的水はけもよく地盤も安定しているため，基本的に宅地に適しています。

1 台　地

台地とは，表面が平らで，比較的周囲より高い地形です。地盤が安定しているため，自然災害に対して強く，比較的安心して宅地として利用できます。農地として利用され，都市的な土地利用も多いです。

2 丘　陵

丘陵とは，なだらかな起伏や丘が続き，比較的表面が平らとなっている地形です。

⚠ 台地や丘陵地の縁辺部（端っこ）は，豪雨のときに，がけ崩れによる被害等を受けやすいので注意が必要となります。

3 段　丘

段丘とは，河岸や海岸等にみられる階段状になっている地形です。よく締まった砂礫や硬粘土からなり，地下水位が比較的深い地盤です。台地と同じく，農地として利用され，都市的な土地利用も多いです。

CHAP
5

5問免除

329

◢ 自然堤防

　自然堤防とは，河川の氾濫によって堆積して形成された川の両側にできた堤防状のものです。砂や小礫からなり，排水性がよく，地盤もある程度しっかりしているため，宅地として良好なケースが多いです。

▶ 2　宅地に適していないもの

　次のものは，地震や洪水等の自然災害に対して一般的に弱い等の理由から，基本的に宅地に適していません。

◢ 旧河道

　旧河道とは，以前は河川の流路であったところです。泥土が埋積された地形のため，排水性の悪い軟弱な地盤となっていることが多いです。

◢ 後背低地（後背湿地）

　後背低地（後背湿地）とは，自然堤防等の背後に作られた低湿で，排水性の悪い軟弱な地盤です。水田として利用されることが多く，宅地としての利用は少ないです。

◢ 三角州

　三角州とは，河川の河口付近に見られる軟弱な地盤です。河川で運ばれてきた砂礫等の堆積により形成されています。

◢ 扇状地

　扇状地とは，河川が山地から平坦な地形に出るところで形成される扇状の地形です。砂礫からなり，地盤は良好ですが，谷出口に広がる扇状地は，土石流災害の危険性が高いため，宅地には適していません。

◢ 干拓地

　干拓地とは，海等を干拓して造られた土地で，排水が悪く地盤も軟弱です。また，一般的に海面より低くなるケースが多いため，津波等の被害には注意が必要です。

6 埋立地

　埋立地とは，海等を土砂等によって埋め立てて造られた土地です。一般的に海面より高くなるため，干拓地と比べると安全です。

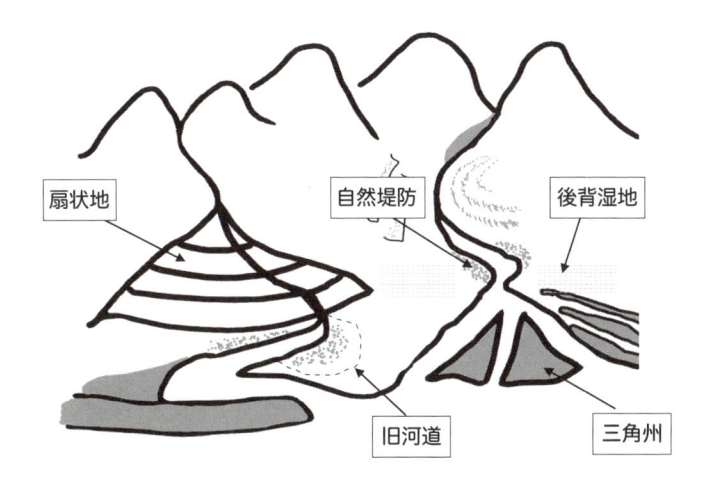

扇状地　自然堤防　後背湿地　旧河道　三角州

3 ▶ その他

■1 等高線

等高線とは，地図で見ると，等高線の間隔が密（狭い）の部分では，傾斜が急な土地で，間隔が疎（広い）の部分は，傾斜が緩やかな土地となっています。等高線が乱れている部分は，過去に崩壊等が発生した可能性があります。

等高線が山頂に向かって高い方に弧を描いている部分は谷で，山頂から見て等高線が張り出している部分は尾根となります。

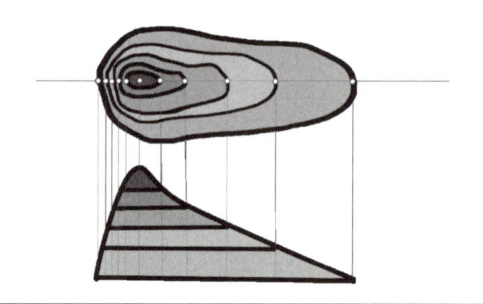

> ①等高線の間隔が狭いところは傾斜が急で，間隔が広いところは傾斜が緩やかな土地です。

■2 地すべり地

地すべりとは，雨等によって増加した地下水の影響により，斜面が滑る現象をいいます。また，地すべりによってできたものを地すべり地形と呼びます。棚田等として利用されます。

■3 液状化現象

液状化現象とは，地震等により，地下水位の高い砂地盤が液体状になる現象です。

厳選超重要過去問 ○×一問一答

問題	解答
Q1 台地，段丘は，農地として利用され，また都市的な土地利用も多く，地盤も安定している。(R1)	（ ○ ）
Q2 台地や丘陵の縁辺部は，豪雨などによる崖崩れに対しては，安全である。(H26)	縁辺部は，崖崩れが生じる危険が大きい。 （ × ）
Q3 三角州は，河川の河口付近に見られる軟弱な地盤である。(H29)	三角州は，河口付近に土砂の堆積によって形成された軟弱な地盤。 （ ○ ）
Q4 埋立地は，一般に海面に対して比高を持ち，干拓地に比べ，水害に対して危険である。(H29)	干拓地より水害に対して安全。 （ × ）
Q5 扇状地は，山地から河川により運ばれてきた砂礫等が堆積して形成された地盤である。(H29)	（ ○ ）
Q6 等高線が山頂に向かって高い方に弧を描いている部分は尾根で，山頂から見て等高線が張り出している部分は谷である。(H20)	「谷」と「尾根」の説明が逆。 （ × ）

吉野先生のワンポイントアドバイス

あともう一歩です！　ここまで継続できた自分を褒めてあげて下さい。
自分を責めるのではなく，褒めましょう。「よくここまで頑張りました！」と。
心は求めてますよ（^^♪

SECTION 4 建　物

▶▶▶ 建物の構造について，基礎的な内容を学ぼう！

学習のポイント

建物に関しては，細かい内容や，専門的な知識が問われます。あまり細部の学習にこだわらず，基本的な建物の構造について，過去問で出題されたものを中心に学習しましょう。

1 木　造

木造とは，骨組みを木材でつくる構造で，木材には下記の特徴があります。

❶ 木材は，乾燥していて含水率が小さいほど強度は大きい

❷ 木材の辺材は，心材に比べて腐朽しやすく，耐久性も小さい

❸ 木材の圧縮強度は，繊維に直角方向に比べて，繊維方向の方が大きい

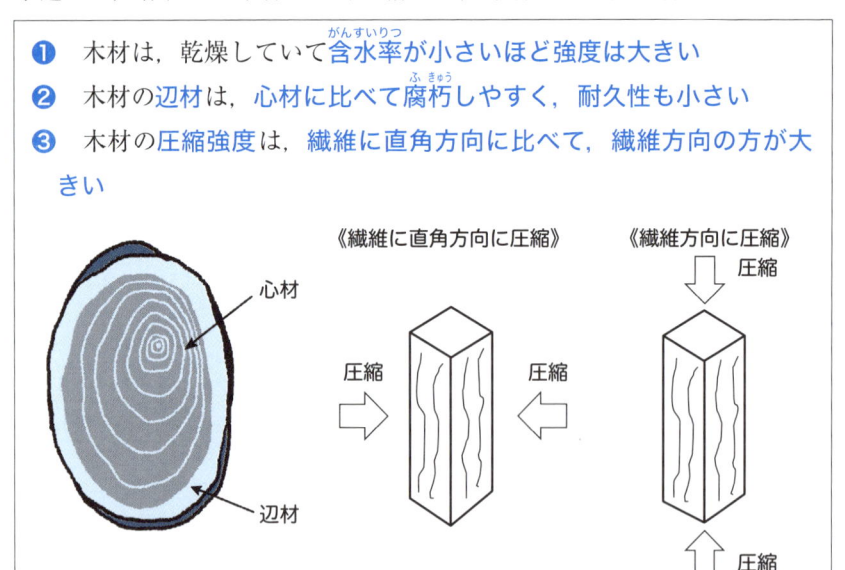

1 枠組壁工法

枠組壁工法は，木材に断面寸法２インチ×４インチのものを使用するため，ツーバイフォー工法とも呼ばれています。壁式の構造のため，耐震性に優れているのが特徴です。

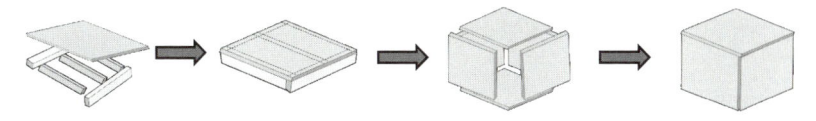

2 集成木材工法

集成木材工法とは，集成木材（薄い板を接着剤で重ね合わせたもの）で骨組みを構成した構造です。ドームや体育館等の大型の建築物に用いられるのが特徴です。

2 鉄骨造

鉄骨造とは，骨組みを鉄鋼材でつくる構造で，下記の特徴があります。

> ❶ 不燃構造ですが，火熱に遭うと耐力が減少してしまうため，耐火構造とするには，耐火材料で被覆する必要がある
> ❷ 自重が軽く，靭性（ねばり強さ）が大きいことから，高層建築等の骨組みに適している
> ❸ 炭素の含有量が多くなると，引張強さや固さが増し，伸びが減るため，鉄骨造では一般的に炭素の含有量が少ない鋼が使用される

3 鉄筋コンクリート造

鉄筋コンクリート造とは，骨組みを鉄筋とコンクリートを合わせた材料でつくり，鉄筋とコンクリートそれぞれの長所を生かし，短所を補う構造で，下記の特徴があります。

> ❶ 鉄筋コンクリートの中性化は，耐久性や寿命に影響する
> ❷ 鉄筋コンクリート構造は，耐火性，耐久性があり，耐震性，耐風性にも優れている
> ❸ コンクリートの引張強度は，圧縮強度より小さい

4 鉄骨鉄筋コンクリート造

　鉄骨鉄筋コンクリート造は，鉄骨造の靭性と鉄筋コンクリート造の耐火性・耐久性を併せもつ構造で，鉄筋コンクリート造より優れた靭性，強度があり，高層建築物に使用されます。

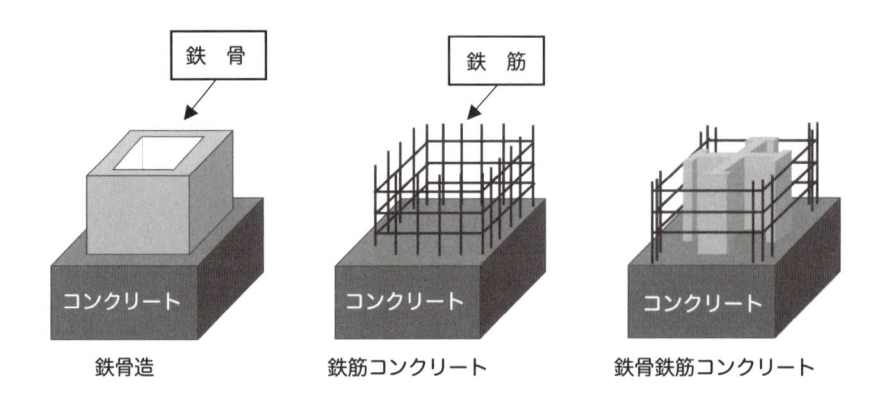

鉄骨造　　　　　鉄筋コンクリート　　　　鉄骨鉄筋コンクリート

5 地震に関する構造

1 耐震構造
たいしんこうぞう
　耐震構造とは，建物の柱，はり，耐震壁などで剛性を高め，地震に対して十分耐えられるようにした構造です。

2 免震構造
めんしんこうぞう
　免震構造とは，建物の下部構造と上部構造との間に積層ゴムなどを設置し，揺れを減らす構造です。

3 制震構造
せいしんこうぞう
　制震構造とは，制震ダンパーなどを設置し，揺れを制御する構造です。

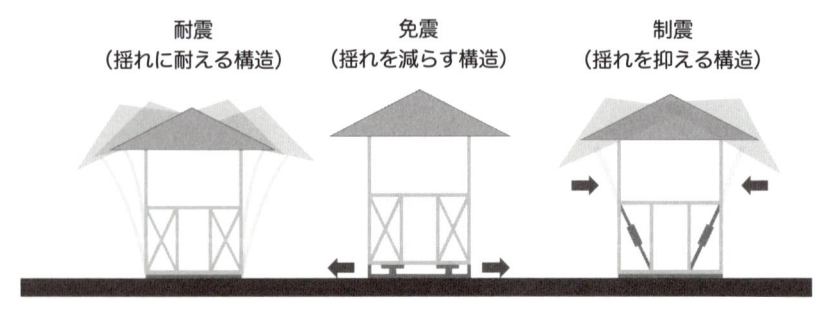

耐震　　　　　　　　免震　　　　　　　　制震
（揺れに耐える構造）　（揺れを減らす構造）　（揺れを抑える構造）

厳選超重要過去問 ○×一問一答

問題	解答
Q1 木材の強度は，含水率が小さい状態の方が低くなる。(H29)	木材の強度は，含水率が小さい状態の方が「高く」なる。 (×)
Q2 鉄骨造は，自重が大きく靱性が小さいことから，大空間の建築や高層建築にはあまり使用されない。(H28)	鉄骨造は，自重が軽く，靱性が大きいため，大空間の建築や高層建築に利用される。 (×)
Q3 鉄筋コンクリート構造は，耐火性，耐久性があり，耐震性，耐風性にも優れた構造である。(H29)	(○)
Q4 鉄骨鉄筋コンクリート造は，鉄筋コンクリート造にさらに強度と靱性を高めた構造である。(H28)	(○)
Q5 免震構造は，建物の下部構造と上部構造との間に積層ゴムなどを設置し，揺れを減らす構造である。(H25)	(○)
Q6 制震は制振ダンパーなどの制振装置を設置し，地震等の周期に建物が共振することで起きる大きな揺れを制御する技術である。(R1)	(○)

CHAP
5

5
問
免
除

手を広げず一発合格を達成！

矢部響子さん

神奈川県横須賀市出身。平成31年3月都内の大学を卒業。平成31年4月不動産会社に入社。

◆手を広げない

いろいろ手を広げるよりも，この本の内容を完璧にすることがおすすめです。あとはひたすら過去問を解き，わからないところは本に戻って復習しました。

◆理由付けノート

毎回心がけていたのは，問題の正誤だけにとらわれず，「理由付け」ができているかどうかを確認することです。誤りの部分のどこが間違っているのか，理由がわからなかった問題や間違えた問題はノートに書き出し，ノートを作っていました。私はこれを本番直前まで活用しました。

◆スキマ時間は動画

昨年合格された友人からの勧めで吉野塾を知り，通勤中やお風呂，トイレなどのスキマ時間に先生の動画を見ながら学習しました。だんだん宅建の勉強が楽しい！と思えるようになり，苦手だった民法が，1番好きになったのには自分でも驚きでした。

◆焦った直前期

直前期は「なんで間違えてしまったんだろう」と焦り，「もうダメかも…」と悲観的になってしまうときもありました。でも，「後悔はしたくない」と直前1ヵ月間は，1日も遊ばず勉強しました。会社のある日はどんなに眠くても，必ず過去問1年分は解きました。休みの日は8時間以上，しっかりスケジュールをたて，何時から何時まではこれをやる，というように細かく時間配分していました。

吉野塾の無料コンテンツなども活用しました。ワンコイン模試も，難しすぎず易しすぎずよかったです。

◆44点で一発合格！

本番はかなり緊張しましたが，44点をとることができました。涙が自然と溢れ，努力したらこんなに幸せな気持ちになれるのだと驚きました。

今後は会社でたくさん重説を読みたいと思っています！本当にありがとうございました。

2021年 宅建試験対策 吉野塾 厳選過去問プレゼント♪

過去20年分の本試験問題から30題厳選しました（権利関係10題，法令上の制限・税金・価格評定8題，宅建業法12題）。もちろん，最新の改正にも対応しています。

超重要論点が含まれている問題をピックアップしているため，繰り返し解くことで得点力アップ（^^♪

2021年3月20日よりダウンロード可能です。

【入手方法】
①中央経済社のホームページにアクセス
　https://www.chuokeizai.co.jp
②書名検索に書籍名「宅建士　出るとこ」を入力
③本書ご案内ページからPDFを入手
　パスワード　deruyo

吉野塾 ４期生 通学コース・通信コース等のお知らせ

下記は，「吉野塾 宅建ストアーズ」にてご覧いただけます。

通学

○通学コース
https://bit.ly/3sV3O8w

○通信コース（オンデマンド配信・DVD）
https://bit.ly/3iHFdiA

通信

○特別イベント講義

♪大人気のGW特別講義，お盆超特訓，鬼特訓等♪

詳細は，吉野塾 宅建ストアーズ（ご登録いただくとお得な情報やイベント講義等に関するメルマガを配信します）・吉野塾HP・ブログ・Twitter・インスタ等で告知します。

吉野塾 宅建ストアーズ　https://yoshinojuku.stores.jp/
吉野塾HP　　　　　　　https://yoshinojuku.co.jp/

【著者紹介】

吉野　哲慎（よしの　てつのり）

1985年埼玉県川越市生まれ。
「吉野塾」塾長，株式会社アリード代表取締役，中央法務事務所司法書士，日建学院講師。

【保有資格】
司法書士，行政書士，宅地建物取引士，管理業務主任者，賃貸不動産経営管理士，ファイナンシャル・プランナー2級，ビジネス実務法務検定2級など

【講師実績】
吉野塾において40点以上の高得点合格者を毎年多数輩出。今まで関わった受講生は，28,000名超。大手金融機関や大手企業，大学等での研修講義・セミナーも数多く経験。年間の講演・講義時間は500時間を超える。
学校法人大原学園にて，宅建講師を11年間，行政書士講師を2年間勤め，看板講師として宅建講座・行政書士講座のメインコース（WEB・DVD通信）を担当した。当時の通学クラスの合格者・合格率は全国トップクラス。
2009年，吉野クラスからその年の女性最高齢合格者を輩出（和田京子様　当時79歳）。

【SNS・HP等】
通販サイト→吉野塾宅建ストアーズ　　　YouTube→吉野塾YouTubeチャンネル
Twitter→@te2yoshi　　　　　　　　　　　Instagram→てつのり
blog→吉野塾ブログ（アメブロ）　　　　吉野塾HP→yoshinojuku.co.jp

宅建士　出るとこ集中プログラム〈2021年版〉

2021年3月20日　2021年版第1刷発行

著　者　吉　野　哲　慎
発行者　山　本　　　継
発行所　㈱中央経済社
発売元　㈱中央経済グループ
　　　　パブリッシング

〒101-0051　東京都千代田区神田神保町1-31-2
電話　03（3293）3371（編集代表）
　　　03（3293）3381（営業代表）
https://www.chuokeizai.co.jp

印刷／三英印刷㈱
製本／誠製本㈱

© 2021
Printed in Japan

＊頁の「欠落」や「順序違い」などがありましたらお取り替えいたしますので発売元までご送付ください。（送料小社負担）
ISBN978-4-502-37921-5　C2032